高校英语教学与课程建设探析

何佩蓉 著

湘潭大学出版社
XIANGTAN UNIVERSITY PRESS

图书在版编目（CIP）数据

高校英语教学与课程建设探析 / 何佩蓉著. -- 湘潭：湘潭大学出版社，2023.10
ISBN 978-7-5687-1314-6

Ⅰ. ①高… Ⅱ. ①何… Ⅲ. ①英语－教学研究－高等学校 Ⅳ. ①H319.3

中国国家版本馆 CIP 数据核字（2023）第 240070 号

高校英语教学与课程建设探析

GAOXIAO YINGYU JIAOXUE YU KECHENG JIANSHE TANXI

何佩蓉 著

策划编辑：丁立松
责任编辑：丁立松　刘沫希
封面设计：万典文化
出版发行：湘潭大学出版社
社　　址：湖南省湘潭大学工程训练大楼
电　　话：0731-58298960 0731-58298966（传真）
邮　　编：411105
网　　址：http://press.xtu.edu.cn/
印　　刷：长沙创峰印务有限公司
经　　销：湖南省新华书店
开　　本：787 mm×1092 mm 1/16
印　　张：13.5
字　　数：256 千字
版　　次：2023 年 10 月第 1 版
印　　次：2023 年 10 月第 1 次印刷
书　　号：ISBN 978-7-5687-1314-6
定　　价：78.00 元

PREFACE 前言

随着世界全球化发展，文化多元化的趋势愈加明显。传统的英语教学方式已经无法满足时代发展的要求，高校英语教学的教育理念、教学内容、教学模式等都需要改进和创新。语言与文化有着密切联系，在多元文化发展的背景下探究高校英语教学的改革和创新有助于提高英语教学质量，激发学生英语学习的积极性，增强他们的语言应用能力，提升他们的文化自信。

现阶段，我国经济正处在一个平稳运行的状态，这同时也带动了信息化技术的快速发展，我国的信息化发展已经进入了一个全新的阶段，而且信息化技术已经在我国各个领域都得到了应用，高校英语教学也不例外。英语是当前世界的通用语言，随着全球化进程的不断加快，英语的重要性越来越显著。此外，由于英语的实践性也比较强，因此学生在学习英语的过程中不仅需要掌握一些理论知识，还要能够将学到的知识运用到生活实践中。

本书首先对高校英语教学的内涵与构成因素、发展与现状以及基本原则做了简要介绍；其次，阐述了高校英语教学的基本理论，其中包括英语教学与图式理论、英语教学与支架理论、英语教学与人本主义学习理论以及英语教学与多元智能理论；再次，分析了高校英语教学方法与模式，让读者对高校英语教学的方法与模式研究有了全新的认识；最后，对高校英语多元化教学理论与实践、隐喻思维能力与高校英语教学进行了深入研究，并从多个维度阐述了高校英语课程设计与课程资源建设方面的问题，充分反映了在21世纪我国在高校英语教学与课程建设方面的前沿问题，力求让读者充分认识高校英语教学研究的重要性和必要性。本书兼具理论与实际应用价值，可供广大英语教学相关工作者参考和借鉴。

为了提升本书的学术性与严谨性，在撰写过程中，笔者参阅了大量的文献资料，引用了诸多专家学者的研究成果，因篇幅有限，不能一一列举，在此一并表示最诚挚的感谢。由于时间仓促，加之笔者水平有限，在撰写过程中难免有不足的地方，希望各位读者不吝赐教，提出宝贵的意见，以便笔者在今后的学习中加以改进。

CONTENTS 目录

第一章　高校英语教学概述

第一节　高校英语教学内涵与构成因素

一、高校英语教学的内涵

学生向上发展是所有教育教学活动的逻辑起点以及最终目标。高校英语教学活动是高校教育教学活动的重要组成部分。从高校教育教学活动的特点进行分析，高校英语教学具有以下特点。

（一）高校英语教学具有基础性

高校英语教学的内容应该是英语语言学习的基础内容，其英语技能应该是英语语言学习的基础技能，掌握基础内容以及基础技能后，大学生才会形成基础综合素质。

（二）高校英语教学具有未来性

高校英语教学面向学生的未来发展，应做到知识内容、英语技能、综合素质构建都朝着未来发展。在高校教育的背景下，要不断完善英语学习策略。

（三）高校英语教学具有全面性

高校教育的根本目标是让学生得到全面发展，这要求高校英语教学必须包含英语语言素质以及综合素质的全面发展。

综上，高校英语教学是一门探究高校英语教学目的、教学目标、教学内容、教学原则、教学模式、教学方法，以全面培育大学生面向未来发展的基础性英语运用能力和基础性综合素质的学科。深刻了解高校英语教学活动的内涵，可为教师和学生在面向未来英语应用能力与综合素养的全面建构与提升提供指导。

二、高校英语教学的构成因素

（一）教师

教师是教学活动的领导者及组织者，对教学效果的影响甚大。教师往往在教学活动中起着主导地位，所以要格外注重自身素质的提高，给学生树立标杆。而一名合格的高校英语教师应该具备以下三个方面的基本素质。

1. 专业素养

教师专业方面的素养包括如下几个方面。

（1）综合教学能力。综合教学能力是需要高校英语教师除语言教学以外所具备的教学能力，如书写、绘画、唱歌、表演等。其中，书写要达到字迹工整规范；绘画需要在英语教学中运用简笔画辅以教学；唱歌要能够教唱学生喜爱的英文歌曲；表演则是能运用体态语，以表情、动作表达英语教学中的情感或含义，使高校英语教学课堂绘声绘色。

（2）系统的教学理论知识。高校英语教师必须掌握系统的教学理论知识，不同于初、高中教师的是，大学英语教师除需要具备教育学、心理学理论外，还要熟练运用现代语言知识、英语教学法知识以及英语习得理论知识等，这有利于培养大学生的综合英语素质。

（3）较高的语言水平。高校英语教师必须拥有较高的语言水平，这包含大量的英语专业知识和较高的英语技能。教师不仅要具备完善的英语语法、语音知识，同时还要具备丰富的词汇量以及优异的听、说、读、写能力。语言水平较高的教师是开展高校英语教学的基本保障。只有这样，教师才能全面地掌握高校英语教材中的知识，向大学生传授专业的英语语言知识，培育大学生在英语方面的综合素质。

（4）英语教学的组织能力。英语教学的组织能力主要指教师动员和组织学生集体进行学习的能力。这一能力主要表现在教师有效地掌握课堂、有效地动员学生积极参加学习等方面。在有效掌握课堂方面，教师要做到以下几点：注意教材内容、自己的言语和言语表达；注意学生理解和表达的正确性，包括语音、语法、词汇及思想表达等方面的内容；注意课堂情绪和纪律；注意掌握学生的注意力。唯有如此，教师才可以使课堂教学井然有序地开展。要想有效动员学生积极参与学习，教师需要具有一定的创造性。教师一到课堂就会进入一种创造性的境界，思维活跃且能够自由地运用知识技能，能使学生得到有力的感染，从而更愿意全身心地投入教师引导的学习活动中。教师流利的英语本身就是动员学生的一种力量，教师发音要清晰、准确、流利，内容要易懂、明确。此外，教师还要能根据学生的语言水平来组织自己的语言，使用学生学习过的词汇和语法结构进行教学。

（5）传授和培养英语知识技能的能力。

第一，高校英语教师要善于讲解。讲解能力是所有学科老师都必须具备的最基础也是最主要的工作能力。一名合格的高校英语教师要擅长把复杂、枯燥的教学内容讲解得通俗易懂又生动有趣。所以，高校英语教师不仅要了解学生的心理特点以及英语水平，更要认真做好备课，根据不同的教学内容选择不同的讲解方法。

第二，高校英语教师要善于示范。高校英语教学不仅是教师传授英语知识，更是要培养大学生面向未来的综合英语技能。大学生英语技能的培养包含发言、朗读、对话、书写等，这些都需要教师进行示范，让学生对范例进行模仿。通过范例与讲解相结合，让学生在模仿中进步，从而实现自身的发展。

第三，高校英语教师要善于提问。在高校英语课堂中，教师向学生进行提问是一个重要的手段，通过提问可以帮助教师在讲授新知识前，让学生复习以往的知识、检查学生的复习情况等。教师在课堂上提问也需要注意两点：一是提出的问题要符合学生的实际英语水平；二是在提问时最好能调动起全班学生的积极性。

第四，高校英语教师要善于引导学生进行英语练习。第二语言技能需要通过大量的语言实践来进行培养。例如，语音练习、语法练习、口语练习以及听、说、读、写练习等。高校英语教师必须熟练使用各种形式的练习方法，并在高校英语课堂中引导学生积极进行英语练习活动，全面培养学生的英语技能。

第五，高校英语教师还要善于纠正学生在学习过程中出现的错误。例如，发音、语法、写作等方面，有些错误学生可自行通过音频、视频进行纠正，有些错误则需要教师有策略、有技巧地纠正。在何时纠正、如何纠正，都能反映出一名高校英语教师的教学实践素养。

（6）较强的科研能力。以往的高校英语教学只要求教师具备语言水平与教学水平。但随着中国社会的不断发展，教育界对高校英语教师也提出了新的要求，除语言水平与教学水平之外，高校英语教师还需要拥有较强的教育科研意识以及科研能力。

长期以来，我国高校英语教育在很大程度上借鉴了西方国家的英语教学理论以及教学方法，在一定程度上促进了我国高等院校英语教学的发展，但由于这些理论与方法与中国的语言文化背景不符，部分中国学生无法适应，这些理论与方法并不一定适合我国各高校的英语教学。所以，为了提高我国高校英语教学的效果，高校英语教师应当考虑中国特色，结合我国的教学背景，推陈出新，研究具有中国特色的英语教学之路，促进我国高校英语教育的发展。

2. 师德素养

师德作为所有教师最重要的素养，决定着教师对学生的热爱、对教学的追求以及对教育事业的忠诚，是教师从事教育活动的最大动力。同时，教师的师德也影响着学生的学习成长之路。因此，高校英语教师必须具有坚定的理想信念，对教育事业怀着忠诚之心，热爱学生，如此才能做到言传身教，使学生在面向未来的道路上积极前行。

3. 人格素养

“学高为师，身正为范”概括了教师的职业特点及专业特征，同时，也概括了对现代高校英语教师人格素养的要求。一名合格的高校英语教师应具有高尚的道德品行、正确的自我意识、崇高的审美素质、良好的心理素质、好学的品质以及丰富的专业知识等。这些要求都是互相联系、互相影响的，对高校英语教师来说，人格素养就是教师素养的综合体现。

（二）学生

学生是高校英语课堂教学的主体以及中心。但每位学生都是独立的个体，不同城市、不同年龄、不同性别等因素会让学生之间有较大差异，而这些差异会反映在语言潜能、认知风格、情感因素等方面，导致每位学生理解并掌握新知识的速度与程度都存在一定的差别。在此，笔者将介绍学生在这三个方面的差异。

1. 语言潜能差异

语言潜能是一种固定的天资，是学生在学习英语的过程中所需要的认知素质以及学习英语的能力。提升大学生英语素质就是要培养其综合语言运用能力，而语言潜能就是以认知素质来预测学生学习英语的潜在能力。卡罗尔提出英语学习能力包括四种：①语音编码能力，即个体对语言的感知、分析和记忆能力。②归纳语言学习能力。它是从大量语言材料中归纳总结出语言的规律和模式的能力。③语法敏感性。它是从语言材料中语言规则的理解和运用能力。④联想记忆能力。它是指学习者将新学的语言材料与已有知识、经验建立联系，从而更好地记忆和运用知识的能力。

不同的学生在语言潜能上都存在着差异，在英语教学过程中，教师应大致了解学生的语言潜能，因材施教。

2. 认知风格差异

认知风格是指人在信息加工过程中表现出来的认知组织与认知功能方面的风格，它既包括个体知觉、记忆、思维等认知过程方面的差异，也包括个体态度、动机等人格形成和认知功能与认知能力方面的差异。不同的学习个体有不同的认知风格。应该说，不同的认知风格各有优势与劣势，但这并不代表学生的学习成绩有差别。学生之间可以有各自偏爱的信息加工方式，在学习不同材料时也会各有所长。当学生的认知风格与教师的教学风格、学习环境中的其他因素相吻合时，其学习成绩会更好。因此，教师应了解并尊重学生不同的认知风格类型，再针对不同的英语学习任务和英语学习环境因材施教，妥善引导，使自己的教学特点与学生的需要有机联系，进而取得良好的教学效果。

3. 情感因素差异

情感因素方面的差异主要涉及以下几个方面。

（1）学习动机。学习动机是指激发个体进行学习活动，维持已进行的学习活动，并使行为朝向一定的学习目标的一种内在过程或内部心理状态，是直接推动学生进行英语学习的内部动力，是影响英语学习成绩的一个关键因素。学习动机来源于学习活动，也是学习活动得以发动、维持、完成的重要条件，并由此影响学习效果。

（2）性格。性格是指一个人对现实的态度和行为方式表现得比较稳定但又可变的心理特征，是学生的重要情感因素，也是决定其英语学习成功与否的关键因素之一。人的性格大体可以分为外向型和内向型两种。埃利斯认为，外向型的学生有利于交际方面的学习，不怕出错，能积极参与英语学习活动，并在活动中寻求更多的学习机会；而内向型的学生在发展认知型学术语言能力上更占优势，因其善于利用沉静的性格从事阅读和写作。对教师来说，研究学生性格差异的最终目的是充分了解学生的个体差异和不同的心理状态，发挥不同性格学生的优势，因材施教，以获得更理想的英语教学效果。

（3）态度。态度是指个体对待他人或事物的稳定的心理倾向或为达到某种目的而做出的一定努力，是影响英语学习的重要因素之一。态度包括三个方面：①情感成分，即对某一个目标的好恶程度。②认知成分，即对某一个目标的信念。③意动成分，即对某一个目标的行动意向以及实际行动。

一般来说，对异文化抱有好感，向往其生活方式，渴望了解其历史、文化和社会习俗的学生，对其文化与语言会持积极的态度，这样就可以获得良好的学习效果。反之，如果对某外族文化抱有轻蔑、厌恶甚至仇视态度的学生，则很难认真了解该文化并学好语言。此外，学生对学习材料、教学活动的组织形式以及对教师的态度，都会影响到他们学习英语的效果。

对学生个体差异的分析是为了使高校教师能够根据学生的个体差异制订英语教学计划，对选择适合的教学材料和方法具有重要的实践意义。

（三）教学内容

教学内容是连接学生和教师之间的桥梁，也是教学实践中不可或缺的一个重要构成因素。所谓教学内容，就是指在教学活动中为实现教学目标，师生共同作用的知识、技巧、技能、思想、概念、事实等的总和。教学内容是一种特殊的知识系统，既不同于语言知识本身，也不同于日常经历；既要考虑英语学科本身的知识体系，又要考虑学生的年龄特点和实际需求等。一般来说，教学内容包括以下几个方面。

1. 语言知识

基础英语语言知识是综合英语运用能力的有机组成部分，是语言学习和语言运用的重要内容之一。学生没有扎实的语言知识，就不可能具有较强的语言能力。

2. 语言技能

听、说、读、写是学习和运用语言必备的四项语言基本技能，是形成综合语言运用能力的重要基础和手段。听是分辨和理解话语的能力；说是运用口语表达思想、输出信息的能力；读是辨认和理解书面语言的能力；写是运用书面语表达思想、输出信息的能力。学生通过大量听、说、读、写的专项和综合性语言实践活动，形成这四种技能的综合运用能力，为真实的英语交际奠定基础。

3. 情感态度

所谓情感态度，是指兴趣、动机、意志和合作精神等影响学生英语学习过程和学习效果的相关因素，还有在学习过程中逐渐形成的家国意识和国际视野。在教学中，教师应不断激发并强化学生的学习兴趣，引导他们逐渐将兴趣转化为稳定的学习动机，锻炼克服困难的意志，认识学习的优势与不足，乐于与他人合作，养成和谐、健康向上的品格。

4. 文化意识

在高校英语教学中，文化指所学语言国家的历史地理、传统习俗、文学艺术、生活方式、风土人情、行为规范等。对学生来说，接触和了解英语国家文化有益于对英语的理解和使用，加深对本国文化的理解与认识，有利于提高人文素养，培养世界意识。因此，教师在教学中要主动向学生传授文化意识，根据学生的年龄特点和认知能力，传授文化知识，培养其文化意识和世界意识。

5. 学习策略

学习策略是指学生为有效地学习和发展而采取的各种行动和步骤。英语学习的策略包括认知策略、调控策略、交际策略和资源策略等。培养学习策略有助于学生有效学习英语，为终身学习奠定基础。使用有效的英语学习策略，可以改进英语学习方式，提升学习效果，还可以让学生学会如何学习，从而培养学生自主的终身学习能力。因此，教师要有意识地帮助学生形成适合自己的学习策略，对自己的学习过程和效果进行监控和反思，培养学生根据学习风格不断调整学习策略的能力，引导学生观察他人的学习策略，与他人交流学习体会，尝试采取不同的学习策略。

教材是教学内容的重要载体。教材是教师用来教学的材料，也是学生用来学习的材料。简单地说，教材是为教师的教和学生的学服务的，是课堂的必需品。然而，教材是死的，学生是不断变化的，而且任何教材的编写都受编者水平和资料的限制，不可避免地会存在某些缺点和不足。如果教师一味地以完成教学任务为目的，而忽略学生的反应，按部就班地使用教材，恐怕很难起到促进学习的作用。因此，在教学过程中，教师应灵活处理不同的教材，在课上或课下询问学生的感受，根据实际情况及时调整教学的方法和进度。

（四）教学环境

任何教学活动都是在一定的教学环境中进行的，教学环境是教学活动的基本要素之一，是开展教学活动的依托。同样，英语教学也必须在现实的英语教育环境中进行，所以英语教育受制于环境这一因素。

1. 教学环境的构成要素

英语教学环境是指英语教学赖以进行的实际条件，即能稳定教学结构、制约教学运作、促进个体发展的教育条件和环境因素。环境因素是制约和影响英语教学活动和效果的外部条件。教学环境主要由以下几个要素构成。

（1）学校环境。学校是为学生提供学习场所和学习手段的最佳环境，它对英语教学的影响更为重要和直接，决定着绝大多数学生英语学习的成败。学校环境主要包括课堂教学、接触英语时间的频率、班级的大小、教学设施、教学资料、英语课外活动、英语教师及其他教职工对英语的态度及其英语水平、校风班风和师生人际关系等。

（2）社会环境。社会环境是影响和制约英语教学过程的重要因素，它主要指社会制度、国家的教育方针、英语教育政策、经济发展状况、科学技术水平、人文精神、社会群体对英语学习的态度以及社会对英语的需求程度等。社会环境因素是英语教学向前发展的动力，对英语教学具有重要的导向作用。

（3）个人环境。个人环境主要包括学生的家庭成员、同学、朋友的社会地位，物质生活条件，文化水平，职业特点和对英语学习的态度、经验、水平及学习方式，成员之间的关系及感情，学生的经济状况，拥有的英语学习设备和用具，等等个人环境也会对学生的英语学习产生一定程度的影响。

2. 教学环境对英语教学的意义

成功的英语语言学习活动离不开其得以存在、发展、交流、应用的各种环境因素。教学环境潜在地影响着教学活动的效果，是学生学习活动赖以进行的主要环境。教学环境对英语教学的意义主要表现在以下几个方面。

第一，促进教师在教学中更加努力地营造良好的英语课堂教学环境，充分利用现代化教学手段与教学资源，营造良好的教学环境，提高学生对英语的运用能力。

第二，可以帮助教师正确认识环境对学生英语学习的客观影响，结合中国的英语教学实际，理性地分析、判断和选择外国的英语教学理论和教学方法。

第三，可以帮助教师有效地加工语言输入材料，科学地设计语言练习，创设良好的课堂英语使用环境。

第四，有利于教师在不断地学习和实践中优化课堂教学环境，在创设良好的英语教学环境的过程中提高其自身的教学素质。

第二节　高校英语教学发展与现状

一、高校英语教学的发展

高校英语教学发展的方向主要有以下几点。

（一）不同院校、学生的目标可以不同

不同的学校，其师资力量、教学资源等都有所不同。因此，不同高校的教学目标也可能有所不同，既允许顶尖院校有更高的教学目标，也允许普通院校只达到基本要求。另外，即使是同一所学校的学生，他们的英语水平也可能相差较大，学校应根据不同学生的实际水平、兴趣爱好等开展分级教学。对此，要求实力不同的院校、起点不同的学生达到相同的目标显然是不合理的，也是不太可能实现的。

（二）教育理念转向"以学生为中心"

过去的高校英语教学十分注重语言的结构，认为语法是英语教学中最重要的内容，学生只要学会了语法规则，就学会了语言，获得了使用语言的能力。在此基础上，高校英语教学中普遍存在"以教师为中心"的现象。然而，随着语言教学理论的发展以及交际教学法的兴起，人们越来越多地意识到，学习是学生的活动，作为内因的学生才是影响学习效果的关键因素。因此，语言教育者提出了"以学生为中心"的教学理念，旨在提高学生学习的主动性、积极性，从而提高教与学的效果。

"以学生为中心"起源于美国教育学家杜威的"以儿童为中心"的教育理念。杜威认为，教师并非教学的中心，在教学中也不应采用填鸭式、灌输式的教学方式，而应以儿童为中心开展和组织教学，充分发挥他们的主观能动性。在此基础上，人本主义代表人物罗杰斯提出了"以学生为中心"的教育理念。他认为，学生天生就有学习的潜力，若所学内容与学生自身的需求相关，学生就会积极参与学习，如此就可提高学习的效果。在此观点的影响下，教师逐渐意识到自己不应是居高临下的指挥者和知识的灌输者，而应是学生学习的参与者、组织者、合作者、指导者和推动者。而如何实现"以学生为中心"的教学理念，避免"一言堂"现象的产生，以及保证良好的教学效果是需要继续探索的实际问题。需要指出的是，"以学生为中心"并不意味着教师就要"袖手旁观"，也不意味着教师的任务会变轻。

事实上，按照"以学生为中心"的教学理念来开展课堂教学时，教师不仅要参与到教学活动中去，而且还要与学生合作，才能完成整个教学任务。在此期间，教师还要给学生一定的帮助和指导，最后还要对学习活动的开展情况和学习效果做出评估，以促进教学活动的顺利开展，并达到预期效果。由此可见，在"以学生为中心"的教学理念下，教师扮演着"学生顾问"的角色，既要掌握学生的实际需求，还要帮助学

生做好学习准备，顺利完成课堂活动。

（三）教学模式转向以内容为依托

在全球化进程不断加快的今天，社会各行各业对既有专业知识又熟悉相关领域的英语复合型人才的需求量越来越大，这就对英语教学提出了更多、更高的要求。复合型英语人才大致可分为“专业+英语”人才和“英语+专业”人才两类。其中，前者是以英语为工具，从事专业工作。在学习期间，学生可以根据自身需要选择两个或多个学科的课程，如“经贸+英语”“物理+英语”“机械+英语”等。而后者则主要从事某些领域的口译、笔译工作。在英语教学中，这两类人才的培养都是以英语基础和多个学科知识的交融为出发点，力求培养出能对本专业知识融会贯通的综合性人才。在此标准下，各专业学生不仅要具备基础的英语听、说、读、写能力，更要能利用英语来获取专业知识和信息，甚至要能利用英语参与国际学术交流等。然而，纵观我国目前的高校英语教学可以发现，以讲解语言点为主的“记忆型教学”仍然占据主要地位。这样的教学模式对提高学生的学习动机、营造轻松愉快的课堂气氛而言都是十分不利的，这样的教学模式很难取得良好的教学效果，学生也无法运用英语解决实际工作中的问题。由此可见，传统的高校英语教学模式已无法满足社会发展的需要，从某种程度上制约了学生的发展。

（四）开展多媒体网络教学

以计算机网络为核心的现代信息技术的引进使英语教学目标、方法、手段、观念、教材、作用、环境、评估等各个方面都发生了巨大变化。与传统教学相比，计算机多媒体教学有着众多优势：计算机软件可以为学生提供地道的发音，生动形象地将知识内容呈现给学生；图文并茂，很容易引起学生学习的兴趣；同时也使英语教学突破时空限制，学生在任何时间、任何地点都能学习英语。这为学生学习英语提供了极大的便利性。

（五）评估方法多元化

评估是英语教学的一个重要方面。教学目标是否实现要依靠教学评估来检验。而交际型的、以学生为中心的教学模式和培养综合应用能力的目标，要求其评估体系也应该是能够考查学生语言运用能力的交际型评估。这也引发了教学评估方式的转变：

测试中的客观题减少，主观题增加；终结性评估不再“独霸天下”，形成性评估受到越来越多的重视；等等。随着人们对教学评估改革意识的增强，出现了很多可以在计算机网络上实现的、新型的语言测试。这些测试大多具有开放性、形成性和多维性的特点。例如，允许学生参加多次考试，让他们看到自己的进步和成功，尊重每个学生的学习速度、学习阶段和自我感受，让他们为完成学习任务而学习，而不是单纯为了应付考试。

二、高校英语教学的现状

（一）语音教学现状

1. 对语音教学的内容和任务把握不够

一些教师误以为，语音教学就是教字母、单词读音、国际音标。事实上，这种观点反映了其对语音教学内容的认识缺陷。因为语流、语调、重音等同样是语音教学的重要内容。但有的英语教师只关心前面几项内容，而忽视了后面几项，这就很容易造成学生发音、拼读尚可，但语调不过关，语流不畅，最后导致学生读不清楚、说不明白，甚至会因为语调使用错误而引起他人的误解。因此，英语语音教学不能只停留在单个音素和单词读音的层面上，还应在音长、重音、语调、停顿、节奏等方面对学生进行重点训练。

2. 对语音教学的认识不够

对语音教学的认识不够主要表现在两个方面：一是对语音教学不够重视；二是缺乏对语音教学长期性的认识。

（1）对语音教学不够重视。作为语言存在的基础，语音是英语教学的第一关。可以说，世界上所有的语言不一定都有文字形式，却一定有各自的语音。因此，英语语音教学也应该是整个高校英语教学发展的起点。然而在实际教学中，很多教师对语音教学并不重视，这一点主要表现为对学生的发音问题（如浊辅音发成清辅音、短元音发成长元音等）不认真纠正，致使学生的语音基本技巧不纯熟，无法快速地将字母和语音联系起来，达不到直接反应的水平。总之，对语音教学不够重视直接导致了学生发音不准、语流不畅、语音不地道等问题。

（2）缺乏对语音教学长期性的认识。很多教师和学生认为，语音作为一项基础知识，只存在于英语教与学的初级阶段，在大学阶段无须再开展语音教学。这种观点是不正确的。事实上，语音教学应该贯穿于整个英语教学中。这点常被一部分教师忽视，导致学生的语音越来越差。高年级学生开口能力和习惯反而不如低年级学生。这些问题的产生都和教师对语音教学的长期性认识不够有很大的关系。因为语音是一种技巧性能力，久熟不如常练，语音的学习自然需要经常练习。教师不仅要指导学生练习，自己也要不断地纠音和正调。需要指出的是，大学阶段的英语语音教学可不必将重点放在孤立的发音上，而应将语音教学融入语法、词汇、句型、课文教学和听、说、读、写训练中，结合语境才能更好地使学生的语音得到提高。

3. 教师语音不标准

教师作为学生学习的榜样，其发音的准确、地道与否都直接影响着学生对语音的学习。然而，由于地区差异等原因，部分英语教师自身也存在发音不准确的问题。

4. 学生语音练习机会少

大学阶段的语音教学不像初学英语时那样，教师会用专门的几节课讲授语音知识。非英语专业的高校英语教学并无专门的语音课，语音是和其他语言知识与语言技能一起进行综合教学的。平均下来，教师分配给语音教学的时间本来就少，而用于语音练习的时间就更少了。这是英语语音教学中的一个显著问题，也是学生英语语音学习效果不佳的一个重要原因。

（二）词汇教学现状

1. 教学方法单一

词汇是学生最常学习的内容，也是在学习中最令人头疼的部分。很多学生都存在记得快、忘得也快的问题，而且总是死记硬背单词，也常常因为太过枯燥、乏味而半途而废。这一现状与教师词汇教学的方法不无关联。大部分教师依然采用传统的教学方法，即“老师领读—学生跟读—老师讲解重点词汇用法—学生读写记忆”。这种教学方法单调、乏味，学生处于被动的学习地位，这无疑加剧了学生对词汇学习的抵触情绪，教与学的效果都不会太好。对此，教师必须重视词汇教学方法的更新，要采用多样、有趣的词汇教学方法来调动学生的积极性，提高学生学习词汇的兴趣。例如，教师可以利用实物、图片、肢体语言、多媒体等教具来呈现和讲解词汇，而不是一味地用黑板呈现，这样有助于吸引学生，引起他们的学习兴趣。

2. 忽视学生的主体地位

学生是学习的主体，其自身的各项因素都直接决定了学习的效果。现代教育观认为，只有突出学生的主体地位，教学才能收到令人满意的效果。然而，这种主体地位在实际的英语教学中仍未得到很好的体现，词汇教学也不例外。词汇教学本应注重对学生智力的开发，重视对学生的观察力、记忆力、想象力、思维能力以及创造能力的培养。而现实状况是，少数教师仍然采用填鸭式教学，将词汇的发音、释义、搭配等知识一股脑地灌输给学生，也不管学生需不需要，有没有兴趣，词汇教学效果显然不佳。实际上，学生在进入大学阶段时，大多已经有了一定的英语词汇基础，且有能力对相关的词汇规律进行归纳和总结。因此，教师不应继续“独揽霸权”，而应发挥引导作用，使学生逐渐能够独立思考和总结，发现词汇规律，掌握词汇学习的方法，这样才能使学生的词汇学习事半功倍。

3. 与实际生活联系不够

人们往往对自己熟悉的、与自己有关的事物更加关心。因此，教师也应将词汇与学生生活联系起来，以引起学生更大的学习兴趣。然而，大多数教师仍然采用黑板和口头讲述单词，词汇与实际生活的联系也十分微弱。而不能将词汇学习与学生的实际生活联系起来就难以引起学生对词汇学习的兴趣，也无法对其因材施教。

4. 缺乏系统性

英语词汇虽然多达上百万个，看起来杂乱无章，实则是有规律可循的。因此，教师应该按照一定的系统来开展词汇教学。把握好这种系统性有助于加强词汇之间的联系，从而提高词汇教学的效率和效果。然而，目前我国大多数的英语词汇教学都一定程度地缺乏这样的系统性。

第三节　高校英语教学的原则

高校英语教学会随着教学地点、教学对象等各个方面因素的变化而发生变化，但是只要是高校英语教学就会存在一些共性。通过对这些共性的分析便可以总结出高校英语教学普遍适用的原则。

一、交际性原则

语言是交际的重要工具，人们学习语言的主要目的不是掌握语言的语法和词汇，而是利用这些语言进行交流和思想的表达。海姆斯指出，交际是在特定语境中说话者和听话者、作者和读者之间的意义转换（negotiation of meaning）。

根据海姆斯对于交际的定义可以得出以下几点认识：交际有两种形式——书面语和口语；交际必须在一定的语境中发生；必须至少有两个人的参与才能构成交际活动；交际是参与者之间的互动。

根据以上内容可知，交际就是利用语言在不同的环境中进行得体的交流。大学阶段是学生将自己所学的英语知识系统化，并逐渐将理论知识转化为实践能力的重要时期。在此阶段，教师必须在教学中充分遵循交际性原则，使学生将自己所学的英语知识运用到各种交际实践中，进而锻炼交际能力，提高交际技能。要想达到这一目的，教师就需要在教学中做到以下几点。

（一）认识课程本质

英语教学不仅是一门知识课程，还是一门重要的技能培养型课程，对大学阶段的学生而言，英语技能的培养尤为重要。授课学习和使用是高校英语教学的基本过程，其中，英语的使用是教学的核心。高校英语教学的核心不是学生能够掌握多少知识，而是看其是否能够利用交际工具培养自身的交际技能。大学英语的学习与学习游泳、打篮球等类似，只有通过不断的实践才能得到质的提升。学生只有认清了高校英语教学“使用”这一重要本质才能更好地学习英语，培养英语技能。

（二）设计情境

英语交际必须在一定的语言环境中进行，在交际性原则下必须为学习者创造适当的情境。情境的设计必须包括以下几个方面，即时间、地点、参与者（身份、年龄等）以及交际方式（口头形式还是书面形式）、谈论的主题等。以上这些因素都对交际具有重要影响。交际双方的身份、年龄、教育背景等都会对交际内容产生影响。一个具有较高社会地位的人在交际中的语言比较礼貌、正式，中下阶层的人的话语则比较口语化。同样的一句话在不同的情境中可能会产生两种截然不同的效果。例如，“Can you tell me the time”这句话可能是向别人询问时间，也可能是因为迟到而受到责备。此时，不同的情境对于感情和思想的表达具有重要影响。因此，在高校英语教学中应以交际性为原则，为学生设计一些情境，且这些情境的设计应尽可能与学生的实际生活相联系，使学生在英语学习中身临其境。为学生创造情境不仅可以提高学生的学习兴趣，还可以让学生在生活中更好地做到学以致用。

（三）精讲多练

高校英语教学主要是教师的讲和学生的练，在大学阶段，学生已经具备了一定的英语基础知识，教师在讲解时可以选择一些重点内容，突出讲解重点知识。英语作为一种培养型技能，对其的掌握必须经过大量实践。因此，教师的讲解应该以简明扼要且突出重点为宜。讲解的目的是更好地指导学生进行实践。学生要在教师的讲解和指导下开展交际实践，只有通过不断的练习实践，学生才能提高英语交际能力。教师理论性知识的讲解要以指导学生实践为原则，而学生的实践活动应尽量多样化。

二、输入优先原则

输入指的是学生通过听和读来获得语言材料。而相对于输入，输出则是指学生通过说和写来表达自己的思想。心理语言学研究表明，输入是输出的基础，只有足够的输入才能产生输出能力。语言输入的量越大，学生的语言输出能力也就越强。

美国语言学家克拉申在其语言监控假说中指出，有效的语言输入一般具有以下几个特点：可理解性；趣味性与关联性；非语法程序安排；足够的输入量。根据克拉申对输入特点的分析可以将输入分为五种类型。

（1）可理解性输入和不可理解性输入。可理解性输入指的是以学习者现有的知识水平可以理解的知识输入。这些知识材料的难度应略高于学习者现有的知识水平，通常用“i+1”表示，其中的“i”指语言学习者现有的知识水平，而“1”则表示略高于现有水平。所谓的不可理解性输入指的是学习者在现有的知识水平下无法理解的语言材料。可理解性输入可以促进学习者知识的习得，而不可理解性输入对语言知识的习得无益，有时还会对知识的习得产生干扰。

（2）粗调输入和精调输入。粗调输入指的是比较原始的，没有经过任何处理的语言材料。精调输入指的是经过调整后的语言输入。

（3）自然输入和非自然输入。自然输入指的是学习者通过听和读所得到的语言材料。而非自然输入指的是学习者对单词、词组和句型的背诵和记忆。

（4）外部输入和内部输入。外部输入指的是学校和社会为学生提供的语言输入，而内部输入指的是学习者自身语言练习或利用语言进行交流的活动。

（5）反馈输入和非反馈输入。反馈输入指的是教师对学生的某一学习行为或举动所做出的反应。非反馈输入则是指除反馈输入之外的语言输入。

根据以上对语言输入的分析，教师在教学中应尽量为学生创造接触英语的机会，课本上的教学内容是无法满足学生的知识需求的，因此，教师应为学生提供尽可能多的课外知识。除此之外，学生在日常生活中可以接触到的英语有很多，学生应注意观察，自主丰富自己的语言输入内容与形式。

三、兴趣性原则

对学习而言，兴趣是最好的老师。我国学者周娟芬认为，学习兴趣可以推动学生去探索世界、追求真理。学习兴趣是学习动机的一个重要组成部分，它可以使学生对所学的内容抱有一种积极主动的态度。鉴于兴趣对高校英语教学的影响，教师应充分激发和培养学生对英语学习的兴趣。下面几点可以有效地帮助教师培养学生的兴趣。

（一）尊重并了解学生

学生是学习的主体，是整个学习活动的重要参与者。到了大学阶段，学生已经形成了自己的人生观、价值观。在教学活动中教师应充分尊重学生，从学生的需求出发去安排教学内容，不可以自己的经验为准绳为学生规定一些强制学习的内容和任务。在初级阶段，学生的自制能力较差，需要在教师的监督和指导下才能顺利完成学习任务。而大学阶段是英语学习的高级阶段，在大学阶段，学生具有一定的自我管理能力，能够对自己的学习负责。因此，教师在教学中应尽量放开，不要过多地干涉学生的学习，尊重并了解学生的兴趣、爱好以及心理需求。

（二）防止死记硬背

交际实践是英语学习的高级阶段，但在英语学习的初级阶段，学生需要牢记一些语法知识以及词汇等内容，而对这些知识的学习也有一定的规律。因此，教师应该在教学活动中为学生介绍一些有效的英语学习策略，以便学生对知识的记忆和理解。教师在教学中应科学地设计教学过程，在教学过程中应尽量创设真实的情境，使学生在真实的情境中习得并内化知识。

（三）增强交流

在大学班级中，学生大都来自不同的地区，学生的性格以及习惯等都有所差异，教师作为教学活动的主要组织者应对学生一视同仁。教师应通过各种不同的活动来与学生交流，了解学生，与学生建立良好的关系。实践表明，学生对于课程的喜爱程度与教师存在着密切的关系。教师性格活泼且富有幽默感就会影响学生，使学生愿意与其接近和交流，学生也会因为喜欢某个教师而喜欢上他（她）教的课程。也就是说，学生对英语的态度在很大程度上受到其对英语教师认可度的影响。

四、以学生为中心原则

学生是教学活动的主体和内在因素，教师要想充分激发学生的主观能动性，提高教学质量，就必须以学生为中心。以学生为中心，指的是在教学过程中从学生的实际情况出发设计和组织教学活动，进而培养学生的交际能力。

在英语教学中，教师的指导作用不容忽视，但是充分调动学生的积极性才是教学质量有效提高的保证。以学生为中心需要教师在教学中为学生的学习创造条件。因此，教师的教必须建立在学生学的基础上，教师的教要以学生的学为依据。教师在教学中的所有活动都必须考虑学生的心理需求和实际需要，根据学生的反应来调节自己的教学活动。要做到以学生为中心，教师应在以下几个方面突出学生的中心地位。

（一）教材分析

以学生为中心原则要求教师在对教材进行分析时，要充分理解和把握教学内容，并利用自己的教学经验对教材进行筛选，整理出一些适合大学生实际情况的学习目标和学习任务。教师可以对教材内容进行优化处理，使其更加符合学生的学习经验和心理诉求。

（二）备课

备课是教师教学的重要环节，教师可以通过备课了解学生。教师可以通过学生在课堂上的表现、测试成绩等了解其学习状况，这些情况的了解有利于教师根据学生的学习水平、接受能力、学习风格以及学习态度等来设计教学实践活动。教师在备课中应尽量设计一些开放性较强的任务，这样可以促使所有学生都参与进来，使学生真正成为学习的主体。

（三）教学活动

教师要根据学生的特点、知识结构、学习兴趣等内容进行形式多样的活动设计。

教学活动的设计必须能够激发学生的参与积极性，且能够保证全面参与。学生之间存在性格差异，性格开朗外向的学生往往善于表现自己，因此，其对教学活动的参与度就高；而那些性格比较内向的学生不善言谈，羞于表达自己，因此，对于教学活动的参与度就低。这就要求教师在尊重学生差异性的基础上设计一些能够使所有学生都可以参与的教学活动。

（四）教学方法和教学手段

以学生为中心的原则要求教师的教学方法和教学手段必须多元化。不同的教学手段具有不同的效果和作用，教师应合理利用这些教学手段，将其作用发挥到最优。直观的教具可以刺激学生的感官，学生通过视觉、听觉等加强了对知识的记忆。形象化的教学手段，如幻灯片、投影、模型等都可以将知识直观地展示出来，使学生在一种轻松愉快的氛围中学习语言。除此之外，教师还应对学生在学习过程中的表现做出适当且及时的评价，使学生能够改正自己的缺点，弥补自己的不足。

第二章　高校英语教学的理论阐微

第一节　英语教学与图式理论

一、图式理论的概述

（一）图式的概念及发展

图式一词原为古希腊文，意为“形象、外观”，最早出现在1781年康德的著作中。康德清楚论述了在感性直观和知识性概念之间建立联系的是人类的知性过程，在这个过程中，起主要作用的就是图式，图式是连接直观和概念所需要的中介。

图式概念进入心理学领域后得到了高度重视，英国实验心理学家巴特利特用重复回忆的手段研究记忆的过程，提出记忆是积极地把新信息同图式表征的旧知识加以联系加工，是反复推敲的构造。图式即过去经验和知识的主动性组织结构，新知识的构成即图式的激活和空档的填充，任何信息加工的过程都离不开图式。

瑞士著名的心理学家皮亚杰从认知发展的角度将图式看作认知的起点和核心，是认识事物的基础。当图式发生改变时，认知会通过同化、顺应和平衡这三种方式跟着变化。在遇到新图式时，利用已有图式去理解接受，即同化。同化成功就达到认知平衡状态，如果不能理解新的信息，就会对已有图式加以修正调整去顺应新图式，达到认知平衡的状态。

20世纪70年代后期，随着计算机科学、信息科学等现代化理论的渗透，现代图式理论迅速发展。美国人工智能专家罗姆尔哈特、安德森、加内尔等为完善这一理论做出了重要贡献。在现代图式理论中，图式被解释为一种受先前经验的影响的记忆结构，图式在人脑中构成的一切知识都可以被划分为细小的单元组块和系统，除了包含知识本身之外，还包含这些知识如何被运用的信息。对新信息的理解即是将其对号放入已有经验构成的图式中，正确地激活已有图式。研究还发现，图式形成后，会随着时间、既有经验、实践、情境等很多因素发生变化，需要不断巩固正确图式和修改错误图式，形成较为稳定的长时图式立体结构，在运用时才能快速准确达到理解的目的。具有较多学科图式的学习者能运用较完备的已有图式理解和整合新知识，更好地实现、新旧图式同化，达到认知结构发展的目的。

（二）图式的主要分类

从对某些特殊个体或团体产生认知结构的个人图式或团体图式，到评价自己的自我图式，再从在特定情境中对某些社会活动产生预期看法的事件图式到对特定身份者所持有的角色图式认知，图式的分类多种多样且具有较强的稳定性，决定和影响着人们几乎一切社会活动。图式一般分为语言图式、内容图式和形式图式三种形式，这三者在阅读过程中互相作用，共同决定了读者对文本的理解程度。

语言图式指语言知识及运用语言的能力，在阅读过程中发挥最基本的作用，是读者有效运用语言进行阅读的前提。只有掌握了一定的语言图式，具备良好的语言基本功，读者才有可能实现对文本信息解码或编码的可能性，才能实现对文本线索的检索和已有图式的激活。

内容图式指对文本材料主题的熟悉程度，内容图式包含丰富的文化色彩，词汇作为语言的基本构成，在特定文化背景或情境中会形成不同的含义。在学生无法根据字面意思来掌握语言词汇时，就需要通过语言文化背景来掌握文章的主旨。假如缺少了背景知识，即便对语言图式有着充分了解，也不能有效关联文章，无法抽取和其相对应的内容图式，阅读理解就会存在片面性。

形式图式是读者对文本结构、体裁和形式的熟悉情况，形式图式的建立有助于读者从结构和逻辑上分析文章的布局和脉络，揣摩作者的意图和思路，补充其他图式不足时缺少的图式信息，做出正确的预测和理解。在日常生活中接触到的书面资料格式较为丰富，主要包括各种应用文，比如信函、请示、备忘录、行程计划等。在阅读过程中，读者需要掌握各种文体的特征与规律，通过阅读资料获取对应的信息，开启头脑中对应的图式，进而达到迅速理解的目的。

二、图式阅读对英语教学的意义

（一）对提升高校学生英语阅读理解水平提供指导

如果对英语阅读本质和过程缺少科学系统的认识，就很难对英语阅读学习进行有效的自我监控和评估，也很难发现在英语阅读理解过程中出现的问题并提出解决办法。图式英语阅读策略教学和词汇策略教学能够帮助学生从宏观上重新审视阅读理解过程，解决阅读障碍，增强图式策略意识，对不同水平高校学生均具有启发和指导的作用。

（二）对英语阅读教学有一定参考价值

英语图式阅读教学策略有完整的理论支撑和科学体系，在实践中有明确的思路和流程，改变了枯燥单一的传统阅读教学模式。以学生为主体，设计有效的教学活动，将图式理论具化在英语阅读教学实践中，并根据实际效果不断反馈、总结、修正，增强了英语阅读教学的有效性，为以后的教育教学工作提供了更多的实证支持和理论补充。

（三）对高校学生课外英语阅读学习有一定的指导意义

英语阅读学习绝不仅仅是课堂教学，保持阅读兴趣、加强科学课后阅读、培养良好的阅读习惯同样不可或缺。因此，可以帮助学习者建立科学阅读学习观，从图式理论的视角加强全局观和系统意识，为学生在多渠道、多角度构建立体化图式知识体系提供了指导和方向，有助于其对英语阅读的长效自主学习。

三、图式理论在英语教学中的应用

从 20 世纪 60 年代以来，各国学者将图式理论应用到英语阅读教学中，分别从各个视角分析并探索了图式理论在英语阅读教学中的作用，对改善学生阅读效果、提高学生阅读能力起到了积极的作用。

阅读者的基本语法词汇知识能有效筛选阅读中的材料信息，帮助开启相关内容图式与形式图式。对二语学习者来说，基础语言图式的匮乏必然会影响到阅读和理解的准确度。各种词汇、句法构成了阅读文本，唯有展开“意义支持”，才可以实现“意义构建”，才能理解作者要传达的信息。因此，在语言图式教学方面，大学生更多采用具有意义倾向的词汇学习策略，且词汇的学习和理解与个体英语熟练程度显著相关。语篇理解是词义理解的一个重要影响因素，只有当部分词汇被记忆吸收后，猜词的准确率和对词义的记忆才会提高。从语言图式的角度去理解和学习词汇、语法、句法，将词汇学习和阅读学习结合起来，比直接学习和记忆单词、语法更加有效。

内容图式教学研究成果比较丰富。阅读材料语言隐晦难懂，学生不能灵活应用“自下而上”的信息处理手段时，只能通过“自上而下”的模式来解决，如果学生已经具备良好的形式、内容图式，即使出现有难度的字、词、句及语法问题，内容图式也可以弥补语言图式上的不足，因此就产生了“内容图式对语言能力较低读者的影响更深刻”的观点。文化背景知识作为理解所必须掌握的课外知识，有时远远超过语言基础知识。因此，唯有将应用语言知识系统与非语言知识系统的过程有效整合，才可以充分理解文本信息，掌握知识内容。

学者卡雷勒尝试了不同故事体裁的图式对阅读的效果，发现熟悉故事性图式结构能够帮助学生进行有效理解并转化为长时记忆。学者王初明在国内首次用实证研究的方法，揭示了背景知识与文章的语言难度与英语阅读理解之间的关系，表明利用图式理论能够提高学生的英语阅读理解水平。学者崔雅萍通过对图式类别、功能及图式理论的应用和英语阅读关系的阐述，结合阅读过程中相关图式的激活过程揭示了图式理论在提高学生阅读理解能力的过程中所起的积极促动作用。

阅读的目的是理解，对于阅读者理解失败的原因，学者鲁墨哈特提出了三种可能性：第一，读者缺乏适当的图式，无法理解文本的意思；第二，读者脑中存有适当的图式，只是未能找到激活的条件，无法与新图式发生作用；第三，读者坚持使用一种图式，没有灵活修改适应新图式，所以不能理解作者意图。由此可见，三种图式在阅读中相互补充、相互作用，缺少任何一种图式都可能造成阅读理解的障碍。

图式理论强调在阅读理解过程中三种图式的相互作用，其中对语言图式和内容图式的研究相对较多。学者哈德逊在研究中发现，语言水平是影响理解的重要因素，如果文本或教学材料难度太高，即便是查字典也无法帮助读者正常阅读和正确理解。在激活和导入既有图式方面，学者李平、齐萌通过实验证明了补缺和激活阅读前导都能提高阅读效果且后者的辅助作用更为显著。由阅读前导引出的背景知识与语言能力共同对阅读理解产生影响，且背景知识的作用更大。学者叶为尔介绍了图式理论中的语言图式和内容图式，通过对语言知识和背景知识的讨论，揭示二者对阅读理解的重要性。

近年来，图式理论的研究更加深入细致，涉及材料选择、阅读前导、阅读思维模式等外语阅读教学各个方面，在广度上也涉及中等教育和高等教育各个层次。学者王梅在研究中阐述了在阅读教学中丰富学生形式图式、内容图式和语言图式的重要性，并将图式理论应用于阅读教学的三个阶段。学者李波从形式图式、内容图式和语言图式三个方面，对比讨论了学生的阅读理解能力，并提出相应的阅读教学模式。学生不仅要理解阅读材料，还要积极思考，以促进图式的完善与系统性构建。学者陆亚丽倡导在英语阅读中要培养学生的“立体思维”模式，培养阅读思维主动性、完整性、发散性、逻辑力。

语言图式是阅读理解的基础，是理解的传承载体，无论对哪个水平的学生来说，教师都应从实际出发，传授适合的、有针对性的策略和方法帮助学生充实语言图式，消除其理解障碍。其中，中等水平和高等水平的学生因为既有语言图式比较丰富，图式词汇策略对其巩固拓展新图式有很好的效果。但对低等水平学生来说，已有图式的不全需要花费更多的时间去建构基础，图式词汇策略的效果在阅读理解中并没有被体现出来。

在实际教学中，教师应考虑到不同水平学生对词汇的不同要求，从图式角度出发，多设计相应教学任务。比如，学唱英文歌、关键词编故事、词汇接龙等，既能激发学生的学习兴趣，又能通过互动快速丰富语言图式。

对阅读教学中的另一个重要角色——教师，有学者指出，教师对阅读策略的理念更新、更有助于策略训练的实施，培训质量直接影响着培训效果。当文本信息和已有图式不能匹配时，需要一位“组织者”来补充缺失图式，消除差距，帮助学生进行有效阅读。学者陆亚丽以相关实验数据来解析母语思维对英语学习的影响，指出教师应发挥作用，帮助学生利用已有知识背景，学会处理母语和英语思维在阅读中的关系等。因此，要将理论研究与教学实际相结合，需要策略训练者提高理论学习素养，在实际训练过程中根据学生行为和课堂反馈发现问题并不断改进。

在实际教学过程中，学生个体的水平必然存在种种差异，国内外对不同水平学生阅读差异及干预教学的研究不多。学者哈德逊发现，图式理论对高等、中等、低等不同水平学生的阅读水平提高有促进作用，且图式对阅读理解的效果更多地体现在低等水平的学生身上。学者谭茗兮在对学生进行图式阅读教学后发现，低水平学生的阅读成绩提高幅度大于中等水平和高等水平的学生。学者王哲经过对 148 名高校生的议论文进行图式训练，发现受训学生的议论文阅读理解水平得到了提高，且在图式训练中，低分组学生的成绩提高幅度明显大于高分组。

阅读理解是一个复杂的心理过程，单凭一个理论很难解释彻底，随着图式理论与外语阅读研究的深入发展，很多学者也发现了图式理论存在的不足，并提出了一些应对办法，以及借鉴不同理论提出了一些新主张。学者刘丹丹提出单凭读者的背景知识去理解作者的意图很容易产生误解，她认为既要有高层次的阅读技巧，又要重视低层次（如单词、句子等）解码能力。学者付丽芳通过问卷调查的方式，发现图式理论在阅读理解的运用中存在语言知识、母语思维和文化差异、阅读策略、情感因素、学习者个人因素以及文本难易程度等因素的影响。学者钟鸣提出语篇分析模式的应用能弥补图式理论中过分强调背景知识的不足。

四、对高校学生英语学习应用图式理论的建议

（一）扎实语言基础，灵活运用阅读策略

对低等水平学生来说，应从高频词等基础词汇着手，并加大对应级别的文章阅读量，避免错误语言图式造成的影响。低等水平学生往往更倾向于将词汇、语法等语言图式独立出来学习，这从客观上看有一定效果，但更应该把语言图式放到篇章中去领悟理解，才能更好地激活巩固图式。

对中等水平和高等水平学生来说，应在了解策略目的、使用方法和注意点的基础上，开展阅读训练并及时调整学习策略，力求灵活高效的同时，将词汇的学习与篇章阅读相结合，充分利用思维导图、构词法、篇章理解、拼读等方式丰富语言图式。

（二）兼顾元认知意识的培养和训练

很多高校生的元认知意识不强，导致在阅读学习中对教师依赖度高，很少监控、反思和评价自己的阅读学习情况，在策略使用上也仅停留在理解和解决眼前问题的层面上。而低等水平学生在阅读学习的过程中更容易出现消极和放弃的情绪，应根据阅读目的和任务灵活调整自我状态及情感，及时寻求老师或同学的帮助。中等水平和高等水平的学生在阅读学习过程中应学会总结，在读完每篇文章之后，静心反思理解，发现不足并寻求解决办法，逐步实现有效的自主学习。

（三）转变局限的英语阅读课内学习观

在个案访谈中，不同水平学生都把英语阅读学习局限于课堂上，课外阅读情况均不理想，不但阅读量不够，阅读的材料大多为应试文章，种类也非常狭窄局限。英语阅读学习模式大多是“课堂学习+试卷练习”，从侧面说明在大多数学生眼中，英语阅读等同于阅读理解考试，既没有享受到阅读的乐趣，更缺乏对英语阅读学习的整体科

学的概念。应从图式角度将阅读学习细化，从语言、内容和形式三个角度选择不同难度的阅读材料，将阅读看作建构知识体系的路径。反之，立体完备的图式知识体系也有助于学生阅读水平的提高。

五、对高校教师英语教学应用图式理论的建议

（一）加强图式意识和理论学习

从调查问卷中发现，在阅读教学中教师或多或少都会进行策略教学，其中不少与图式理论不谋而合，但总体来说比较零碎，缺乏整体性和系统性，且对阅读策略的训练多以应试为主，缺乏课外阅读的指导。因此，教师要加强理论学习，从宏观上将阅读本质、过程和策略传授给学生。在制订大纲计划和教案时，应运用图式理论和元认知策略理论，并经常反思和调整教学活动，将理论融入工作中，才能更好地引导学生使用理论和策略取得阅读效果。

（二）注重学生需求、兴趣和差异

图式理论作为有效工具应用于阅读教学中，如果不立足于学生需求，不注重课堂活动的设计和激发学生兴趣，很可能事倍功半，达不到预期的效果。尤其对中、低等水平的学生来说，激发学习兴趣是良好学习的开端。学生只有产生了兴趣，才能够沉浸在阅读活动中，才会出现后续图式的激活和创建。

教师首先要了解班级学情，针对学生性别、专业、个体兴趣、学习能力、学习习惯、策略水平、已有图式等诸多差异给出相应学习建议。其次，教师需寻找学生阅读理解困难的原因，并通过策略理论的输入和应用示范逐步减少其依赖性，培养其自我学习计划能力。对于中、高等水平的学生，教师可以给出额外的任务，尽可能多地从丰富阅读材料中拓展图式；对于中、低等水平的学生，教师可以降低要求，减轻学习压力，从巩固基础语言图式和阅读策略着手。

不同性别的学生感兴趣的阅读材料不同，对同一文本的看法也会有差异，教师在设计不同教学活动时，要兼顾不同层次需求。课堂活动要花心思设计，如多组织类似小组讨论或辩论的活动，既能加强学生间的沟通交流，又能在短时间内实现图式的互助学习和激活。同时，教师在评价反馈时应注意语言表达形式，从而保护学生的学习兴趣。

（三）利用成熟阅读评价系统，加强课外泛读指导

阅读教学固然重要，但毕竟课堂时间有限，将课堂上的阅读兴趣扩展为自觉、主动并有持续性的阅读兴趣绝非易事。阅读能力的提高离不开精读和泛读，泛读更多是在课堂之外完成的，要求学生具备较强的自主学习意识和能力，教师的科学指导和监督会起到事半功倍的作用。针对学生语言图式薄弱的问题，教师可以布置课外任务，要求学生对某一主题的相关语言图式用思维导图的方式进行整理；或者在主题阅读时，教师不直接提供背景图式，而是指导学生利用网络、图书馆等搜索信息建立相关图式，用头脑风暴或小组演示等方式进行课堂呈现。

在课外泛读中，教师应提供科学选书和阅读能力测评的原则和手段，帮助学生将有效阅读坚持下去，不会因为阅读材料过难、过易而影响其阅读兴趣。

阅读是语言学习的重要一环，应与听力、口语、写作相结合，进行多层次训练和巩固。同时，阅读水平的提高不会一蹴而就，学生应注重培养良好的阅读习惯，并将阅读策略应用到日常学习中。

第二节　英语教学与支架理论

一、支架理论简介

支架本来是指在建筑房屋过程中搭建的脚手架。支架理论起源于苏联心理学家维果茨基的“最近发展区”理论，并由美国心理学家和教育学界从建筑行业的术语中借用并发展而来。“最近发展区”是由独立解决问题所决定的实际发展水平与在成人指导下或者在与能力较强的同伴合作过程中，通过解决问题所决定的潜在发展水平之间的距离。成人的指导或同伴的帮助发生在学习者的实际发展水平与潜在的发展水平之间，即学习者自己无法独立完成某项任务的水平与经过他人的帮助可以完成任务的水平之间的距离。因此，成人不仅需要了解学习者现有的发展水平，还要了解学习者潜在的发展水平，并明确两者之间的距离，从而向学习者提供帮助。

支架最重要的作用是帮助学习者向“最近发展区”迈进，支架是创设情境的过程，使学生容易进入或获得预期结果，随着学生技能的娴熟，支架逐渐撤回并将职责交给学生。这种观点表明了支架式教学的要素包括三个方面：一是创设情境，即将学

习者引入问题情境；二是探索，即学习者在教师或同伴的帮助下获得预期结果，随着其学习水平的逐步提高，他人的指导成分一步一步减少；三是再探索，即教师最后完全撤回支架，让学习者独立地探索。支架式教学的特点是根据学生的需要为他们提供帮助，并随着他们能力的增长，逐渐撤去帮助。支架式教学主要表现为当学生面临新的或较难的学习任务但是自己无法独立解决时，教师要为他们提供帮助，随着学生能力的逐步提升，教师的帮助要逐渐减少，以便把学习的责任从教师转到学生身上。这种教学模式与我国高校培养学生自主学习的教育目标是一致的。

二、支架理论在高校英语课程教学中的应用

知识的建构是在一定的情境下，借助他人（教师或同伴）的帮助即通过人际协作交流活动而实现的意义建构过程。支架式教学主要包括创设情境、探索、再探索、协作和效果评价五个环节。下面以教师指导学生探索学习“莎士比亚”为例，探讨支架式教学模式的五个环节在高校英语文学课程教学中的具体应用。

（一）创设情境

教师通过创设问题任务把学生引入一定的问题情境中。问题任务主要是指新的学习内容或有难度的任务。在创设问题任务时，教师应明确学生当前的知识水平，根据学生将要学习的概念框架提出难度适中的任务，难度不能过高，否则学生容易产生挫败感，不利于学生的进一步学习。“控制问题解决过程中的挫折感”是支架式教学的特征之一，因此，教师要根据学生实际认知水平布置预习任务。

学生对莎士比亚了解不多，之前只对“英国文艺复兴时期的特征”这个学习主题有大概的了解，因此，教师布置的问题难度要适中，应先要求学生通过课本了解莎士比亚的生平和创作特征。虽然“莎士比亚”这个学习主题对学生来说有一定的难度，但学生只要在掌握背景知识的基础上借助课本就可以掌握。也就是说，教师捕捉到了学生的“最近发展区”。

通过创设问题任务，学生对“文艺复兴”这个已有的认知进行更深层的思考，即探索英国文艺复兴时期伟大的作家莎士比亚。在课堂上，教师应在把握学生现有的认知水平及我国文学教学现状的基础上创设问题任务，并将学生引入“莎士比亚的创作主题”的问题情境中。教师在创设问题任务时，应激发学生的学习兴趣，让学生积极主动地参与到教学活动中。“激发对学习任务的兴趣”是支架式教学的另一个特征。

同时，教师也掌握了学生的现有水平，即学生在上节课学习了“英国文艺复兴时期的特征”，在此基础上，教师可以先从学生感兴趣的话题导入问题。例如，英国文艺复兴时期的特征是什么、代表人物有哪些，师生在共同讨论之后，得出结论：和欧洲文艺复兴时期一样，英国文艺复兴时期的主要特征是人文主义，莎士比亚是英国文艺复兴时期最重要的作家，由此让学生明确“人文主义”是莎士比亚重要的创作主题，把学生引入“莎士比亚的创作主题”的问题情境中。通过设置问题，教师让学生在实际的认知水平“英国文艺复兴时期的人文主义”的基础上对“莎士比亚的人文主义”进行深入的思考。

（二）探索

将学生引入“莎士比亚的创作主题”问题情境中后，教师要引导学生进行探索。在探索环节，教师向学生提供有价值的资源，指明方向，明确学习目标。探索环节是师生共同解决问题的过程，教师需要与学生进行互动交流。支架必须是互动的、协作的。学生与教师进行了两次互动性会话，表明学生在教师的“支架”作用下，其发展水平逐渐得到提高，最终可以进行独立探索。

学生在阅读课本的基础上与教师进行第一次互动：“我对莎士比亚的生平及其创作主题有了比较清晰的认识，但我不知道他的作品如何体现了其人文主义的创作主题。”在教师的指导下，学生达到了“最近发展区”，掌握了莎士比亚的创作主题，但也引出了下一个问题，学生在此时就需要教师的帮助：“你可以突破课本，阅读莎士比亚的《哈姆雷特》，并探讨人文主义的具体体现。”学生在阅读《哈姆雷特》之后，与教师再次进行了交流：“《哈姆雷特》不仅体现了人文主义，而且是人性的体现。”在教师的支架式教学的作用下，学生再次达到了“最近发展区”，即《哈姆雷特》体现了莎士比亚的人文主义的创作主题。学生与教师的第一次交流表明，通过与教师的会话性互动，师生共同解决问题，学生的能力得到了提升，穿越了第一个“最近发展区”，这时教师的指导成分较大；通过师生的第二次交流，学生的能力会再次得到提升，迈向了下一个“最近发展区”，并能独立解决问题，这时教师的指导成分逐渐减少。

教师首先对学生进行鼓励，让其看到成功的希望，同时，要让其明确努力的目标：“你是否阅读莎士比亚的其他剧作来证实这一主题呢?”学生可以沿着这样的思路再进行探索。通过教师的支架式教学的作用和一次次的探索，学生的能力就会得到逐步提升，最终教师完全撤回支架，由学生进行独立探索。通过着眼于学生的“最近发展区”，教师为学生提供带有难度的内容，有利于调动学生的积极性，发挥其自身的潜能，超越其“最近发展区”而达到下一发展阶段的水平，然后在此基础上迈向下一个“最近发展区”。教师与学生的对话性交流，可以为学生提供足够的指导和支持。学生通过积极主动的探索以及与教师的互动，能够独立建构意义。通过师生交流，学生可以形成总体的学习思路，而教师为学生提供了一种概念框架，即事先把复杂的学习任务加以分解，以便把学生的理解逐步引向深入。

（三）再探索

随着学生学习能力的提高，教师的指导逐步减少，最终完全撤回支架，由学生自己选择方法，进行独立探索，决定探索的方向和问题。在这个环节，教师让学生积极主动地展开学习，并通过学习建构自己理解与探索到的、真正属于自己的知识，从而跨越“最近发展区”。

在阅读莎士比亚其他剧作的基础上，学生明确了自己的见解，认识到莎士比亚的剧作不仅是人文主义的体现，更是人性的体现。学生不仅可以通过阅读莎士比亚的其他剧作来证实莎士比亚人文主义的创作主题，也可以通过阅读英国文艺复兴时期其他作家的作品来证实人文主义是英国文艺复兴的创作主题，这些都需要学生通过独立探索来进行。通过阅读莎士比亚的原著，学生对英语文学原著产生了极大的兴趣，从而让学生阅读、欣赏及理解英语文学作品的能力得到了提高；同时，通过再探索莎士比亚的创作以及文艺复兴时期其他作家的人文主义创作主题，可以培养学生对英语文学作品的理解能力，使其人文素质进一步提高。但是，在“再探索”过程中，教师要提示学生，其观点需要在协商、讨论的基础上才能完成建构。

（四）协作

再探索结束后，教师需要及时组织学生进行分组协商、讨论，便于学生深化并拓展当前所学知识，完成意义建构。在英语文学课上，教师根据学生的不同知识基础和性格特征把学生进行分组，组织学生讨论“莎士比亚的剧作是人文主义的体现”，并每组推选一名学生发言。在多人合作解决问题时，参与者要积极参与，共同合作，这种不同主体间互动的必然结果是参与者对会话和所要解决的问题的不同理解。

在小组讨论时，学生在小组内各抒己见，表达自己的看法，从而互相学习；小组代表发言时，他们听取其他小组的观点，共同协商，相互促进，全班同学之间互为支架。学生在教师与同伴的帮助下完成了意义建构，他们对英语文学的审美和鉴赏能力也得到相应提高。

（五）效果评价

支架理论认为，评价要与学生在一个新的具有挑战性的语境中运用和组合多种能力相契合。支架式教学要求确立多种评价模式。英语文学课程的学习评价包括平时成绩（学生的探索学习过程）和期末考试成绩（学生的卷面成绩）两个部分，平时成绩和期末考试成绩按照比例构成总成绩。在培养学生能力、提高学生素质的同时，仍要让学生奠定扎实的基础。

支架式教学的效果评价主要发生在学生的探索学习过程中，包括共同评价、协作评价和自我反思。在英语文学课程教学中，全体学生共同评价学习者探索学习的过程仍以探索和学习“莎士比亚”为例。教师以学生的探索学习过程为例说明了其能力逐步提升的过程，学生获得了自我价值感。同时，学生也可以向其他学生表达其未来计划继续探索莎士比亚的其他剧作中所体现的“人文主义”，与其他学生合作可以督促他进一步探索学习。在课堂上，全体学生对“莎士比亚”所学内容进行反思，看是否达到了既定的学习效果，是否完成了对所学知识的意义建构。通过探索学习，学生不仅可以掌握课本知识，还能学到许多课本以外的知识，更重要的是，他们的自主学习能力与研究能力等都会得到提升。另外，学生通过反思其探索过程，认为自己要多与其他同学合作，多与教师进行交流，这样学习效果会更好。

英语文学属于开放的学科，文学作品不存在唯一绝对的阐释。支架式教学可以让学生最大限度地参与学习的全过程，不仅可以激发学生的学习兴趣，培养学生阅读、欣赏及理解英语文学原著的能力，提高学生语言基本功和人文素质，还可以着重培养学生的学习能力和研究能力，有利于其综合素质的提高。同时，支架式教学也对教师提出了更高的要求，教师需要熟悉学生的“最近发展区”，在搭建支架时要适度，既不能包办太多，又不可放手太晚。总之，教师应合理地搭建支架，使学生沿着支架逐步攀升，成功跨越“最近发展区”，从而使学生的学习能力得到最大限度的提高。

三、支架理论在教师课堂反馈中的应用

随着英语教学的发展，目前我国有很大一部分高校英语教师已经开始转变以教师

为中心的传统教学方式，并且有意识地通过教师提问等方式去提高课堂互动性，但是教师对支架理论在课堂反馈中的应用的重要性认识仍需提高。

第一，有利于调动学生学习积极性。将支架理论运用于教师课堂反馈中，教师可以从学生可接受的合理范围内促进学生独立思考，并协助学生提高独立解决问题的能力。相对于类似“好、还有待提高、不错、继续努力”等仅带有评判性的表面反馈，带有引导性的或启发性的反馈，更能够有效引导学生发现问题、解决问题，使学生能够自主地去探索知识，意识到自己才是学习的主体，从而调动学生的学习积极性和主动性，提高其独立解决问题的能力，从而有效解决学生在英语课堂上缺乏积极性、主动性等问题。

第二，有利于增强教学针对性。在支架理论指导下的教师课堂反馈话语更合理、有效，更容易被学生接受。支架理论要求教师的课堂反馈需要针对不同的学生，根据每个学生个体的认知发展水平给予有层次且在该学生可接受范围内的反馈，由此引导学生发现自己对学习的兴趣并体会取得进步的成就感。针对基础较好的学生，教师可以在反馈的时候对其进行适当的拔高，使学生在原有认知基础上有所提高，使学生的学习热情和积极性高涨；针对基础较弱的学生，教师的反馈可以掌握基础知识为出发点，及时纠正学生语音、语法错误，使这一部分学生不因反馈要求提升难度过大而丧失学习兴趣；对于介于二者之间的学生，教师在评估其基础掌握程度之上，进行有伸缩的难度提升，使学生两个方面的认知可以得到有效兼顾。

第三，有利于提高课堂教学效果。在支架理论指导下的教师课堂反馈将原本被动地回答问题转变为主动探究，积极思考。学生在教师有层次和针对性的引导下，积极纠正错误，从易到难，提高自身发现问题、解决问题的能力。学生从知识的被动接受者转变为问题的探究者和解决者，而不是在接受教师的问题后，随意给出一个答案，然后等待教师评判正确与否，有条理、有针对性的反馈使得学生更加愿意参与到师生课堂互动中，在接收到有效反馈后，学生能够更加自觉自愿地投入问题的探索中，真正实现以教师为主导、学生为主体的教学模式。

第四，有利于促进学生的语言输出。在支架理论指导下的教师反馈能够更加有效地促进学生的语言输出。在学习过程中，语言的输出环节至关重要，单纯的语言输入还不足以使学生真正掌握一门语言。但目前在中国一些英语学习课堂上，还是有学生不愿意主动地进行语言输出，这可能是受传统的授课模式或是地域文化的影响。针对这一现象，大多数教师的对策是用大量提问来促进学生的输出，然而仅仅通过提问，在大多数情况下学生的输出都是被动的。因此，针对学生的回答给予反馈就显得尤为关键。当教师给出在学生能力接受范围内且能激发学生思考的反馈时，学生会更加大胆、主动地进行有思维的高效输出，从而激发学生积极主动地去学习语言，也使他们发现问题和解决问题的能力和认知水平都得到相应提高。此外，师生的高效互动还有助于营造一个和谐、健康的课堂环境，而这对班级的每一位学生来说都是十分有利的。

四、基于支架理论的翻转课堂教学在大学英语课堂教学中的意义

（一）有利于提高教学效率

目前，大学英语课堂以大班教学为主，在传统的高校英语教学课堂中，大班教学不利于教学效果的充分发挥，教师以课堂讲授为主，无法做到面面俱到，照顾到每一个学生。而在基于支架式理论指导下的翻转课堂教学过程中，学生对教学内容提前熟悉理解，提出疑惑，教师通过搭建支架，一步步解决学生的疑问。这有利于督促学生学习，将课堂学习时间和课下学习时间有效结合，提高教学效率。

（二）有利于提高参与度

在传统的高校英语教学模式中，学生以被动接受教师讲授的知识为主，无法真正成为课堂教学的主体，参与度较低。而在基于支架式理论指导下的翻转课堂教学过程中，学生由被动听的客体变成了主动参与的主体，教师成为引导者和督促者，增加了教师和学生的互动交流。翻转课堂视频等学习资料的引入可以激发学生的学习兴趣，学生通过提前观看视频可以发现自己的问题和不足，并做好充分准备，在课堂教学中更能提出疑惑，与小组成员和教师交流，这有利于提高学生对英语学习的兴趣和课堂参与度。

（三）有利于提高学习自主性

翻转课堂教学能实现的一个前提是学生在课前进行自主学习。随着现在网络技术的发展，学生可通过网络教学平台和移动设备进行提前学习，不仅可以利用课余时间在宿舍和家里学习，观看翻转课堂视频，还可以利用网络软件参与讨论，不受时间和空间的限制。这极大地提高了学生学习的自主性和灵活度，有利于教学效率的提高。

（四）有利于评价方式的转变

传统的教学模式是在教学活动结束之后，以终结性评价为主进行评价，这种评价

模式并不适用于翻转课堂教学。翻转课堂教学涉及的环节较多，在各个环节进行评价更加适合，这就促使教学评价方式由终结性评价向形成性评价方向转变。课前预习、课堂讨论、小组活动、作业完成等环节都可以进行评价，翻转课堂教学更加注重过程评价，这有利于促进英语学习和实践，实现教学效果。

第三节　英语教学与人本主义学习理论

一、人本主义的理论基础

（一）马斯洛的学习理论

马斯洛是美国社会心理学家，人本主义心理学的主要发起者和理论家。他提出了马斯洛需求层次理论，包括生理需求、安全需求、社交需求、尊重需求和自我实现需求。上述需求是由低级向高级逐级递增的，人在低级需求获得满足后开始追求高级需求的满足。

自我实现是马斯洛人格理论的核心。他认为个体之所以存在，之所以有生命意义，就是为了实现人的内在价值。在教育领域，受教育者首先是人，然后才是学习者，这是解决学习问题的前提和关键。在他看来，学习者要充分挖掘自身潜能，不断超越自我，这是学习者个体价值实现的必然选择，教师应当对学习者加以积极引导，为学习者创造出良好的学习环境，而不是利用外界力量来胁迫和压制学习者学习。

基于人的自我实现的需要，马斯洛提出关于教育的五个原则：一是自我同一性原则，教育应该减少或消除学习者内心的矛盾和精神上的分裂，帮助学习者认识到自我与非我的统一，即个人与社会和自然的统一；二是启发性原则，为了激发和培养学习者的创造性思维，不仅要培养学习者的逻辑思维能力，更重要的是激发学习者的非智力因素；三是美育原则，重视音乐、舞蹈、美术等艺术教育对人格的教育塑造；四是超越性原则，实现对自我的超越和对文化的超越，培养具有自我批判精神的人；五是价值原则，通过激发学习者的内在价值，使学习者获得生存的意义。

（二）罗杰斯的学习理论

罗杰斯是美国心理学家，人本主义心理学的主要代表人物之一，他认为教育的最终目的是要培养全面发展的人。他主张以学习者为中心来组织各种教学实践活动，认为只有以学习者为中心才能促进学习者自我学习、自我实现、自我发展，才能培养学习者的独立性、自主性和创造性。

罗杰斯在《学习的自由》一书中详细解释了他的观点。一是教师要帮助学习者增强对自我的理解，积极为学习者营造轻松和谐的学习氛围和学习环境，激发学习者的学习潜能。二是教材应当反映学习者的实际生活，能够反映目的语的社会文化特征，切合学习者的能力水平，并且教材的选择应当由学习者自主决定。三是教师要尊重学习者的内心感受，建立有效的沟通交流渠道，帮助学习者积极调节和疏导由于各种因素引起的心理问题，给予每个学习者展现自我的机会。四是努力激励学习者积极主动地自主探究新知识，使其培养浓厚的学习兴趣，才能取得良好的教学效果。五是学习者不应是被动地接受教师灌输的知识内容，而是主动地探索、建构知识，注重培养自主学习能力，学会自我管理、自我评价和自我提高。六是鼓励学习者多参与社会活动，培养自我求知能力。

（三）康布斯的学习理论

康布斯认为，想要了解一个人首先要了解他是如何对自己和周围世界进行感觉和知觉的，这些具体的感觉和知觉汇聚起来就构成了一个人的信念系统，而一个人的信念直接决定和影响着他的具体行为方式。比如，教师认为某一个学习者行为怪异，不能仅仅去矫正学习者的某一具体行为，而是要了解他产生怪异行为的原因。康布斯认为，学习活动的目的不仅仅是使学习者获得某一学科专业领域的具体知识和专业技能，更重要的是培养学习者的认知能力，即在已有知识的基础上探索、建构新知识的能力。并不是教师将编写好的教学资料提供给学习者以后，学习者就会自然地习得知识，知识的真正含义并不是直接显示于教学资料的表面，而是巧妙地隐藏其中。这就要求学习者善于从教学资料中发现问题、探索问题并解决问题，进而领悟到教学资料所蕴含的意义。

同时，康布斯强调人的发展应当是全面的发展，教育要满足学习者在知识技能、情感表达、意志品质等多个方面的需求，使学习者各个方面的能力素质得到全面、均衡的发展和提高，以培养学习者健康、健全的人格，而不能只是机械传授学习者具体的知识或谋生的技能。只有这样，学习者才能在工作和生活中正确地处理好人与人、人与社会的复杂关系，为自己的发展创造良好的外部环境。这是教育的根本目的，也是语言教学的重要内容。所以，教师应当结合学习者的基础条件、性格特征、能力水平、成长需求等各个方面因素，创设一个活泼自由、充满挑战、互助合作，以及学会尊重和善于调节个人生活的学习情境，为学习者的全面健康发展创造基础条件。

二、人本主义学习理论主要观点

从以上介绍的内容可以看出，不同的人本主义学习理论由于形成条件和研究背景的差异侧重于强调学习的不同方面，但都是基于人本主义的自然人性论，各种理论观点之间存在的联系，主要有以下几点。

第一，人本主义学习理论认为，人们在理解、探讨、建构关于自然界、人类社会和思维方式的概念体系时要基于一个基本的出发点，那就是关于人的概念和意义。人本主义心理学强调天赋人性，关注学习者的内心世界，把个人的思想、意愿与情感等因素放在所有人发展的最为重要的中心地位，要求从人的主观意识出发，从整体上研究人的动机、人格。它对行为主义理论提出批判，反对把从动物研究实验中得出的结论简单移植到人类身上用以解释人的行为方式，强调既要研究人的外在行为方式，更要注重研究人的内在思维特征。它对弗洛伊德的精神分析学说提出批判，反对把研究精神病人这一特殊群体所得出的结论推理到正常人身上，强调应当把人的内在心理活动的特征规律作为研究的重点。

第二，人本主义学习理论认为，在学习过程中尤其要强调学习者自主的思想，以学习者为学习主体，以学习者能力素质的全面发展为核心，以学习者自主学习能力培养为目标。鼓励学习者要充分发挥主观能动性，根据自己的需求制订合适的学习计划，选择合适的学习方法，合理分配自己的学习时间，跟踪、监控自己的学习进度，反馈、调整自己的学习要求，评价、反思自己的学习效果，在知识的探索建构过程中追求个性发展，提高能力素质，实现自我价值。

第三，人本主义学习理论认为，每个学习者都有潜在的能力，教育的任务就是试图挖掘并释放每一个学习者的潜在能力。这就要求教师在教学过程中要充分了解和分析每个学习者的基础条件、能力水平、个性差异、智力结构等因素，针对不同学习者的个性化学习需求创设有针对性的、多层次的、可选择的、循序递进的教学情境系统，这样才能真正做到因人施策、因材施教，实现学习者的自我发展和自我实现。现代教育技术、信息网络技术等迅速发展及其在教学过程中的广泛应用，极大方便了学习者的学习，为学习者呈现了更加丰富多彩的学习资源和更加多样化的学习渠道。知识信息的呈现方式、收集整理过程不再受学习者所处的时间条件和空间条件的制约，学习者可以在任何时间和任何地点以任何方式进行学习，人本主义学习理论的主要思想观点得到最大限度的实现，有效更新了学习者的思维方式，极大地丰富了学习者的学习策略选择，在理论上为学习者自主学习能力的培养、发展提供了无限可能。

第四，人本主义学习理论提倡学习者的全面发展，既重视学习者自主学习能力的培养，也重视学习者自我修养的形成。通过建立沟通交流、合作互动、协作分享的学习方式，通过设计一系列丰富多彩、形式多样的学习活动，学习者的个体学习有效融入群体学习中，以个体学习成效影响推动群体学习发展，以群体学习氛围感染带动个体学习进步，从而营造出和谐、平等、民主的学习氛围，对塑造学习者的人格特质发挥积极的作用。同伴教学或者分组学习使群体学习者的人格特质发挥积极的作用，是群体学习经常采用的有效方法；一些高校还采取了设置学习者自主学习中心的方式将个体学习与群体学习有机结合起来。

三、人本主义教学观在高校英语教学中的改革

（一）高校英语课程性质、目标、教学改革中的人本主义

高校英语教学是我国高等教育的重要组成部分之一。高校英语教学在教学过程中主要是以英语教学理论为基础，对学生的英语知识应用技能、跨文化交际等各个方面能力进行综合培养，以达到促进学生综合素质稳步提升的目的。高校英语教学加强了对学生听、说能力培养的力度，不仅实现了促进学生学习、工作、社会交往等相关活动中英语应用交际能力的提升，同时也为学生自主学习能力以及综合文化素养的提升奠定了良好的基础，满足了社会经济发展的要求。而这也进一步说明了，在进行高校英语教学改革时，不能只是将英语教学简单地看作一种技能的培训，而是应该在帮助学生掌握语言知识的同时，引导学生加深对民族历史和文化的理解，这样才能确保学生树立正确的文化和社会价值观念，为其自身的全面发展奠定良好的基础，而这也是人本主义教学观的核心所在。

（二）高校英语课程教学模式中的人本主义

根据教育体制改革的要求，高校英语教学模式必须在充分体现其实用性、知识性、趣味性特点的基础上，对于学生在整个教学过程中的主体地位给予充分的尊重。这就

要求教师必须充分发挥其教学主导作用，引导和帮助学生进行高校英语知识的学习，满足人本主义教学观念的要求。这种充分体现学生教学主体的教学模式改革措施对于学生的成长与发展具有极为重要的意义。高校英语教学中人本主义教学观念的推广和应用，不仅为学生选择适合自身学习需要的学习资料和方法提供了全面的支持和帮助，同时也促进了学生自主学习能力的稳步提升。高校英语教学过程中要求的学生自主学习和个性化学习也正是人本主义教学观念中鼓励学生自主学习最直接的体现。这就要求高校在实施英语课程教学改革时，必须确保在现阶段采用的英语教学模式实现两个根本性的转变，才能确保高校英语教学改革目标的顺利实现。

人本主义主要表现在从以往的以教师为中心逐步地向以学生为中心转变；由以往教师简单地进行英语知识和技能传授的教学模式向既传授英语知识与技能，同时又加强针对学生语言运用能力与自主学习能力的培养转变。由于高校英语课程教学改革在实施的过程中，对现代教育背景下的英语教学中学生的地位进行了重新定位，学生已经不再是以往被动接受知识的学习者，而是主动学习者，要求教师必须积极地引导和帮助学生通过自身的思考，掌握如何学习英语的方法。在充分体现学生主体地位的同时，给予学生全方位的服务和帮助，才能达到促进高校英语教学质量与效率全面提高的目的。虽然在这种教学模式下学生是整个教学活动的主体，但是教师在教学活动中仍然担负着引导、解惑的重要角色。同时，教师作为整个教学活动的组织者，必须将教学重点放在如何加强与学生之间的互动上，才能将人本主义教学观在高校英语教学中应用的价值充分地体现出来。

（三）高校英语教学评估改革中的人本主义

高校以往采取的教学评价体系，主要是以教师统一制定考试内容的方式对学生的英语学习情况进行测试，而对高校英语教学而言，学生不仅要应对教师日常组织的英语测试，同时，还要应对全国性的大学英语四、六级考试。由于这种忽略学生主体地位的评估体系，错误地将教师作为评估的唯一主体，再加上传统英语测试的重点主要集中于学生词汇的掌握，而忽略了学生英语听、说、读、写能力的综合考核，不仅严重挫伤了学生的学习积极性和自主性，同时，也影响了高校英语教学效率和质量的提高。而根据新教育体制改革的要求，针对学生英语学习效果的教学评价应该采取形成性评价与终结性评价等几种方式。其中，形成性评价主要涉及学生的自我评价、学生之间的相互评价、教师对学生的评价、教务部门对学生的评价等几个方面；终结性评价则是教师针对教学过程所进行的总结性评价，其主要是设计期末课程考试与水平考试等几个方面的内容。这种以评价学生英语综合应用能力为主的教学评价方式，对于学生创造性、独立性、自主性等各个方面能力的发展具有极为重要的意义。另外，高校采取的这种以人本主义教学观为核心的综合性评价体系，不仅充分体现出了学生的自我价值，同时，也为人本主义教学观在高校英语教学中的推广和应用奠定了坚实的基础。

四、基于人本主义学习理论的教学模式

（一）全身反应法

全身反应法（TPR）是由美国心理学家阿歇尔于 20 世纪 60 年代初提出的一种教学方法。该教学法继承和发展了帕尔默的通过动作学英语的做法，吸取了心理学中记忆痕迹理论的观点，倡导把语言和行为联系在一起，通过身体动作进行语言教学。阿歇尔认为二语习得和儿童习得母语的过程有相似的地方。在儿童学习母语时他们最初是通过动作对父母的指令做出反应，小孩学会说话之前已经能听懂成人的指令，所以母语的学习是先理解再表达。二语学习也应如此，首先要培养学习者的听力，然后再要求学习者用口语表达，再发展读和写的能力。在教学过程中教师首先用目的语发出指令，并运用身体语言进行示范演示，等学习者能理解指令后，再让学习者通过模仿教师的演示完成动作，然后边说边做从而感知并理解掌握语言。

然而，阿歇尔提出的全身反应法主要来源于儿童母语学习的经验，一般适用于语言学习的起步阶段，不适合于复杂内容的教学，一些比较抽象的概念、单词和句子难以用这种方法进行完整、准确的表述，造成教师在解释一些抽象事物的时候会遇到很大的困扰。

阿歇尔主张以句子为基本教学单位，重视语言内容和意义的理解，提倡整句学习、整句运用，尤其是他认为语言学习应以学习祈使句句型为主，其他的句型需要根据教学任务要求使用，采取这种学习方式可以帮助学习者快速理解目的语言，尽快实现语言知识的长时记忆，通过一段时间的积累较好地奠定语言基础，能够有效减轻学习压力，有利于培养学习者实际运用语言进行交际的能力。但是，过多地使用祈使句句型不利于中、高等水平的学习者学习较深层次的教学内容，必须同其他教学方法结合在一起使用。

阿歇尔吸取了人本主义心理学关于情感因素在学习中的重要作用的观点，认为理

想的语言教学应该为学习者提供大量可理解的输入。在教学过程中教师要以宽容的心态对待语言运用过程中的表达错误，只纠正一些比较严重的语法错误；同时需要注意方式方法，学习者将所有输入变成可接受的信息，然后再转化为输出，对学习者的语言输出不做严格要求，不强迫学习者发言，允许学习者在预先做好准备的情况下发言，这样做有利于减轻学习者的心理负担，培养其愉快的学习情绪。

阿歇尔认为应当提供一个与实际生活紧密相连的轻松活跃的教学环境和语言情境，让学习者在身临其境的体验中、在多种多样的活动中、在循环往复的练习中学习英语。由于在全身反应法的教学设计中包含了大量的游戏活动、角色表演、小组竞赛等课堂活动，教师必须以教学目标为导向，掌握好课堂活动的节奏和运用形式，这对于教师的课堂教学的管理能力提出了很高的要求。除此之外，他还认为每个学习者都是一个独特的个体，他们各有不同的优势和特点，存在各种形式的差异。全身反应法教学十分重视学习者的感官体验，在教学过程中广泛运用视觉、听觉、触觉在内的多种语言表达形式，有利于调动学习者的学习积极性。

总之，全身反应法教学具有很强的兼容性和灵活性，在教学中一般不会作为一个完整的教学模式单独运用，而是嵌入其他教学方法中着重解决初学者对某一具体问题或语言概念理解上的困惑。

（二）暗示教学法

暗示教学法又称启发教学法，是由保加利亚心理学家洛扎诺夫创设的，他的研究主要是受到心理暗示疗法成功案例的启发。

1. 教学过程

洛扎诺夫把教学过程分为阅读理解、朗读聆听、配乐听说三个部分。讲授新的课程单元时，教师首先以丰富的表情和肢体动作对相关教学内容和背景知识进行概括介绍，然后播放轻柔的背景音乐，和着音乐的节拍，教师再以饱满的激情朗读课文材料，学习者在轻松愉快的氛围中陶醉于教师配乐朗诵营造的语言情境。与此同时，还应注重听力与口语能力的训练，鼓励教师与学习者进行交谈。这样一个轻松的教学情境可以有效激发学习者的潜能，使学习者产生超强的记忆能力，不知不觉地记下所学的材料。

2. 基本观点

暗示教学法的基本观点是以学习者为中心，在学习过程中不仅包括有意识活动，还包括无意识活动，既是一种理智活动，也是一种情感活动，强调学习活动的整体性，也注重发挥整体的功能，主要基于以下几个方面的理解。

第一，人具有可暗示性（也可以理解为人的可意会性、可启示性、可影响性）。暗示能力和效果的形成受到很多因素的影响。比如，发出暗示的一方和接受暗示的一方在智力结构、社会地位、从事职业、语言能力等方面的差异，如果发出暗示的一方在各个方面明显优于接受暗示的一方，那么就会形成较强的暗示能力和效果。

第二，人具有无意识心理活动。这是一种非理性活动，人在进行理性活动的过程中同时伴随着非理性活动，也是产生暗示效果的重要因素。

第三，人具有非注意心理反应。在谈话过程中，听者的注意力大部分是集中在说者所谈论的具体内容上，这就是注意心理反应，同时，听者也常常自觉不自觉地被说话者的语音语调、面部表情、动作姿态等外在因素吸引，分散了听者的一部分注意力，这就是非注意心理反应。

第四，人具有心理上和生理上的各种潜力。洛扎诺夫认为学习者缺乏信心是最大的心理障碍，要创造轻松愉快的学习氛围和教学情境，以减轻压力，促使学习者主动挖掘并发挥出自己的潜力，从而产生超常的记忆力、想象力、思维能力等。概括起来，就是教师要对教学步骤和教学方法进行精心设计，采取联想、暗示、启发、强调等多种语言表述和教学组织形式，使学习者形成一种无意识的心理状态，关注学习者非理性因素对教学的影响。积极的心理暗示可以激发学习者的学习动机和学习兴趣，克服学习者在学习过程中的恐惧心理，提升学习者对自身的期望，在轻松愉快的情绪状态下获得更好的学习效果。

3. 应用策略

（1）正确运用教师权威。教师的权威是在教学过程中自然形成的，体现为教师对学习者的严格要求、关心、爱护和平等相待，体现为具备精深的专业知识、广博的知识结构，体现为规范的动作表达方式，体现为健康的人格特征。树立和运用好教师的权威有助于学习者在课堂教学中更好地集中注意力，更乐于接受教师讲授的知识，更容易接受教学中的隐喻和暗示，有利于提高学习者的学习效率，和其学习能力。

（2）正确运用稚化技术。稚化是指成年学习者借鉴儿童在学习过程中放松的心理状态、自发性的探究心理、强烈的好奇心等行为特点。稚化技术能够帮助成年学习者消除不利的、固有的暗示。教师主要是通过营造轻松愉快的教学氛围，形成主动积极的教学导向，运用灵活多样的教学方法等途径达成稚化的目的，以此消除成年学习者沉闷、压抑、恐惧和畏难的心理状态。

（3）正确运用无意识交流。教学环境和教师的表情、手势等无意识刺激对学习者具有不可忽视且潜移默化的影响。教师要注重教学环境的设置，在教学过程中要保持轻松愉快、热情洋溢的精神状态，促进学习者积极的无意识心理活动，激发其学习的自信。

（4）正确运用高超的教学艺术。教师要通过自学、反思和参加培训，培养高超的教学艺术，尤其要努力学习大量的心理学专业知识，熟练掌握心理暗示技巧，才能在教学过程中有效利用暗示时机，恰当使用暗示形式，不动声色地达到暗示效果。然而，在学习者人数较多的教学环境下，教师对学习者施加的暗示往往难以被察觉和理解，学习者受教学效果的影响并不大。

洛扎诺夫提出的暗示教学法最初来源于研究如何提高语言教学中的记忆能力所进行的教学实验，而在其他方面能力的培养上效果是否明显还有待进一步的验证。

（三）沉默教学法

沉默教学法是由美国心理学家、数学家加蒂格诺于20世纪60年代创立的教学法，是人本主义教学理论的重要流派之一。他在《学校外语教学：沉默教学法》（*Teaching Fornign Languages in Schools：The Silent Way*）和《外语教学常识》（*The Common Sense of Teaching Foreign Languages*）这两部著作中对沉默教学法原理进行了详细说明。

1. 教师教学要求

沉默教学法提倡教附属于学的原则，认为教师的首要任务不是如何设计教案，不是考虑以何种形式向学习者讲授课文材料，而是如何鼓励学习者进行主动积极的思考和探究，要求教师在课堂上尽量保持沉默，强调课堂教学是以学习者为中心。学习者是学习的主体，注重培养学习者的自主学习和独立学习的能力，要求学习者在学习过程中对自己的学习承担责任，在没有教师干预的情况下自己归纳语法规律，在教学过程中，教师由知识的讲授者变成了学习的引导者。教学的目的是培养学习者综合运用语言的能力，而不是单纯积累知识，所以对一些自主性较差的学习者来讲沉默教学法可能并不适合。

沉默教学法突出强调学习者学习的自主性，相对而言忽视了教师主导作用的充分发挥。在教学过程中教师如果对学习者在语言表达中出现的比较严重的语音和语法错误不能及时发现和纠正，长期积累下来必然会对学习者运用语言的准确性造成很大影响。

2. 教具的运用

充分利用各种简单、标准的直观教具是沉默教学法的鲜明特色。其中，最为典型的教具是菲德尔图表、奎茨奈棒等。加蒂格诺认为通过这些教具进行相关教学内容的辅助示范，可以创造一个生动活泼的课堂气氛，帮助学习者直观地理解知识的难点和重点，有利于激发学习者的好奇心和想象力，有利于培养学习者的创新思维能力，从而更快速地掌握所学知识。但是对于语言学习中遇到的一些抽象理论概念和复杂语法结构还必须依赖教师的讲解和示范，仅仅依靠简单的教具，很难系统地学习一门语言。

3. 课堂互动

在沉默教学法中，教师的作用就是给学习者创造一个语言运用的环境。教师根据学习者的需求确定课堂活动的内容和形式，鼓励学习者尽可能多地运用语言进行表达和交流，充分调动学习者的主观能动性，使学习者积极参与课堂活动，通过与同学互动来达到学习效果，让更多的学习者通过大量的语言实践活动掌握外语交际能力。所以沉默教学法把培养学习者的听说能力放在最重要的位置，尤其是即兴讲话的能力，在此基础上进一步培养学习者的阅读和写作能力。

但是沉默教学法也存在明显的缺陷，要求教师在课堂中尽量少说话，很少对教学内容做出比较详细的解释说明，也不对教学内容过多重复。当学习者出现语言表达错误时，教师不是立即指出，也不是直接予以纠正，而是寄希望于在课堂活动中由其他学习者发现并提出改进建议。由于依靠同学来指出自己的错误，不但不及时而且还可能不正确，而依靠学习者自己的体会来逐步认识错误在短期内也是无法做到的，学习者在课堂上可能会在很长一段时间内重复错误的发音或语法，浪费学习者的学习时间。

五、人本主义教学观对高校英语写作教学的启示

英语写作是英语学习者需要具备的基本技能之一，对英语写作的批改是英语写作教学的一个重要的环节。人本主义心理学家认为以学生为中心的教学有利于发掘学生的潜能。因此，为了开发学生正确、高效地掌握和运用外语信息进行书面表达的能力，最有效的方法就是让作文批改成为写作教学的一部分。

由于班级人数多，教师在有限的时间内无法做到对所有学生的作文都进行精批细改。此外，很多学生对教师精批细改过的文章也不感兴趣，学生更多关心的是分数，很少有学生能自觉针对教师批改过的文章重新修改完善。实践证明，通过发现同伴的错误可以大大减少自己在写作中出现同类错误的概率。因此，教师应改变传统精批细

改作文的方式，由作文的批改者转变为作文批改活动的组织者和策划者。一方面，在日常写作教学中，教师应激发学生的兴趣和成就意识，鼓励并引导学生参与作文批改活动；另一方面，教师要求和指导学生参与作文点评和批改活动，不但能促进学生分析并察觉同伴的语言问题，而且还能激活学生自身的语言认知潜能，带动其英语整体水平的提高。

第四节　英语教学与多元智能理论

一、多元智能理论的概念

多元智能理论主要是强调个体在特定的环境下解决问题和创造的能力，而且它强调的智能并非传统的语言能力或者逻辑能力，而是多个独立的且以多元形式存在的整合型智能。从该理论的分类来看，人的智能分为 8 个方面，即语言智能、数学逻辑智能、空间智能、身体运动智能、音乐智能、人际智能、自我认知智能、自然认知智能，它们分别代表着不同的特点。受教育环境和个人能力的影响，不同个体的智能表现存在明显的差异，因此，在进行教育的过程中要关注不同个体的智能特点。同时，多元智能理论认为不同的智能有着同等的价值，指出教育者应该在 8 种智能上赋予同等的关注。此外，多元智能理论也强调实践性和开发性，关注受教育个体的综合能力，提出教育者要重点开发，这是决定个体多元智能水平高低的关键。

二、多元智能理论在高校英语文学课程教学中的应用

（一）更新教学理念

教师应树立正确的教学理念，英语文学教学与实用英语教学同等重要，二者之间相辅相成。教师还应该深入研究多元智能理论，并将其纳入实践教学活动中，使教师不仅能充分发现自己的智力优势和缺陷，而且能理解学生的个体智力差异，从而提高教师的专业能力和学生的多元化发展。另外，教师应熟悉英语文学课程的特点，英美文学具有强烈的文学品格，它主要反映了英美国家的风俗习惯、文化习俗和人文精神。

（二）优化教学资源

文学史与文学作品相结合的教学原则应充分体现在英语文学课程的教学中，以优化教学资源。教学内容的设计应尊重学生个体智力的差异性和完整性。目前，中英文学教材在网上有多种教学资源，如何设计适合地方高校英语课程的教学内容是关键。教师既要熟悉教材，也要充分利用教材。根据多元智能理论，每一个学生都会在各种智能中表现出卓越的智力，而优秀的智力被称为“智力优势”。因此，教师应考虑每个学生的智力需求，合理选择和优化教学资源。

（三）丰富教学模式

多元智能理论强调“以个人为中心”的重要性，应尊重学生个体。学生是课堂参与的主体，教师教文学阅读的时候，应在要求学生阅读原英文书的前提下，让学生思考作者的创作风格、作品的意义，并在课堂上加以讨论。这不仅培养了学生的逻辑数学智能，而且提高了学生的语言智能。在文学传统、文化背景和文学术语的教学中，教师应将教学方法与教学技巧相结合，使学生既能兼顾不同的智力，又能系统地吸收教师所灌输的知识。

（四）关注学生的个体智能差异

由于生活环境、家庭背景和遗传因素的影响，学生的认知能力、兴趣、性格、智力等方面都是有差异的。因此，学生的学习方式、方法、习惯和能力也有较大的差异。这就要求教师对学生进行全面的认识，尊重学生的差异，灵活运用教学方法和手段，使教师的教学方法与学生的学习风格紧密结合，使学生通过多渠道学习相同的知识点。

（五）加强英语自主学习平台建设

加强英语自主学习平台建设不仅需要依靠课堂学习，更依赖于课外自主学习。因此，加强自主学习计划的建设是十分必要的。教师可以利用网络资源和书籍资源来构建学生自主学习平台，通过建立交流平台（如 QQ、微信、微博），学生可以在平台上独立进行学习，也可以与他人交流，向他人推荐优秀作品，这不仅体现了学习的灵活性和人文性，而且弥补了课时的不足。

（六）丰富评价方式

传统的评价方法主要基于考试，强调学生的语言智能和逻辑数学智能，忽视学生的其他智力测试。目前，许多地方高校仍然采用这种评价方法，评价的内容过于依赖教材。根据加德纳的多元智能理论，英语文学课程评价应考虑学生个体之间智力的差异性，多角度理解学生的智力。因此，教师应丰富评价方式，给予每个学生公正、客观、全面的评价。

第三章　高校英语教学方法概述

第一节　英语教学方法的内涵

一、教学方法

（一）教学方法的概念

在讨论教学方法的概念之前，有必要先了解一下“方法”这一概念。所谓“方法”就是关于解决思想、说话、行动等问题的途径、程序等，它可以是简单的步骤，也可以是复杂的系统。而什么是教学方法？在当今教育理论研究以及各种教育学著作中，人们对教学方法的认识不尽统一，对教学方法所下的定义也各不相同。具有代表性的观点主要有以下几种。

1. 方式说

方式说认为，教学方法是教师在教学过程中为了完成教学任务，所采用的工作方式和在教师指导下学生的学习方式。

2. 措施说

措施说认为，教学方法是教师为了完成教学任务、实现教学目的，在教学过程中所采用的一系列方法措施。

3. 手段说

手段说认为，教学方法是教师为完成教学任务所采用的教学手段。

4. 办法说

办法说认为，教学方法是教师为完成教学任务而采用的办法。

5. 操作策略说

操作策略说认为，教学方法是指在教学过程中，教师指导学生学习为达到教学目的所采用的一整套教学方式组成的操作策略。

以上关于教学方法的定义，都有其合理与正确的一面，都在一定层面上或从某一侧面指出了教学方法的特性，但也明显存在着不足，或为偏颇，或过于笼统、含糊，都不能充分揭示教学方法的真实内涵。同时，方式、手段、措施、策略等，谁是属概念，谁是种概念，并无明确规定，所以也缺乏逻辑依据。

尽管人们对教学方法的界定不尽相同，但在以下几点上却取得了共识。

（1）教学方法与教学目的相联系，是实现教学目的不可或缺的工具。

（2）教学方法始终应包括教师教的方法和学生学的方法，体现了师生在教学中相互联系、相互作用和相互统一的活动特点。

这些共识的取得，为我们进一步深入探讨教学方法奠定了基础。此外，还需要明白以下几个基本问题。

（1）教学方法与教学方式的关系。对这一问题，有的人认为教学方法与教学方式是对等概念，二者可以互相指称和诠释，甚至可以相互取代和替换；有的人认为教学方式是教学方法的上位概念，方式包含着教学方法；有的人则认为教学方式是教学方法的下位概念，教学方法是具体教学方式的总称和组合。我们认为教学方式是构成教学方法的细节，是教师和学生具体的、基本的动作所进行的个别操作活动。也就是说，教学方法是由若干教学方式构成的，同一种教学方法可以由不同的教学方式构成；而同一种教学方式也可以运用于不同的教学方法中。

（2）教与学及其方法的相互联系。对这一问题，有的人将联系说成是“师生共同活动”，有的人说成是“师生相互联系活动”，也有的人说成是“教与学相互作用”，或干脆说成是“教与学的辩证统一”，应该说这种强调是必要的，但过于笼统和模糊。我们认为教与学的相互联系应确切地表述为“教师指导学生学习”。因此，教学方法就不应简单地分成教师教的方法和学生学的方法，然后再将它们简单相加称为教学方法，而应是“教师指导学生学习的方法”。

（3）教学方法最邻近的属概念问题。对这一问题，有的人认为是“手段”，有的人认为是“方式”，有的人认为是“活动”，有的人认为是“动作体系”，有的人认为是“途径”，等等。我们认为教学方法最邻近的属应该是“活动方式”。

基于以上认识，我们可以把教学方法的概念表述为：教学方法是指在教学过程中，教师指导学生学习以达到教学目的而采取的教与学相互作用的活动方式的总称。

（二）教学方法的意义

教学方法是教学过程的一个重要组成部分，是构成教学活动的重要因素之一，直接关系着教学工作的成败、教学效果的好坏和教学效率的高低，在教学过程中具有不可忽视的地位。其意义具体体现在以下几个方面。

1. 教学方法是连接教师教与学生学的重要纽带

朱熹有言："事必有法，然后可成。师舍是则无以教，弟子舍是则无以学。"正是通过有效的教学方法，教师的教学活动与学生的学习活动有机地联系起来，共同构成实现教学目的的活动。

2. 教学方法是提高教学质量和教学效率的重要保证

良好的教学方法可以使学生免走许许多多的弯路，并节省在错误方向上浪费的无法计算的时间和劳动，极大地提高课堂教学的质量和效率。

3. 教学方法是影响教师威信和师生关系的重要原因

《礼记·学记》中指出："善学者，师逸而功倍，又从而庸之；不善学者，师勤而功半，又从而怨之。"学生善学不善学与教师善教不善教是密切联系着的，那些因适当采用优良教学方法而使教学效果不断提高的"善教者"，就容易在学生中赢得较高威信，师生关系也比较融洽。

4. 教学方法影响到学生身心发展

皮亚杰认为，良好的教学方法可以增进学生的效能，乃至加速他们的心理成长而无所损害，而不好的教学方法则可能会使学校成为"才智的屠宰场"。恩格斯就曾在批评爱北斐特中学时说："这个学校流行着一种非常可怕的背书制度，这种制度半年时间就会使一个学生变成傻瓜。"

二、英语教学方法的定义和框架

（一）英语教学方法的定义

"英语教学方法"一词在中国英语教学的词汇中有着不同的含义。从教学方法的概念出发，英语教学方法有不同的范围。大致来说，英语教学方法可以分为三个层次，即宏观层、中观层、微观层。

宏观层是指有关英语教学的系统的理论、观点、主张和操作程序，这些理论、观点、主张和操作程序相互支持、配合，整合在一起，形成一个相对独立、完整的思想体系，在众多思想体系中自成一派。因此，宏观层的英语教学方法又称为英语教学流派，如语法翻译法、直接法、认知法、交际法、全身反应法等。

中观层是指英语教学中的某些规律性的、固定的“套路”，是一种较为复杂的、具有若干步骤的、系统的技巧和做法。例如，三阶段可能性追求法（3P 法）、IRF 法、PWP 法等。

微观层是指具体的教学技能或技巧。在这个层面上，“方法”一词不是英语教学的专用术语，而是日常用语，意为解决某一具体问题的某一具体做法，我们称其为技能或技巧。例如，语法教学中的演绎法和归纳法，语音教学中的跟读法，词汇教学中的默写法等。英语教学方法是一种建立在系统的原则和程序基础上的语言教学的途径和做法，是有关语言教与学的最佳方式的观点的应用，这些观点涉及语言和语言学习的本质特征、语言教学目的、教学大纲、教师职能、学生活动、教材作用、教学技巧和程序等。因此，英语教学法作为非母语现代教学的一门科学和理论，有其自身的结构和研究对象。据此，英语教学法可以归纳为一门研究教学的规律性、目的、内容、手段、具体教法、方法和体系的学科；它也研究学习过程和用英语材料进行教育的过程。

根据理查兹等人的观点，英语教学方法的定义为：语言教学方法是以系统的原则和程序为基础的教授语言的方法，也就是有关如何按最佳方式教授和学习语言的观点的应用。不同的语言教学方法，如直接法、听说法、视听法、语法翻译法、沉默法、交际法等就是有关以下各个方面的不同观点的应用结果：语言的本质特征；语言学习的本质特征；语言教学目标；教学大纲；教师、学生、教学材料等的作用；教学采用的技能技巧和程序步骤。

事实上，英语教学方法是有关英语教学的思想体系，并且这个理论体系包含理论基础和操作程序。在理论层面，包括英语教学的基本理论、基本观点、基本原则等问题，也就是有关英语教学的哲学思考、科学思维和逻辑推理。在操作程序方面，主要是有关教师做什么、怎么做，学生做什么、怎么做等具体问题，即有关教学活动的具体内容的决策、技术、技巧等问题。理论基础是科学分析，操作程序是科学应用，二者构成了英语教学的整体。

（二）英语教学方法的框架

了解英语教学方法的基本构架既可以了解、分析、比较、解决各种英语教学方法内部的问题，也可以为英语教师建立自己的教学方法体系，进而为形成自己独特的教学风格提供参考。因此，下面我们就对英语教学方法的主要框架进行介绍。

1. AMT 三级构架模式

英语教学方法的 AMT 三级构架是由美国应用语言学家安东尼提出的。这一模式说明了英语教学学科分析和科学应用两个层面之间存在既不同又相互依赖的关系。安东尼认为，英语教学方法的框架具有层次特征，其组织构架是技巧策略实现某种方法体系，而方法体系则必须与理论原则相一致。理论原则是有关语言教与学的一整套相关假设，理论原则具有自明性，其论述对象是教学内容的本质。方法体系是有关有序呈现语言教学材料的整体计划，这一计划的各个部分都必须相互和谐一致，并与其理论原则相一致。教学方法具有程序性，而理论原则具有自明性，在同一个理论原则的基础上，可以建立许多不同的教学方法体系。

总体来说，安东尼的 AMT 三级构架具有清晰的层次感和严密的逻辑性。这一框架共有三层，即 Approach，Method，Technique。在这里，Approach 是指“理论原则”层，其任务是阐述有关语言和语言学习的本质特征的基本认识和观点。这一层是基础层，直接决定 Method 层，间接决定 Technlque 层。Method 是“方法体系”层，其任务是在对语言和语言学习本质特征的认识基础上，确立语言教学的基本内容、主要形式、操作顺序、活动特征、教学框架等。这一层是中间层，介于 Approach 层和 Technique 层之间，决定 Technique 层，也被 Approach 层决定。Technique 是“技巧策略”层，其任务是描述课堂教学的技巧、策略、活动、任务等具体内容。这一层是表层，直接决定于 Method 层，间接决定于 Approach 层。

由于 AMT 三级构架只是把教学理论原则和教学技巧策略描述为教学方法体系的外围结构，而不是教学方法体系本身的内部结构。因此，尽管整个概念构架十分合理，但其所含的教学方法体系本身却显得十分单薄。鉴于此，理查兹和罗杰斯在该模式的基础上创建了一个更为合理的模式，也就是 ADP 三维构架模式。

2. ADP 三维构架模式

理查兹和罗杰斯在吸收安东尼的 AMT 三级构架模式基本内容的基础上，提出了英语教学方法结构 ADP（Approach，Design，Procedure）三维模式。

ADP 三维模式认为，一个完整的英语教学方法应当具有三维描述，即教学理论原则（Approach）、教学设计（Design）与教学步骤（Procedure）。其中，教学理论原则是有关语言和语言学习的基本理论，包括对语言本质特征的描述。教学设计是教学方法的核心，主要对教学形式、教学内容、教学顺序、教学活动等进行分析和确定，具体包括对教学目标、教学大纲、课堂活动、学生任务、教师作用、教材功能等的描述。教学步骤是指教学方法的实施过程，包括课堂技巧、课堂行为、互动模式、时间分配、空间布局、教学设备的使用等，所有在课堂中实际进行和完成的事情都可以是教学步骤的一部分。这三者之间既存在差别，又相互联系。正如理查兹和罗杰斯所指出的，“一种教学方法，在理论上与教学理论原则相关，在组织上取决于教学设计，在实践上通过教学步骤来实现”。

与安东尼的等级教学方法结构相比，从形态上来说，ADP 模式更趋完美，理查兹和罗杰斯的教学方法框架呈现出三维结构，A、D、P 三维既彼此独立，又相互依存，共同构成教学方法的组成部分，形成了教学方法的完整构架；从内容上来说，ADP 模式更加完善，不仅把语言和语言学习理论以及教学技巧纳入教学方法体系范畴，而且对方法体系的核心内容进行了具体的分类，使之更加充实和丰富。

然而，从本质上来讲，教学方法本身只是概念的组合，而不是教学实践本身，教学方法的应用才是教学实践。ADP 模式将教学设计停留在理论的范畴，而把教学步骤推到实践的前台，这就使教学步骤与教学设计不能很好地结合在一起，甚至分裂开来，导致一些内容重复出现在教学设计和教学步骤中。所以，将教学方法的课堂应用纳入教学方法体系的构架中本身就存在不合理的成分，很难令人信服。

3. 五层框架结构

五层框架结构是王才仁在综合前人教学方法构架的基础上提出的，它明确了各自的定义及相互关系。五层框架结构的精髓在于通过教学策略这一层把与整个方法论相关的概念体系一分为二。具体来说，Methodology 和 Approach 是教学基础理论原则，是理论部分，属于科学范畴。而 Method 和 Technique 则是实践部分，属于艺术范畴。这两个部分通过 Strategy 联系，使这五个部分有机地统一在一个完整的框架中，形成了一个上下一体、逻辑严密的英语教学方法论说明体系。这一模式的提出，丰富了中国英语教学方法的研究理论，积累了一份属于中国英语教学自己的思想财富。

王才仁的五层框架结构虽然具有很多优势，然而，其存在的问题也是显而易见的。（1）该模式把教学策略定位于教学方法之上，与一般的观点恰好相反，容易引起理解和使用上的混乱。

（2）该模式把教学方法局限在狭小的课堂空间内，不利于方法的整体性与教学的整体性的一致。

（3）该模式提出的实验性教学法概念，也很难融入当今主流概念大众体系中，很难为广大英语教师所理解。

（4）该模式的建立以英文概念为基础，由于在英文文献中存在着 Approach，Method，Methodology 等概念的混乱，而且这些概念的形成都是来源于以英语为第二语言教学的理论和实践，以此为基础的中文概念体系难免有先天不足的缺陷。

第二节　常用的高校英语教学方法及应用

第一节我们介绍了英语教学方法的内涵，本节我们重点介绍高校英语教学中常用的一些教学方法及其应用。

一、语法翻译法

语法翻译法（Grammar-translation Method）又称“古典法”，起源于中世纪欧洲人教希腊文和拉丁文的方法，直到 18 世纪末，语法翻译逐渐从教授古典语言过渡到教授现代语言。语法翻译法强调词汇和语法的学习，重视阅读和写作两大方面的培养，但听、说能力的培养却被忽视，而且学生的主体地位也被忽视。在该教学法中，教师占据着权威性的地位，是知识的传授者和教学的组织者，而学生则处于被动的地位，只能被动地接受教师的教导。

（一）背景知识

语法翻译法相较于其他教学方法，具有最悠久的历史，但是语法翻译法同时也是最具争议的一种教学方法。但只要有语言教学存在，教学法就会随之存在，并与之不可分割。语法翻译法的产生与当时的社会历史背景以及人们学习外语的目的有着密切的联系。18、19 世纪，欧洲的一些学校开设了现代外语课程。在当时，人们学习外语的主要目的是希望能够阅读希腊文和拉丁文的书籍。他们需要懂得这两种文字以便进行交流，并能够使用这两种文字著书立说。这就使阅读和翻译成了他们学习语言的主要目的，而通过语法翻译法学习希腊文和拉丁文颇具成效。因此，语法翻译法得以产生和发展。

此外，语法翻译法的产生也有赖于人们对语言的研究和认识。18、19世纪的语言研究也为语法翻译法提供了理论依据。具体包含以下三个方面。

（1）18世纪的学者对词类的研究以及词类的划分为语法翻译法的形成和发展打下了重要的基础。语言学家将语言看作词类的划分，认为掌握了词汇，就掌握了所学语言。斯多葛学派最先确定了语法的范畴，即时态、语态、非限定动词等。此后，在研究词的基础上，亚历山大里亚学派确定了8大词类，包括动词、名词、形容词、代词、副词、介词、连词和冠词。

（2）在18、19世纪的语言学家看来，语言学习者只要能够依照语法规则将词汇黏合在一起就可以表达思想。因此，他们认为语法是一种黏合剂。在此基础上，通过对语言规律的研究和分类，他们逐步建立了“希腊-拉丁语法体系”（Greek-Latin Grammar System），并在这一体系中确定了主语、谓语、表语、定语、状语等。

（3）18、19世纪的语言学家认为，书面语是语言的精华所在，并将书面语看作不变的经典。所以，他们认为书面语应该是学习者学习的重点。

（二）主要特点

语法翻译法的特点十分鲜明，概括起来有以下几点。

1. 注重语法教学

重视语法教学是语法翻译法最突出的特点。在语法翻译法中，语法被当作语言的核心，被认为是外语学习的主要内容，语法教学也被看作教学的中心任务。更甚者，教学所用的教材也是按照语法体系的内在结构循序渐进地编排，对语法详细、系统地描写，不论是分析、讲解、举例，还是翻译，甚至是阅读，各种教学活动均以掌握本课的语法项目为直接目标，教学效果的评价也以掌握语法的程度为准绳。由此不难看出语法在语法翻译法中的重要地位。

2. 翻译是主要的活动形式

语法翻译法的特点还表现在以翻译为主要教学活动。在翻译法教学中，教师主要用本族语组织教学，进行讲解。学生的学习活动除背记、阅读外，主要是通过本族语和外语之间的互译来S使用、巩固所学的规则和词汇，并且教材中的每个语法项目都配有相关的翻译练习。

3. 重书面语，轻口语

因着当时社会发展的需要，语法翻译法将口语和书面语分离开来，把阅读能力的培养当作首要的或唯一的目标。而口语教学仅限于使学生掌握单词的发音。因此，语法翻译法就呈现出重书面语、轻口语的特点。但同时，语法翻译法将口语与书面语相分离，也有助于教学的有效开展。

4. 句子为教学和练习的基本单位

为了使英语学习顺利进行，语法翻译法的倡导者用句子取代了希腊语、拉丁语教学法中艰深的语段材料，这就使句子成了语法翻译法教学和练习的基本单位。

（三）实际应用

在一般情况下，语法翻译法的课堂教学活动主要是译述整篇文章的大意。将课文逐句从外语翻译成母语，对课文的语法规则进行演绎式的讲解，并直接阅读课文以加深对课文的理解。

例如，我们在语法翻译法的课堂上听课，教师正在教授《最后一课》（*The Last Lesson*），课堂的活动很可能会做如下设计。

首先，教师会运用母语简要介绍一下文章的写作背景以及作者的相关情况，接着叙述文章的基本大意，以确保学生对文章的整体有一个初步的了解。

其次，教师会逐句地翻译文章。在翻译之前，教师通常会带领学生阅读单词表里的单词，以使学生对单词的发音和意义有所理解。在逐句翻译时，教师会先朗读句子，然后用母语解释词、短语和句子的意义。针对语法方面的问题，教师会对语法现象、语法规则和语法的具体用法进行详细阐述，并举例说明。

在整体教学活动中，逐句翻译和语法讲解占了绝大部分时间，它们是语法翻译法的中心活动。教师在教授第一段“I was very late that morning on my way to school and was afraid of being scolded. The master had told us he would question us on verbs, and I did not know a thing about them, for I had not studied my lesson.”中的第一句时，为了更好地掌握该短语的用法，教师会边朗读“I was very late…”边举例“He is now on his way to Shanghai”是“他现在正在赴上海途中”的意思。同时，教师还会让学生翻译一些句子，如“上学途中我碰见王强”。

在教授第一句的下半句时，教师会对“of being scolded”进行较为详细的解释，同时也会对动名词被动式的构成法——“being+过去分词”进行说明，通过边翻译、边用演绎法解释语法项目的方法，教师完成全篇课文的讲解。在这一过程中，母语是所使用的主要语言。

最后，在上述讲解的基础上，教师还会让学生直接阅读课文，并做一些阅读理解的练习，以巩固所学知识。其中，阅读理解的练习大多是以选择题的形式出现。到这里，基本上一堂课的教学就结束了。教师还可以根据具体情况给学生布置一些课后笔头的翻译练习。

（四）优缺点

1. 优点

语法翻译法时间最为悠久，并有着不可磨灭的优点，尤其是在以前师资和教学设备较差、班级规模大、教师工作量较大或积极性较差的条件下，语法翻译法备受青睐。其优点具体表现在以下几个方面。

（1）在外语教学中创建了翻译的教学形式。

（2）强调对书面语的分析，着重对原文的学习，这样有利于学生对目的语的深入理解和掌握。

（3）重视词汇和语法知识的系统传授，有利于学生对语言知识的巩固，有利于打好语言基础。

（4）有助于学生将目的语的结构内化，从而提高其使用英语表达的能力。

（5）有助于学生肯定或否定他们对目的语所做出的无意识或有意识的假设，辨别母语与目的语的异同。

（6）便于使用，不需要什么教具和设备，教师只要掌握了英语的基本知识，就可以拿着外语课本教英语。

（7）易于管理，便于测试学生。

2. 缺点

不可否认，语法翻译法是在古典语言学研究以及对语言传统认识的基础上形成的。因此，它有一定的局限性以及自身存在一定的缺陷。归纳起来表现为以下几点。

（1）过分强调翻译，主张单纯通过翻译手段教外语。这样容易养成学生在使用外语时依靠翻译的习惯，不利于培养学生用外语进行交际的能力。

（2）忽视了语音和语调的教学，学生的口语能力得不到培养。

（3）过于重视语法规则，在一定程度上束缚了学生的口语交流意识，妨碍了学生口语能力的提高和发展。

（4）过于强调教师的主导作用和教师的语言讲解作用，而忽视了学生的主体性，不利于学生语言习惯的形成和语言能力的培养。

（5）教学方式单一，强调死记硬背，课堂教学气氛沉闷，不易引起学生的兴趣。

（6）忽视了语言教学中的文化因素、语言运用的内在因素，以及语言在不同情景中使用的客观规律。

虽然语法翻译法有很多的缺点，但是便利易行，所以在现在的英语课堂上仍被广泛使用。

二、情境教学法

（一）情境教学法的定义

情境教学法（Situational Approach）是教师根据教学内容，利用实物、图片、电教设备、动作表演及学生的真实心理，要求学生根据实际情境进行交际学习，面对复杂多变的因素做出独立的判断和灵活的应对。它的核心在于激发学生的情感，方法是在教学过程中，教师有目的地引入或创设以形象为主体的，并具有一定情绪色彩的生动的场景，从而引起学生的态度体验，进而帮助学生理解教材，使学生的心理机能得到发展。

它的基本步骤是：提出情境，学习语言；听说领先，反复操练；书面练习，巩固结构。在整个教学过程中，教师不但是语言楷模，还是教学活动的设计者和指挥官。作为语言楷模，教师的语言是学生模仿的标准，教师要以正确的、地道的英语设计学习的情境。作为教学活动的设计者和指挥官，教师要组织和控制所有的课堂活动；同时，要在教学中观察学生的错误，然后考虑下一节课应如何设计教学以便帮助学生改正错误。

在情境教学方法的课堂上，英语是教学语言，教师应用英语组织教学、解释语言项目和布置课下作业。但是，在解释语言词汇或结构时，如碰到一些难以解释的项目，教师可使用母语进行讲解，而不鼓励学生使用母语进行学习。

（二）情境教学法的原则

1. 学生自主性原则

学生自主性原则强调两个方面：一是良好的师生关系；二是学生在教育教学中的

主体地位。良好的师生关系是情境教学的基本保证。教学本是一种在特定情境中的人际交往，情境教学更强调这一点。只有师生间相互信任和相互尊重，教师对学生真正做到“晓之以理，动之以情”，才有建立良好师生关系的可能。这意味着教师必须充分了解学生，学生也必须充分了解教师，彼此形成一种默契。而学生在教学中的主体地位决定了自主性，侧重于教师鼓励学生“独立思考”和“自我评价”，培养学生的主动精神和创新精神。这一原则要求教师在情境教学中须从学生的实际出发，使学生在完成学业的同时，得到如何做学习的“主人”的体验。这意味着一切教学活动都必须建立在学生积极、主动和快乐的基础上。

2. 轻松体验性原则

在情境教学法中，教师要设法在轻松愉快的学习情境或氛围中引导学生产生各种问题意识，并展开自己的思维和想象去寻求答案，分辨正误。这一原则强调，学生思维的“过程”与“结果”同样重要，目的是让学生觉得思考和发现问题是一种快乐，而不是一种强迫或负担。

3. 意识与无意识统一、智力与非智力统一原则

实现情境教学法的两个基本条件是意识与无意识统一、智力与非智力统一。人在学习做事的过程中，一方面，需要集中思维，培养刻苦和钻研精神；另一方面，要充分调动兴趣、愿望、动机等无意识的潜能，因为它们对智力活动具有重要的促进作用。具体到教学过程中，教师要将学生视作理智与情感同时活动的个体，不要一味地告诉他们要努力、要刻苦，而是要想方设法地去调动学生身心各个方面的潜能。也就是说，教学要保持一种精神集中与轻松并存的状态。学生在学习中松弛有度，自然会取得更好的学习效果，而这也正是情境教学法所追求的理想效果。

（三）情境教学法的应用

1. 情境的设计

语言学习是与一定的社会文化背景，即情境相联系的。利用现实情境所提供的场景，学生会将自身原有认知结构中的有关经验和知识与当前学习到的新知识相连接，将新知识吸收并结合纳入自身已有的认知结构中。因此，在英语教学中，教师要努力设计出能够引导学生积极参与学习活动的真实情境。这种情境的设计通常与以下几个因素有关。

（1）相关的范例。理解和解决任何问题都需要学生对该问题有一定的经验，并且

能够建构相应的心理模型。因此，教育者应为学生提供相应的范例，即提供一系列学生可以参考的相关经验，以补充学生认知结构中的空缺，为解决当前任务提供参照。此外，为了培养认知的灵活性，相关范例的提供应包括要解决的问题的多种观点、思路和视角。

（2）学习任务的呈现。教师在向学生呈现学习任务时，应当同时描述任务中的问题发生时的社会文化背景。问题的呈现应当是有趣的或吸引人的，目的是引导学生积极参与。此外，教师还应注意在问题呈现的过程中为学生留出足够的操作空间，并允许他们操纵某些维度，自己做出决策。

（3）学生的自主学习设计。在建构主义指导下的情境教学法强调学生要主动建构知识的意义，如何设计出促进学生主动建构知识意义的学习环境中的重要一环就是自主学习设计。学生是学习过程的主体，学生的自主学习是对所学知识实现意义建构的内因，而恰当的情境是促进学生主动建构知识意义的外部条件，即外因。外因通过内因起作用，学生在适当的情境下通过主动探索、主动发现，并借助自主学习活动，完成知识意义的建构过程。可见，自主学习设计是情境设计中必不可少的。

（4）教师的指导。建构主义倡导以学生为中心，认为他们是知识意义的主动建构者，是信息加工的主体。同时，教师是整个教学过程的组织者、指导者和协调者，对学生的意义建构起促进作用。因为以学生为中心的教学设计的每一个环节都离不开教师的有效启发、认真组织和精心指导，所以在设计促进学生主动建构知识意义的情境时，不可忽视教师的指导作用。如果忽视了教师的指导作用，学习活动就会成为没有目标的盲目探索。

（5）信息资源。在进行情境设计时，必须确定学生所需要信息的数量和种类，以建构问题模型和提出问题解决的假设。可以提供的信息资源包括可供学生选择的，并随时可得的与问题解决有关的各种信息和知识，如文本、图形、图片、声音、视频、动画等，以及通过网络获取的各种有关资源。

（6）认知工具。认知工具是指支持和扩充学生思维过程的心智模式和设备，通常是可视化的智能信息处理软件，如专家系统、知识库等。学生受已掌握知识和感官输入信息能力的局限，对认知资源的获得受到限制。而认知工具能够提供组织或呈现各种信息的机制，学生借此可以进行信息与资源的获取、分析、编辑，并以此表达自己的思想。

2. 意义的建构

意义的建构和情境的设计是相辅相成的。如果课堂环境不具备实际情境具有的生动性、丰富性，学生的主动建构意识就得不到有效的激发，学生也就难以提取长期记忆中的有关内容，最终，学生对语言输入的意义建构也会变得困难。情境教学法中意义建构的方法和步骤主要包括以下方面。

（1）教学目标的分析。在学生的学习过程中，无论是学生的独立探索，还是教师对学生的指导，都要以对新知识的意义建构为中心。但是，每一个阶段或每一节课堂的学习内容总是由不同的知识点构成的，且每个知识点的重要性及其特点均不同。因此，要想完成意义建构，首先必须对所学的内容进行教学目标的分析，在此基础上才能确定当前所学知识的基本内容。

（2）教学结构的设计。教学结构设计问题主要是指对教学活动过程的控制与优化简单，来说就是对师生之间、学生与学生之间交互作用而形成的动态过程设计。具体来说，教师应在建构主义的学习理论和教学理论指导下，运用系统观点和动态观点审视和反思教学中的各个环节、各个环节的作用和相互关系，继而形成一个动态的、稳定的教学结构进程。

（3）信息技术辅助作用的设计。随着信息技术在教育教学领域的普及应用，学生的学习资源也越来越丰富。因此，在意义建构过程中，学生不应忽视信息技术的辅助作用设计。它是指应确定一定情境下的学习主题所需要信息资源的种类及每种信息资源在学习该主题过程中所起的作用。在这个过程中，如果学生对于获取相关信息的出处、手段、方法以及如何有效利用这些资源等方面有困难，教师应及时提供帮助。

（4）自主学习策略的设计。情境的设计离不开自主学习设计，意义的建构同样也离不开自主学习策略的设计，它是完成意义建构的基础。自主学习策略设计的目的是帮助学生学会学习，即帮助学生能够根据学习目的和要求独立地选择有效的学习方式。在自主学习策略设计中，元认知策略设计非常重要。元认知策略是学生在学习过程中采用的学习策略之一，包括对学习过程中运用的心理过程的选择、学习时对学习的监控和学习后对学习的评估等。元认知策略的训练设计包括计划、自我管理、自我监控、自我评估、资源利用和需求分析等方面内容。

（5）协作式学习活动的设计。协作式学习活动的设计目的是为多个学生提供对同一问题用多种不同观点进行观察、比较、归纳、综合的机会，帮助学生掌握知识、运用知识，并深化对问题的理解。开展协作式学习活动既有利于教师主导作用的发挥，又有利于学生自主探索角色的体现，而且还有利于培养学生之间的合作精神。

3. 情境教学中的评价

情境教学中的评价主要包括以下内容。

（1）对学生所取得进步的评价。建构主义理论认为学习过程就是知识建构过程，应重视对动态的、发展的学习过程及学生所取得进步的评价，主张评价应为学生学习经验中有意义的一部分。因而，评价不是孤立的检测手段，而应纳入正常的课堂教学中。

（2）学生参与学习过程及效果的评价。情境教学法认为，学习过程就是学生主动建构知识意义的过程。因此，对学生是否主动参与学习过程的评价就显得很重要。这一评价要以学生的课堂学习为中心，其中对学生的课堂表现可以从以下几个方面来考查：是否在听课时注意力集中；是否积极参与课堂活动；是否认真听教师及其他学生讲话等。而从评价的目标和内容看，课堂评价活动包括对学生所掌握知识与技能的评价、学习态度评价、兴趣与自我意识评价、学习策略评价等。

（3）基于真实语境的评价。这主要是指评价的背景应当像教学背景一样真实而丰富。学习是学生在一定的情境中利用已有的知识经验赋予当前学习到的新知识以某种意义的过程。因而，情境教学中的评价应在基于某种有意义的背景下，围绕真实的情境来评估和讨论学习结果。

（4）评价主体与评价方式的多元化。由于学生都是基于自身的知识经验来建构对事物的理解，不同学生对同一知识点的理解也不尽相同。因此，对学生学习过程和学习结果的评价也应采取多种方式。就评价主体而言，评价人员既可以是教师，也可以是专家，还可以是学生自身。就评价方式而言，可将传统的标准参照评价法与现代的学习文件夹评价法相结合。标准参照评价法是指根据课堂教学目标制定评价标准，对比学生的学习结果，并从中找出优势与不足；而学习文件夹评价法是指借助由教师和学生搜集的、反映学生学习过程和学习进步的各类学习成果进行评价，它主要用于学生对学习的回顾、自我评价及其他形式的外部评价。

（5）评价信息的及时反馈。情境教学法既重视对学习过程的评价，也重视对评价结果的及时反馈，因为这有助于帮助学生了解评价带来的正面效果。具体来说，在对学生进行评价的每个阶段，教师首先要对获取的信息加以分析、整理和阐释，然后针对学生的个性特点以适当的形式及时将全部或部分信息反馈给学生。借助这些反馈信息，学生可以及时了解自己的不足，并在教师的帮助下不断修正自己的学习策略。

三、交际型教学法

（一）交际型教学法概述

交际型教学法产生于20世纪70年代初期。当时，将英语作为一种交际工具来进行教学已经颇受青睐。可以说，交际型教学法的产生与当时的社会历史背景是分不开的。20世纪60年代，西方发达国家的经济发展迅速，政府间和民间在各个领域的交往也都更加频繁。例如，在西欧，除了本地区人民的频繁往来之外，一些发展中国家的成人劳动力也开始流入欧洲共同市场国家。但人们在各种接触中，都遇到了语言不通的障碍。即使学过一些外语的人到了国外，依然连起码的交际活动都不会，这直接影响了他们的生活和工作。在这种情况下，急需一种新的语言教学方式来解传统教学模式的燃眉之急。

自20世纪70年代中期起，在教育语言学和语言教学法领域所有的实践、理论和研究的重大问题，都归结到“交际能力”这一基本概念上。这种“交际能力”的提出与语言学家乔姆斯基提出的“语言能力”形成对照。同时，越来越多的人也开始赞同从社会的角度来观察语言，于是社会需求和“交际能力”这一概念相结合，便形成了“交际语言教学”这一思想。随后，交际教学法传入中国并得到了广泛的应用。

交际教学法是以社会语言学理论、心理语言学理论为基础，以交际功能为大纲，以交际能力培养为目标的教学法体系。它以培养学习者的语言交际能力为目标，强调在交际过程中，如在不同的场合下恰当地使用语言；运用语言执行各项任务，如解决难题、获得信息、人际交往等。在交际型教学模式中，教师和学生的注意力应当放在怎样利用语言作为介质以实现交际目的，并完成交际任务，而不是只关注所述句子的结构是否完全正确。总之，交际型教学法将语言的结构与功能结合起来，要求教师不仅培养学生听、说、读、写等方面的语言技能，还要教会学生如何将这些语言技能灵活地运用到英语交际中去。

（二）交际型教学法的原则

1. 以学生为主体原则

交际型教学法强调交际，强调对学生交际能力的培养，学生必然是课堂的中心和主体，教师要鼓励学生主动积极地参与各种课堂活动与实践活动。在这里，教师主要有两个方面的职责：一是教师要为学生创造一种轻松、和谐的课堂氛围，将课堂变成让学生没有压力的语言实践场所；二是教师要有意识地调动学生的主观能动性，从预习到课堂实践、课后复习，每个环节都应该让学生自己去思考、发现问题并解决问题。此外，以学生为中心不仅体现在教师与学生角色的变化上，还体现在教材内容的选择上。这对英语教师来说是一个挑战，他们必须充分了解学生的不同学习需求与学习动机，根据学生的不同需求来选择具有针对性的教材；必要的时候教师还可以自己选择或推荐一些教学材料给学生。

2. 以意义为中心原则

在交际型教学法中，尤其要强调以意义为中心，这是因为无论是用母语还是用英语与他人交流，人们首先关注的是意义的传达，而不是追究语法有没有错误。从这一点来看，交际型教学法与传统的教学模式存在着明显的区别。一般来说，教师在课堂上比较重视结构主义的教学方法，即将句子的词汇、语法、结构等作为重点来授课。

事实上，这正是很多学生学了多年英语却在真正的交际场所中不知所措的原因。在课堂上，学生基本上是为了学英语而学英语，他们说出的英语句子不是为了真正的交际目的，而只是为了证明他们对于语言形式的掌握。因此，即使学了多年英语，他们也不一定能说出一句最基本的日常用语。也就是说，学生在课堂上学习的是语言形式的用法，而不是语言的真正运用。

在交际型教学法中，教师要放弃处处挑学生语法错误的做法，明白任何学习包括语言的学习，都是在不断犯错中逐步进步并往好的方向发展的。如果学生能顺利地表达出自己的观点，教师就没必要纠正他们，只需帮助他们自己发现并纠正错误即可。需要指出的是，以意义为中心原则强调语言与当时情境的融合。任何对话都是发生在一定的时间、空间之中的，有些信息只有交际的双方才能心领神会。当然，我们重视语言的意义绝不是说完全忽视语言的形式，毕竟语言形式作为语言的基础知识是学生必须正确掌握的。我们只是强调在交际型教学法的前提下，有意识地培养学生灵活运用语言、重视语言意义的意识。只有这样，学生才能做语言的主宰者与支配者，而非语言的奴隶。

3. 以任务为指向原则

在语言教学过程中，教师如果为学生提供一定的交际活动情境，并分配一定的任务，学生就会有机会使用所学的语言进行真实的交际活动。而学生在实践中进行语言交际也能将语言学得更好。因此，在交际型教学中，不能局限于对语言本身的学习，或是将语言作为一门独立课程来学习，而应将语言的学习渗透到其他学科的学习任务中，将语言作为一个工具或介质来学习其他学科的知识。事实上，任务和交际活动是不可分割的，以任务为中心，学生之间可以有更多、更真实的交流，学生的积极性和主动性也会更强。

此外，由于任务往往有其具体的上下文，学生在任务活动的过程中无形中提高了语言运用能力。而且，以任务为中心还意味着将学生从呆板、固定的课题中解放出来，在形式多样的课外活动与任务（如英语辩论、英语演讲、英语歌唱）中，学生可以培养与发展自己对语言的运用与驾驭能力。

4. 真实性原则

真实性原则主要是指教学材料或教学大纲的本质，即教师在课堂上必须采用原文作品，不得是人为加工后的语言。也就是说，交际型教学法强调在（类似）真实的语言环境中学习和使用语言，这样才能有助于提高学生对语言的实际运用能力。

交际型教学法中的真实性原则具有以下两个方面的含义。

（1）强调教学内容的真实性。

要想培养学生的交际能力，首先应使教学内容尽可能地贴近生活。因为一些书面体的语言人们在实际生活中很少使用，或者很难遇见，以这样的教学内容为基础的外语教学是不利于培养学生的语言交际能力的。为此，交际型教学法创造了以任务为基础的语言活动、以解决问题为基础的语言活动和以专题为基础的语言活动，使学生围绕“任务”“问题”或“专题”有目的地掌握语言功能，习得语言交际能力。

（2）强调教学环境的真实性和语言实践环节的模拟性。利特尔伍德指出，交际法使我们更强烈地意识到只教会学生掌握外语的结构是不够的，学习者还必须掌握在真实的环境中将这些语言结构运用于交际功能中的策略。在英语教学中，如何积极地创造语言交际环境，使学习者在交际活动中掌握使用语言的能力，则是体现交际性原则的一个重要方面。

交际型教学法离不开交际活动。在活动过程中，教师和学生应共同创造真实的交际氛围，在教师指导或学生彼此交流中应使用真实语言，而不单纯为了操练某个句型或语法。

交际型教学法不仅要求学生使用真实语言，而且要求他们说出的话必须具有创造性和不可预测性，即语言的形式要多样，不能仅是为了证明对语言知识的掌握而使用语言。此外，交际活动的角色必须真实，教师要鼓励学生融入自身所扮演的情境角色中，让他们对交际活动存有愿望和期待。

（三）交际型教学法的应用

1. 设计交际活动

在交际型教学法的课堂环境下，应设计强调语言功能特点的交际活动。这类活动的目的是鼓励学生尽可能依靠已经建立的目标语知识体系实现有效的交际活动，如解决问题或交换信息。具有功能交际特征的活动主要包括以下几类。

（1）描述活动。

描述活动是指教师让学生对具体的事物或事件进行描述，目的是促使学生学会如何以段落的形式运用和理解目标语。例如，教师可以要求学生描述自己所处的城市、所在的校园、经历的趣事等。描述活动产生的另一个积极结果是它可以锻炼学生的逻辑思维与组织能力，这可以帮助学生更好地进行交际活动。

（2）猜词活动。

学生首先必须掌握句子本身并灵活运用，因为对句子的掌握和运用是培养学生交际能力的起点。因此，教师可以借助猜词活动来为学生提供口头使用英语的机会。具体操作方法是：首先，教师要求某个学生站到黑板前，面向全班；其次，另外一位学生将刚刚学会的某一个单词写在黑板上，这个单词必须是大多数学生所熟悉的；最后，全班同学各自用英语解释黑板上的单词，并请那位站在黑板前的学生猜出这个单词的拼法和意义。猜词活动或类似的任务活动是训练学生口语的有效途径。

（3）简短对话活动。

交际能力的发展在很大程度上取决于学习者进行简短对话、互通情感的能力，如对各种话题——天气、交通状况、赛事、度假等的讨论。这些简短对话表面上看似乎毫无意义，但它们对创造社交氛围起着不可忽视的作用。

2. 评价交际能力

在设计完交际活动并由学生进行实践之后，便进入对学生交际能力的评价环节。教师所设计的交际活动兼具功能特征与社会特征，对学生交际能力的评价也相应地涉及功能因素与社会因素两个方面。当然，对功能与社会两种因素的评价不是截然分开的，而是统一地融入对学生总体交际能力的评价中。

（1）对运用目标语得体性的评价。

首先，交际话题的选择决定了目标语文化背景知识所确定的得体性。在一种文化中被视为个人隐私的话题在另外一种文化中可能被认为是可以公开讨论的话题。例如，在中国人看来常见的一些话题等却是不被外国人接受的。如果一个中国人问一个外国人“Are you married?”“How old are you?”“Where are you going?”等，就会被视为违反了英美文化中的言语行为准则。

其次，对目标语的使用是否恰当主要与交际者之间的关系以及当时所发生交际的语境有关。例如，“What's your name?” 的表达形式虽然没有错误，但并不能用于打电话时询问对方的身份，而要采用 “May I know who is calling?” 的表达方式才算得体。

（2）对文化背景知识掌握的评价。

在培养学生的交际能力时，一定不能缺少对目标语文化背景知识的掌握，它有助于学生掌握语言运用的得体性。一种语言表达方式是否得体，是由该语言的本族语者所共有的社会文化习俗决定的。因而，学生在交际过程中应注意学习并掌握这些文化规则；教师在考查和评价学生对文化背景知识的掌握时，也可以将带有文化误解的交际场景呈现给学生。在这个过程中，教师可以观察并判断学生对该文化规则的掌握程度，并及时提供启发性知识，引导学生了解和掌握目标语文化语境下的社会交往知识与技巧。同时，教师还可以对目标语文化与母语文化加以比较，这样既可以巩固学生对母语文化的掌握，也有利于在目标语文化与母语文化之间形成一个健康的平衡状态，帮助学生在以后更好地进行交际活动。

（3）对约定俗成的习俗掌握的评价。

任何一种语言都包含有大量约定俗成的语言形式和用法。如果学生对此缺乏了解，所输出的语言即使合乎语法规则，但与约定俗成的用法相反，那么在交际过程中也会遇到表达上的困难和尴尬。例如，在告知时间时，可以说：“It's twenty to three.” 或 “It's two forty.”，而不能用 “It's three minus twenty.” 或 “It's ten after two thirty.” 等形式。又如，在问候别人时，英语中常用 “How are you?”，而不用 “Are you well?” 或 “Are you in good health?” 等表达方式。此外，在英语礼仪交往中，必须使用一些约定俗成的短语。例如，在请客人先于自己进入房间时要说 “After you!”；在偶遇一位多日不见的熟人时要说 “How nice to see you!” 等。以上主要是句型和语法结构上的约定俗成。就词汇而言，英语中也存在一些约定俗成的表达方式。例如，某些约定俗成的形式仅用于某些特殊场合，像 “Check，please.” 这一固定表达方式仅在饭店结账时使用。

在英语教学中，这三个方面的评价是相互联系、缺一不可的。只有对这三个方面都有所掌握，才能有助于培养学生的文化意识，而这恰恰是交际能力的重要组成部分。

第三节　英语教学法的发展

一、英语教学法的发展趋势

上节我们介绍了三种教学方法，但实际上应用到教学中的教学方法远非这几种，而且即便我们寻觅到所有的教学方法，仍不能解决所有的语言教学问题，想要建构万能的语言教学方法是不可能的。于是就有西方学者提出“与方法概念决裂”、开始“后方法时代”的观点。中国英语教学理论界也有人认为要紧随这种观点，不要“对教学法仍如此执着”，而要进行超越教学法的课堂过程研究，否则就“显然已经比人家慢了一拍”。对英语教学法的研究似乎已经过时，教学法的发展好像已到了极限和尽头。

实际上并非如此。与上述观点正好相反，我们认为对教学方法的研究已经进入一个新的历史时期。为了寻找适合新时代的教学方法，西方学者开始拓展新的研究方向，从不同角度和层面来延伸他们的探究。不同于以往的英语教学研究，20 世纪 80 年代以后的研究开始从宏观走向微观，从一元走向多元，从单层走向复层。例如，在 20 世纪 60 年代中期兴起的认知法得以进一步发展；由众多学者倡导的任务法已逐渐发展为一种新的具有全球影响的教学模式。在中国，除全日制义务教育和普通高级中学英语课程标准曾经倡导任务型英语教学以外，当前的中国英语教学理论界也在给予积极的响应，有关文章和专著纷纷问世。由此不难看出，对英语教学法的探究并没有终止，终止的只是某些探索教学方法的方法，而非教学方法探索本身。

粗略地观察英语教学法的发展趋势，我们隐约可以看见一条从传统的古典人文主义到科学主义再到现代人文主义复归的轨迹。

其中，古典人文主义的代表是语法翻译法，该教学方法的教学目的是人文教育，培养人的素质，提高人的智力。19 世纪下半叶，随着斯威特等欧洲应用语言学家和语言教育专家理论的推出、语音学的崛起、国际语音学会的成立和国际音标的制定等，开始以科学的名义催生了直接法；行为主义心理学与结构主义语言学的结合使得听说法问世；认知法的语言学理论基础则是乔姆斯基的转换生成语法；而交际法的语言学理论基础则是社会语言学。这些方法的科学理论指向的或者是语言学习的客体，或者与该客体密切相关，代表着人们在探索外语教学的过程中走过的以客体为中心的科学主义道路。任务法作为交际法的一种演变形式，可算是这种开发的成果之一。

此后，沉默法、暗示法、社团法、自然法、协作法、整体法等都或多或少地将目光转向了学习者本身、学习过程、学习条件、学习环境、学习情感、学习策略、学习者之间的合作等，开始了以学习主体为中心的人文主义复归。也正是这种以学习主体为中心的现代人文主义思潮，使各位学者对外语教学积极进行多角度、多层面的探索。

社会在不断发展，历史在不断演变，教学方法的研究有着深刻的社会实践背景，人们对新的教学方法的探究永远不会停止。而新的教学方法之所以产生，也有其客观原因。斯特恩将这些原因归为以下三点。

（1）社会、经济、政治或教育形式不断发展变化，对教育提出了新的要求。

（2）语言学理论创新和有关语言学习的心理学研究的新发现会促使新的教学方法产生。

（3）语言教师的各种经验、感觉和观点也会促使新的教学方法产生。

只要以上原因存在，新的教学方法就会产生，而且由这些原因引发、推动的教学方法理论研究就不会停止，并不断向前发展。

二、英语教学方法的选择

古今中外积累的英语教学方法是十分丰富的，随着教学改革的不断深入，又会产生许多新的、有效的教学方法。教学方法多种多样，其性能和特点千姿百态。在实际英语教学时，教师能否正确选择教学方法，就成为影响教学质量的关键因素之一。实践证明，教师只有按照一定的科学依据，综合考虑教学的各种因素，选取适当的教学方法，并能合理地加以组合，才能使教学活动呈现出最优化的效果；反之，如果毫无选择地使用教学方法或错误选用教学方法，都会给教学活动造成不利影响。

要做到选择最优的教学方法，必须把握以下三条基本原则。

（一）总体把握原则

总体把握原则是指在选择教学方法时，要从教学内容出发，总体把握教学的目的和任务、教学内容的性质和特点，以及每节课的重点、难点和关键。

（二）师生共明原则

师生共明原则是指在选择教学方法时，既要把握教学对象的可接受性，又要把握教师自身对各种教学方法驾驭的可能性，力求使师生双方的可接受性、利用的可能性与教学方法的效果达到完美的结合，统一在最佳结合点上。

（三）“双效”统一原则

“双效”统一原则，是指在选择教学方法时，一要考虑能否取得最佳效果；二要考虑能否取得最高效率，力求使效果与效率达到完美的统一。

教学方法的选择，必须追求方法与效果的统一。有的教学方法虽然很好，但教师用未必能取得最佳效果。教师在选择教学方法时，要充分估计运用这种方法所取得的效能、效益和结果。教学方法与教学效果统一了，说明选择的教学方法是行之有效的，否则就是不切实际的。教学方法多种多样，而使用时又往往是以一两种为主，这就要求教师在选用教学方法时，一定要选择能取得最佳效果的方法，使方法与效果二者高度统一。

但是，仅看教学效果是不够的，教学效果仅仅是评价选用教学方法好坏的一个重要方面。在看教学效果的同时，还要看教学效率。有时，虽然教学效果不错，但它是以教师和学生双方花费了很多时间和精力以及较高的物质消耗为代价的，这从教学效率上来看是不高的。好的教学方法，教学效率也应高，即做到投入较少的时间、精力、物力、人力，而获得较好的教学效果和较高的教学效率。“双效”达到了统一，也就做到了教学方法的最优化选择。

除以上三条基本原则外，教学方法的选择还要考虑学校的教学条件。相同的教学内容，相同的教学对象，由于各学校的具体环境和设备条件的不同，教学方法的选择也要有所区别。

第四章　高校英语教学模式

第一节　探究式教学模式

一、探究式教学的内涵

探究式教学（Inquiry Teaching）又称发现法、研究法，是指学生在学习概念和原理时，教师只是给他们一些事例和问题，让学生自己通过阅读、观察、实验、思考、讨论、听讲等途径去独立探究，自行发现并掌握相应的原理和结论的一种方法。它的指导思想是在教师的指导下，以学生为主体，让学生自觉地、主动地探索，掌握知识和解决问题的方法和步骤，研究客观事物的属性，发现事物发展的起因和事物内部的联系，从中找出规律，形成自己的概念。可见，在探究式教学过程中，学生的主体地位、自主能力都得到了加强。探究式教学是以探究为基本特征的一种教学活动形式，它包含两层意思：第一层是什么是探究；第二层是什么是探究式教学。

在当今国际科学教育改革的热潮中，探究（inquiry）是出现频率最高的几个关键词之一。英文"inquiry"起源于拉丁文的"in"或"inward"（在……之中）和"quaerere"（质询、寻找）。按照《牛津英语词典》中的定义，探究是求索知识或信息，特别是求真的活动，是搜寻、研究、调查、检验的活动，是提问和质疑的活动。探究，就其本意来说，是探讨和研究。

探讨就是探求学问、探求真理和探求本源；研究就是研讨问题、追根求源和多方寻求答案，解决疑问。探究式学习是指仿照科学研究的过程来学习学科内容，体验、理解和应用科学研究方法，获得科学研究能力的一种学习方式。根据美国国家研究理事会在2000年时的阐述，它包括五个方面的活动：①提出问题，学习者围绕科学性问题展开探究活动；②收集数据，学习者获取可以帮助他们解释和评价科学性问题的证据；③形成解释，学习者要根据事实证据形成解释，对科学性问题做出回答；④评价结果，学习者通过比较其他可能的解释，使解释和学科知识相联系；⑤表达结果，学习者要阐述、论证和交流他们提出的解释。以探究为基础的学习或者教学，是指学生通过自主参与获得知识的一种积极的学习过程，是让学生自己思考怎么做、做什么，而不是接受教师思考好的现成的结论。因此，探究式学习既是一种学习方式，也是教育教学的目标之一。

探究式教学要求教师用理论去指导实践，在实践的基础上再总结出新的理论，推动教学不断向前发展。它具体是指教师引导学生对有关的学习内容进行深入探讨，或对有关问题进行多个方面的研究，以寻找答案、解决问题的过程和活动的方法。它的实施就是让学生以自主、能动的方式在学习过程中掌握知识，获得能力，习得科学的方法，养成科学态度和科学精神。

因此，探究式教学的实质就是按提出科学结论和检验科学结论的结构方式去揭示科学结论，即要把提出的观念和进行的实验告诉学生，要说明由此得到的资料，还要阐明把这些资料转化成科学知识的解释。

二、探究式教学的特征

（一）注重从学生的已有经验出发

认知理论的研究表明，学生的学习不是从空白开始的，已有的经验会影响他们现在的学习。所以，教学只有从学生已有的知识和实际出发，才能激发学生的学习积极性和主观能动性。否则，就很难达到预期的教学目标。

（二）培养学生的探究能力

探究式教学不是教师先把结论直接告诉学生，再通过演示实验或学生实验加以验证，而是让学生通过各式各样的探究活动，如观察、调查、制作、收集资料等，亲自得出结论，使他们参与并体验知识的获取过程，建构起对新事物的新认识，并培养科学探究的能力。这种通过多样、复杂的活动情景来获得知识的教学方法，可以使学生从多个角度深入地理解知识，建立知识间的联系，从而使他们在面对实际问题时，能更容易地激活知识，灵活地运用知识解决问题。只有这样，学生的学习才是积极主动的，才能真正激发学生学习的内在动机。

（三）重视过程和结果

一方面，要求学生在教师的指导下，对事物和现象主动地去研究，经过探究过程来理解知识的内在联系，从而达到灵活掌握和运用知识的目的；另一方面，需要教师把知识和科学方法有机结合，在学生掌握知识的基础上，让他们通过观察、调查、假设、实验等多种形式的探究活动去收集信息和分析信息，从而获得自己的探究结果或制作出自己的作品，培养学生的科学态度和精神。

（四）重视知识的运用

探究式教学的一个基本特点就是学以致用，发展学生运用知识解决实际问题的能力。探究式教学能综合提取知识，跨学科解决复杂的、综合的以及涉及知识面广的问题。在掌握知识、运用知识、解决问题的学习活动中，探究式教学能使学生更接近生活实际和社会实际，有利于培养学生的实践能力。

（五）重视形成性评价和学生的自我评价

探究式教学的评价要求较高，如它要求评价每一名学生理解了哪些概念，对哪些问题还模糊不清或不知道，能否灵活地运用知识解决问题，是否能提出问题，是否能制订并实施探究计划，是否能分析处理所搜集的数据和证据，是否能判断出证据是支持还是反对自己提出的假设等。这些单靠终结性评价是难以奏效的。探究式教学在重视并改进终结性评价的同时，加强了对学生的形成性评价的重视，如学生每天的笔记、撰写的报告、绘制的图表，以及与学生面对面的交流、学生针对某一个问题做出的解释等。教师可以通过这些了解学生对知识理解的深度和广度，以及其进行科学推理的能力。

重视学生对自己学习过程的评价也是探究式教学评价的另一个特点。学生不断地对自己的探究学习进行评价，如检查采用的方法是否合适、解释是否得当、对知识的理解程度如何等，可以提高学习效率，有利于学习目标的达成。

（六）重视师生互动

探究式教学的出发点就是发挥学生的主观能动性和创造力，以学生为中心，让学生自己去探究，自己去历练，积极地参与各种活动，从而获得知识。但学生的自主与教师的指导并不是非此即彼的关系，教师是在尊重学生选择的基础上进行指导，而学生则是在教师的指导下进行自主的探究，两者是一种互动和相互促进的关系。

三、探究式教学的意义

（一）探究式教学符合教学改革的实际，能满足改革者的心理需要

目前，我国教学改革的宗旨主要有三点：一是打破传统教学束缚学生手脚的一套做法；二是遵循现代化教育以人为本的观念，给学生发展以最大的空间；三是根据教材提供的基本知识，把培养学生的创新精神和实践能力作为教学的重点。只要能做到这三点，改革就能取得实效。改革就是不断探究新的教学途径和教学方法。最终，实践会告诉每一位教学改革者，探究式教学是非常符合改革者的实际需要的。

（二）探究式教学能使班级教学更具活力和效力

班级授课有利有弊。在科学技术不发达的情况下，班级授课的利大于弊；在远程教育和网络教育高速发展的今天，班级授课弊大于利。因为它扼杀了学生的个性，难以因材施教。实施探究式教学，一是要最大限度减少教师的讲授；二是要最大限度满足学生自主发展的需要；三是要尽可能做到让学生在“活动”中学习，在“主动”中发展，在“合作”中增知，在“探究”中创新。

（三）探究式教学能破除“自我中心”，促进教师在探究中“自我发展”

课堂教学改革难，在很大程度上是难在教师身上。究其原因，主要是教师“自我中心”观念的顽固性和长期沿袭的传统性。由此可见，用现代教育理念去改造和战胜传统教育观念有多么艰难。教师要改变自己，就要在实践探究中学习，总结自己的经验，以及学习别人的经验，包括向学生学习。通过探究式教学，教师的角色会有一个大的转变——由过去的“台前”，走到现在的“幕后”，做一个“导演”，安排好适当的场景，引发学生的学习动机，使学生从观众变成实际的参与者。

四、探究式的教学模式

（一）自主探究教学

自主探究教学就是引导学生自主学习以促使学生自觉地投入学习中，独立思考，主动建构知识的教学模式。

1. 自主探究教学的主要特征

（1）教师是教学的主体，而学生是学习的主体，教师和学生同为主体，形成了主体性和民主性的师生关系。

（2）注重教学过程的开放性和研发性，关注教学过程中学生主体意识的发挥，关注学生的创造力和创新意识，重视教师对学生的引导、启发，注重学生自主、能动地进行探究和发现。

（3）注重学生的参与性，并提倡进行适度合作探究。

（4）要求问题设计的合理性和教学的有效性，提倡教学的多维互动性以及教学方式的多样性。

2. 自主探究教学的操作思路

（1）要求教师做到明确学习目标，明确预习的价值、提纲及预习方法，要求教学具有整体性、生活性、开放性。

（2）探究包括个人独探、同伴互探、小组齐探、全班共探等支点，教师要着重考虑如何监管学生活动、如何分组、如何指导学生。

（3）教师要通过分层运用、内外运用、反馈等支点，指导学生实现应用迁移。

（4）教师要注重发挥学生的主体性，促进全体参与，给学生自主探究的权利，教学过程主要靠学生完成。

（5）教师不仅仅是学生学习的促进者、参与者、指导者、引导者，而且要与学生共同学习、共同探讨。

3. 自主探究教学易出现的问题及解决方法

（1）流于形式，缺少教师适当的指导，无法完成探究的任务。

（2）教师承揽探究，学生只是验证探究，无法提出问题，不会猜想，不能体验到探究的必要性和成功的乐趣。

（3）选材不当，缺乏探究意义。

（4）教师布置不当，学生收集资料困难。

（5）教学时间安排不足，自主探究走过场。

（6）教师对课后探究指导不足，导致课后延伸草草收场。

针对以上问题，教师一定要根据教学需要，结合学生的实际情况适时引导；教师应该充分相信学生，促进学生主动参与，激励学生发挥主观能动作用，最大限度调动学生自主探究学习的积极性和主动性；教师要关注探究内容的适度性、可操作性和趣味性；教师应在课前下发导学学案，让学生据此进行预习、寻找资料；教师还要更新观念，充分相信学生，给予学生更多的自由支配时间；教师要及时介入学生的探究活动，成为他们中的一员，并对学生课后的探究做必要的指导。

（二）合作探究教学

合作探究教学是指在教师的指导下，学生根据不同层次，以 4~6 人混合编成小组，在一种积极互助的情境中，为达成共同的目标，分工合作、相互帮助、彼此指导，并以集体的成功为评价依据，最终促进个人发展的教学模式。

1. 合作探究教学的基本要素

（1）要让学生知道他们不仅要为自己的学习负责，而且要为其所在小组的其他成员的学习负责，在探究过程中应积极互助。

（2）小组中的每个成员都必须承担个人责任，尽职做好自己的工作。

（3）混合编组要尽量保证一个小组内的学生各具特色，既异质又互补，才能取长补短。

（4）学生的社交技能水平既是合作探究的结果又是合作探究的前提。

（5）小组自评或团体反思能保证小组不断发展和进步。

2. 合作探究教学的操作思路

（1）合作设计要合理，应以合作、互动为特点。

（2）提前设定目标，为评价提供依据。

（3）通过自学、小组互助，促进集体成果的积累。

（4）自评与他评相结合。

3. 合作探究教学易出现的问题及解决方法

（1）问题设置太过简单，合作探究流于形式，失去了合作探究的意义。

（2）重探究忽略总结。

（3）只注重优秀生，不兼顾后进生。

针对以上问题，教师提出的问题要紧扣课堂讲授的重点、难点，问题要有启发性，并能充分调动学生合作学习的兴趣；教师要引导学生对答案进行总结，使讨论的答案得到统一；教师要特别注意对学生的心理进行辅导，让他们树立信心。同时，要提供有层次性的问题，使后进生也能解答，强调整体的进步，形成让优秀生主动帮扶后进生的氛围；在合作探究的评价中，教师要对不同发展水平的学生有不同的要求，应关注每一位学生。

（三）情境探究教学

情境探究教学是指在教学过程中，教师有目的地引入或创设具有一定情绪色彩的，以形象为主体的、生动具体的场景，以引起学生一定的情感体验，从而帮助学生理解文本，促使学生的心理机能得到发展的探究教学方式。

1. 情境探究教学的基本原则

（1）意识统一和智力统一原则。要求教师在教学中既要考虑如何使学生集中思维，培养其刻苦钻研的精神，又要考虑如何发挥情感、兴趣、愿望、动机、无意识潜能等智力活动的促进作用。

（2）轻松愉快的原则。要求教师在轻松、愉快的情境或气氛中引导学生提出各种问题，并展开自己的思维和想象，寻求答案，分辨正误。

（3）自主性原则。强调良好的师生关系和学生在教学中的主体地位。

2. 情境探究教学的操作思路

（1）借助实验创设情境，帮助学生将当前的学习知识与自己已经知道的事物相联系，建构起所学知识之间的联系。

（2）借助新旧知识的关系、矛盾，创设情境，让学生产生学习的欲望，从而形成积极的认知氛围和情感氛围。

（3）借助生活实例创设情境，让学生有真切的感受，以便引起学生的探究兴趣，激发其求知的欲望。

（4）运用实物、图画、表演、语言、故事等展现和创设情境。

3. 情境探究教学易出现的问题及解决方法

（1）易产生“花盆效应”。学生的学习能力在人工的、人为创设的“典型性场景”中发展比较顺利。但是，一旦脱离了该种情境后，很可能出现回落的现象。

（2）情境探究教学过分强调情境功效，加之对课程整体性、意会性及模糊性特点重视不够，易出现人工雕琢之痕，以及“作秀”之嫌。

（3）由于情境探究教学强调人为创设情境，对教师的综合素质要求太高，教师不仅必须具备高超的语言表达能力，还要能歌善舞、能谈会唱。

针对以上问题，教师必须熟练驾驭教材，准确把握学生心理特点、智能水平，熟悉他们的内心世界，并针对学生的特点，恰当地选择和运用科学手段、方法，以结合教材创设情境。

第二节 多元智能教学模式

一、多元智能的基本内涵

加德纳认为，每个人都具有至少 7 种智能：语言智能、逻辑-数学智能、空间智能、身体-运动智能、音乐智能、人际关系智能、内省智能，并且每个人的各种智能混合在一起形成了各自独特的认知轮廓。1995 年，他又提出了自然观察智能和存在智能。另外，有学者从内省智能中分拆出“灵性智能”（spiritual intelligence）。

（一）语言智能

语言智能是用文字思考、用语言表达和欣赏语言奥妙意义的能力。引用加德纳的说法，“就是诗人身上所表现出来的对语言文字的掌握能力”。这种智能涵盖了对口头和书面语言的敏感程度、学习各种语言的能力，以及运用语言实现特定目的的能力。比如，诗人、作家、演说家、记者、律师、新闻播报员等都展现了高度发达的语言智能。

（二）逻辑-数学智能

逻辑-数学智能是人能够计算、量化及考虑命题和假设，而且能够进行复杂的数学运算的能力。运用这种智能常常包括以下几个过程：类聚、判别、推理、概括、计算、假设和检验。比如，像逻辑学家、科学家、数学家、会计师、工程师、电脑程序设计师等都展现出很强的逻辑-数学智能。

（三）空间智能

空间智能即在脑中形成一个外部空间世界的模式，并运用和操作这种模式的能力。这种智能让人有能力以三维空间的方式来思考，包括对色彩、线条、结构、形状和空间关系的敏感性，以及很强的空间思维和空间定位能力。比如，雕刻家、画家、建筑师、飞行员等都展现出高度发达的空间智能。

（四）身体-运动智能

身体-运动智能是个体操作运用其身体或身体的一部分来表达思想、情感或创作的能力，包括个体的协调性、平衡性、技巧性、力度、速度以及身体的感知与触觉能力。这种智能在舞蹈家、运动员、手工艺者、外科医生等人身上表现得尤为突出。

（五）音乐智能

音乐智能即感受、辨别、创造曲调和节奏，以及运用音乐表达的能力。音乐智能占优势的人对各种非语言的声音和日常旋律、节奏等非常敏感。这种能力在歌唱家、指挥家、作曲家、乐器制作者、演奏家、调音师等人身上都有杰出表现。

（六）人际关系智能

人际关系智能即理解他人，能与人有效交往的能力。尤其表现在观察和感知他人情绪、动机、意图及情感变化的能力。比如，成功的政治家、教师、推销商、社会工作者等都是具有较高人际关系智能的人。

（七）内省智能

内省智能是指深入自我内心世界建构正确的自我知觉，并运用其规划自我人生的能力，包括对自我的准确定位和描述，了解自我内心情绪、动机、意图和愿望，以及自知、自律等能力。这些在哲学家、神学家、心理学家等人身上都有突出表现。

（八）自然观察智能

自然观察智能指个体能够高度辨别环境（自然环境和人造环境），并运用这些能力从事生产的能力。自然观察智能较强的人善于觉察不同自然物种之间的细微差异，对自然界的变化极具敏感性。比如，动物学家、植物学家、考古学家、生态学家等都具有高度发达的自然观察智能。

（九）存在智能

存在智能即对人生和宇宙终极状态的思考能力。其核心是在直达无限广阔的宇宙尽头为自我定位的能力，是在人类生活环境中思考与存在有关问题的能力。例如，人为什么要来到地球上？在人类出现以前，地球是何种状态？人生存与死亡的价值与意义是什么等。比如，哲学家、思想家、宗教者等都是存在智能发达的人。

二、多元智能的潜在原则

（一）关于智能本身性质的原则

（1）多元智能所包含的几种智能模式是暂时性的，除以上智能外，仍有可能有其他智能存在。事实上，在最初的研究中，加德纳只指出了 7 种智能，而自然观察智能和存在智能是在后来才被检测出来的。

（2）每一种智能都享有其独特性，但又并非独立运作，与其他智能是同时并存、相互补充和统一运作的。

（3）每一种智能都包含着多种次类智能。

（二）关于人类智能发展的原则

（1）每个人都有与生俱来的各种类型的智能。每一个正常人都享有上述的几种智能，但受遗传、文化与环境差异的影响，每个人的各种智能的发展程度是不尽相同的，而且有时会以不同方式来统合这些智能。

（2）每个人的各种智能都是可变的。智能并非固定和一直处于静止状态的，它们或被强化与扩大，或被缓减和削弱，其中，文化是影响智能发展的重要因素。

（3）每个人所享有的每种智能都有其独特的发展阶段和顺序。在每种智能的发展过程中，它至少经历了四个不同的发展阶段：最初邂逅阶段—使用阶段—正规教育阶段—接受阶段。其发展过程的快慢、强弱受个体文化环境中诸多因素的影响。

（4）每个人的智能都是能够培养和教授的。虽然个体与生俱来的智能各不相同，但绝大部分是在个体的青春期和以后发展成熟的，人之所以能出色地发展并超越其出生时所具有的智能，关键在于后天的培养和教授。

三、多元智能教学的理论基础

（一）来自理论层面：加德纳的理论

1967 年，美国在哈佛大学教育研究生院创立“零点项目”，由美国著名哲学家戈尔曼主持。“零点项目”的主要任务是研究在学校中加强艺术教育，开发人脑的形象思维问题。在这以后的 20 年间，美国对该项目的投入达上亿美元，参与研究的科学家、教育家超过百人，他们先后在 100 多所学校做实验，有的人从幼儿园开始被连续进行 20 多年的跟踪对比研究，研究成果出版了几十本专著，发表了上千篇论文。多元智能理论就是这个项目在 20 世纪 80 年代的一个重要成果。在哈佛大学担任教授的加德纳在参与此项研究时，首先重新考察了大量的、迄今没有相对联系的资料，即关于神童、脑损伤病人、有特殊技能而心智不全者、正常儿童、成人以及各种不同文化中个体的研究。通过对这些研究的分析、整理，他提出了自己对智力的独特理论观点。基于多年来对人类潜能的大量实验研究，加德纳在 1983 年出版的《智能的结构》（*Frame of Mind*：*The Theory of Multiple Intelligence*）一书中，首次提出并着重论述了他的多元智能理论的基本结构，认为支撑多元智能理论的是个体身上相对独立存在着的、与特定的认知领域或知识范畴相联系的 8 种智力，这些为多元智能理论奠定了理论基础。在书中，他把“智能”定义为在一种或多种文化背景下解决问题和创造产品的能力；20 年后，在大量研究的基础上，加德纳又提出了更为精确的定义，即个体处理信息的生理和心理潜能，这种潜能可以在某种文化背景中被激活以解决问题和创造该文化所珍视的产品。加德纳认为，智能并不是某种容易的、可以单一的通过纸笔方法测验出来进行衡量的东西，智力总是以组合的形式进行的，每个人都不同程度地具有，并表现为各自的社会与文化生活各个方面的能力。在《多元智能理论论文集》（*Symposium on the Theory of Multiple Intelligences*）中，加德纳做出进一步解释：“我进行了一次‘假想的’实验，在此实验中，我凭想象进入各种不同文化，并在每种文化中努力辨认出智能的作用或‘终极状态’，即在该文化中颇受重视对其生存又确实重要的那些能力。作为实验的一部分，我考察了宗教领导、僧人、先知、母亲、父亲、舞蹈家、外科医生、雕刻师、猎人、商人等。我给自己确立了一个极具挑战性的目标—提出一种关于认知的思想，它可以更好地解释人类为何在各不相同的领域都能胜任”。

（二）来自实践层面：多元智能的实践研究及成果

加德纳的多元智能理论为教育理论和实践提供了重要的启示，在其实践中涌现了许多著名的学者和大量的研究成果。其中，拉齐尔出版了关于多元智能理论的著作，如《获得知识的七种方式》（*Seven Ways of Knowing*）、《教学的七种方法》（*Seven Ways of Teaching*）、《学习的七种途径》（*Seven Path way of Learning*）和《多元智能评价方法》（*Multiple Intelligence Approaches to Assessment*：*Solving the Assessment Conundrum*）等。在书中，拉齐尔在多元智能评价策略、智能的课堂内外发展和迁移等方面做了大量研究；而贝兰卡、查普曼和斯沃茨在著作《多元智能与多元评价：运用评价促进学生发展》（*Multiple Assessmentsfor Multiple intelligences*）一书中则为七种智能提供了一整套的评价策略；琳达·坎贝尔在《多元智能教与学的策略——发展每一个孩子的天赋》一书中着重讨论研究了五种智能（音乐、视觉空间、身体运动、人际和自我认识）。布鲁斯·坎贝尔在其著作《多元智能手册》（*Multiple Intelligences Handbook*）中描述了他的“学习中心”教学法，并为发展学生的七种智能做了讨论。

查普曼在她的重要著作《如果鞋子合适的话……》（*If the Shoe Fits…*）一书中借助鞋子的丰富暗喻，巧妙地体现了它们各自的特色，并围绕着这七种智能设计和开发了教学活动。在书中，她描述道：正如鞋子的款式各种各样，组合方式各有不同，并且根据个人的偏好和特点可以互相转换，我们的多元智能亦然；正如鞋子所代表的文化环境会对其产生影响，我们的多元智能亦然。

四、聚集多元智能的英语教学模式

在当今，发展学生的多元智能已经成为21世纪英语教学的一种趋势，许多学者都在极力探讨多元智能理论与英语课堂教学整合的模式和方法，为该理论拓展更广阔的应用空间。把多元智能理念渗透到英语课程中，研制多元智能课程模式与教学计划，是多元智能理论在英语教学实践中最佳的切入点。例如，设计多元教学。把某个智能作为科目的单位，设计与该智能相关的活动。在“人际交往科目表”中，可以设计“组织或参与一次英语晚会、与同学进行英语会话、与同伴交换检查或批改英语作文”等活动。实施时允许学生选择自己喜欢的科目表，采用自己擅长的学习方法；鼓励学生用各种方法展示自己的才能和所学知识。安排多元课程规划表。把智能目标落实到英语课程或单元教学中，将培养各种能力与课堂教学有机结合起来。教师应当明确什么是学生应当掌握的最有价值的知识，应训练哪些方面的智能，探索恰当的教学方法。教师设计的教案应包括课程或单元名称、课程或单元目标、教学预期成果、教学资源或辅助材料、学习活动、教学步骤和评价方式。

拉泽尔指出在多元智能理论指导下的教学有四个阶段：第一阶段（唤醒智能），通过运用视觉、听觉、嗅觉、味觉、触觉等多种感官和内心感觉，如本能、元认知和洞察力等激活各种智能，感性认识周围世界事物的多种特征；第二阶段（拓展智能），这涉及能力的沟通——通过接触他人、事物或特定的情景体验情感，调节并为培养、拓展和加强每一种被唤醒的智能所进行的练习活动和强化认识活动；第三阶段（为智能而教，用智能来教）在教学中传授学习方法与策略，把智力开发与教学重点相联系，帮助学生了解自己的智力程度，发展潜能；第四阶段（迁移智能）把智能与日常生活相融合，在真实的环境中恰当地运用智能解决问题，应对挑战，使各种智能成为我们日常认知、情感和生活的一部分。

第三节　参与式教学模式

一、对“参与”的理解

“参与”即参加，是对事物的发生、发展起着一定作用的一种参加。“参与”是一种思想理念，强调所有有关人员对相关事情的决策、规划、实施、监测、评估等活动的介入；“参与”是一种实践性的活动，既强调活动过程中参与者的“在场性”，也强调参与者共同生成活动的结果。“参与”是一个过程，一个不断发展、演化的过程，在这个过程中，参与者要明白自己是参与的一分子，而非“局外人”，明白自己参与的目的是通过参与，使自己的自尊、自信和自主性都得到提高。“参与”是参与者的一种投入状态。从个体的角度看，“参与”指个体在认识活动中认知和情感方面的投入，个体与其他个体间的互动，个体与群体之间的相互影响的方式和程度等。从群体的角度看，“参与”指的是所有参与者的总体投入状况，包括他们所形成的小组类型、小组内不同角色的分工、小组的竞争与合作机制、小组的发展阶段和特点等。

二、参与式教学的含义

有了对参与的理解，我们可以认为参与式教学是指在自由、民主、平等的教学氛围中，教师采用灵活多样的教学手段和教学方法，以学生为中心；学生也自愿地、主动地、积极地介入教学的各个环节，与教师共同推进教学的一种教学模式。与以教师、教材为中心，以黑板、粉笔为媒介的传统教学模式相比，参与式教学努力创设一种能使学生真正成为教学的中心、学习的主体的教学氛围。主体参与可以活跃课堂气氛，满足学生的表现欲、发展欲，这是的教学生命线。通过主体参与，学生将会对教学内容有选择的机会、对教学进度提出建议、与教师一道设计教学方法、积极参与并对教学过程进行适当的调控、干预以及对教学结果进行评价等，使学生真正发挥自己的主观能动性。

三、参与式教学的特点

参与式教学传承了传统教学合理的部分，同时又有发展和突破。一般认为具有六大特点。

（一）全体性

强调全体师生的参与。参与教学是全体教师、全体学生的参与。而每个学生，无论是优生还是差生，都应该是积极参与的主体，而不应该被忽略，老师不得区别对待他们。每个学生都有平等的参与机会，都有发表自己观点的权利与义务。同时，老师的参与不是指某一个老师唱独角戏，而是要同一年级、同一学科的教师加强交流，在交流中就教学经验方面互相取长补短，了解学生情况。

（二）全面性

强调师生在各个教学环节的全方位参与。教学是一个过程，有很多环节。学生参与教学，就要参与教学的各个环节。具体有：在课前（课前参与），学生与老师共同进行教学设计，如设计教学内容、教学目的、教学重难点、教学方法、教学手段、教具以及教学的具体步骤；在课中（课中参与），学生以提问、讨论、回答等形式介入教学；在课后（课后参与），通过查阅资料、完成作业、继续讨论存在的问题、参与实践或实训等方式，与老师和同学交流。在整个过程中，他们可以向教师、学校领导等提出教学建议等，对教学实施监控或干预。

（三）开放性

强调教学方法、教学内容、教学媒体、教学评价的开放性。教学要想有效果、出成绩，就必须得有方法，但无统一、固定的模式。哪怕对相同的学生，不同的教师也可能采取不同的方法，学生可以根据自己的兴趣、爱好和需要选择适合自己的学习方法。在教学开始前，学生和老师共同参与教学设计，学生也能根据自己的实际情况确定学习方法；在教学过程中，学生积极与教师互动，参与教学课堂的各个环节；在课后学习中，除完成教师布置的作业外，学生也可以选择自己感兴趣的内容做进一步的学习和研究。在参与式教学中，教师以教材内容为依托，但不局限、拘泥于教材。学生通过参与，把自己的个体经验与教师传授的知识以及来自其他资源的知识结合起来。参与式教学中采用的是现代教育技术。教师可以利用多媒体进行备课和上课，学生也可以用多媒体进行学习，将自身存在的问题和教学建议及时反馈给教师。在参与式教学中，评价主体不止教师，还有学生和社会等，评价是公开、公平、客观的形成性评价。

（四）合作性

强调师生之间的合作伙伴关系。师生参与教学的过程就是他们之间平等合作的过程，教师和学生一起发现问题、提出问题、分析问题和解决问题。在合作过程中，形成多元化的智慧和思想的交流。

（五）生成性

强调学生自主地建构自己理解的知识。在参与式教学中，学生通过主动地参与教学，吸收和理解来自课内、课外的知识，主动建构、生成自己的知识。也就是说，这种生成是动态的生成。

（六）宽容性

强调师生应该相互具有宽容心。在参与式教学中，在一定范围和程度上允许学生自由地表达个人的见解，发表不同的意见，甚至对学生的反对意见和错误的言行给予包容。对此，教师要进行教学反思，这有利于教学的进一步开展。

四、参与式教学模式和方法

参与式教学模式有很多，没有固定的套路，因教学内容、教学目的、教师和学生的不同而不同。国内外的参与式教学模式和方法有提问、头脑风暴、小组讨论、角色扮演、案例分析、小组合作、歌舞、戏剧等，这里介绍几种主要的模式。

（一）提问法

提问法是参与式教学中使用得最多、最频繁的方式。基本程序如下：

（1）检查学习者对所学知识的掌握程度，了解他们是否跟上了进度；

（2）检测学习者目前的学习状态，看他们是否保持浓烈的学习兴趣和学习热情；

（3）促使学习者自己思考和寻找答案；

（4）提问起着承前启后的作用，可以帮助开始下一轮讨论或学习。

提问的作用很明显，但一旦使用不当，可能使学习者觉得是盘问，不利于教师和学生间的平等交流。为了避免此种情况的发生，教师要注意以下几点。

（1）不能故意提刁难学习者的问题。

（2）只提与学习目的和内容有关的问题。

（3）只提学习者力所能及的问题，尽管有时有一定难度。

为了提高学习者回答问题的质量，教师提出的问题要有质量，避免提出一些不合适的问题，高质量的问题包括如下几类。

（1）开放式问题：这类问题通常以 wh-特殊疑问词开头，如 where、when、who、why、what 等。

（2）追问问题：对回答者进行循循善诱、层层递进的提问。

（3）确认理解问题：确认学习者理解了提问，确认教师理解了学习者的回答，要求学习者确认自己的回答。

而不合适的、低质量的问题有：只需用“yes”或“no”来回答的封闭式问题、给予回答者明显暗示的引导式问题、回答者只能回答某部分的多重式问题或太简单、太难的问题。

另外，教师得为学习者创设安全、轻松的环境氛围。

（二）头脑风暴法

头脑风暴法是美国学者奥斯本于 1938 年首次提出的一种参与式教学的模式，是一种创造能力的集体训练法。所谓头脑风暴，最早是精神病理学上的术语，指精神病患者的精神错乱状态，现在比喻思维高度活跃，产生无限制的自由联想和讨论，由此产生新观念或激发创新设想。它的特点是让参与者根据特定的议题，散开思想，自由地、快速地说出自己的想法，使各种设想在相互碰撞中激起脑海中的创造性风暴。

由于“头脑风暴”的参与面非常广，人人都在“畅所欲言”，看上去很热闹。但有效的“头脑风暴”并不那么容易组织，要遵循以下基本环节和基本原则。

1. 基本环节

（1）明确议题。让参与者明白要讨论的问题是什么，最好把问题写在黑板上或展示纸上。

（2）资料准备。为了使头脑风暴的效率较高，效果较好，可在讨论前做一些准备工作，如收集一些资料预先给大家参考，以便了解与议题有关的背景材料。

（3）确定人选。一般以 8~10 人为宜，也可略有增减（6~8 人），人数太少不利于激发思维，而人数太多则不容易掌握。

（4）明确分工。要推定 1 名主持人，重申讨论的议题和纪律，在讨论进程中启发引导，掌握进程；1 名记录员，将参与者的所有设想进行简要记录。

（5）规定纪律。根据头脑风暴法的原则。可规定几条纪律，要求参与者遵守。

（6）掌握时间。讨论时间由主持人掌握，不宜在讨论前定死，一般来说，以几十分钟为宜。

2. 基本原则

（1）自由畅谈。参与者从不同角度、不同层次、不同方位，大胆地展开想象，尽可能地标新立异、与众不同，提出独创性的想法。

（2）延迟评判。头脑风暴，必须坚持当场不能否定某个设想，也不能对某个设想发表评论性的意见。一切评价和判断都要延迟到讨论结束以后才能进行。

（3）禁止批评。绝对禁止批评是头脑风暴法应该遵循的一个重要原则。参加头脑风暴讨论的每个人都不得对别人的设想提出批评意见，因为批评对创造性思维无疑会产生抑制作用。

（4）追求数量。头脑风暴会议的目标是获得尽可能多的设想，追求数量是它的首要任务。

（三）小组讨论法

小组讨论是在参与式教学中发挥重要作用的一种模式，主要为组内讨论。通常按 4~6 人一组的规模把学员分成若干小组，就一两个题目展开讨论。尽可能让参与讨论者移动课桌椅，彼此靠得更近，以便面对面地进行讨论。小组成员身体距离的靠近和眼光交流既可以提高讨论质量，也可以促进人际和谐和信任。小组讨论的具体步骤和组织要点如下。

第一，把全体参与者分为 4~6 人的小组，采用全班集体活动方式。分组时，视具体活动目的而采用按自愿组合、学号分或者按性别混合、能力混合、个性及知识经验混合。

第二，分组后，明确每个小组的具体目标及活动需要的时间。为实现共同目标，将参与者进行角色分工。每个成员都担任一定的角色，如召集员（负责组织讨论）；

计时员（保证小组内每一位成员都有机会发言，提醒发言过长者缩短说话时间）；记录员（负责将本组讨论或活动结果记录在纸上）；汇报员（负责向全班报告本组讨论和活动结果）。这些角色由不同的人轮流担任。

第三，教师是全班集体讨论活动的组织者。其职责是负责揭示讨论的主题，向参与者提出明确、清晰的讨论要求。在活动过程中，教师组织学生，为各个小组提供材料，主要包括讨论或演示用的图片、展示板等。在各个小组巡视，就各组的活动情况进行调控，以随时提供必要的指导和帮助。

第四，活动结果的汇报。各组汇报员将活动讨论结果进行口头报告，讲解本组意图与结论；或者进行书面报告，将讨论结果写于大白纸上，然后贴到黑板上向全班学生展示。

第五，活动结果的点评。教师和学员对各组的展示做出点评。教师最后再全面总结各个小组的活动成果，给学员以恰当的评价或期待。

第六，小组讨论应该避免的问题。小组讨论避免每个成员讨论内容之间没有逻辑关联；避免成员的发言在低水平上重复，成员无法在思想上得到提升。

这种组织形式始终贯穿着一个指导思想，那就是以学习者为中心，以活动为主，平等参与，融理念、知识于参与式活动中，强调学习者的主动参与。充分关注学习者已有的知识经验，根本目的就是发挥学习者的主观能动性。

（四）角色扮演法

角色扮演法主要是通过身体动作媒介，根据学习的要求和自己的理解扮演现实生活中的某个角色，并将该角色的个性特征和在某些事件、关系中的行为方式更为突出地表现出来。在英语教学中角色扮演的主要目的是使参与者从不同的角度体验相对真实的语言情境，产生对英语语言更新、更高层次的认识和体验。

角色扮演能使参与者将在语言学习中获得的知识技能综合运用于一个具体的问题情境中。通过参与真实的、可感知的模拟练习，参与者整合和运用新知识和技能的能力以及处理复杂问题的能力均会得到提高。

角色扮演法的一般步骤如下：

第一步，教师提出现实生活情境，明确角色扮演的大致要求，参与者可做适当修改；

第二步，参与者快速分组，确定具体扮演的主题和角色，然后进行排练；

第三步，教师对参与者提出观察任务，包括观察的内容、角度、方法等；

第四步，各个小组进行角色扮演，其他参与者观察并做记录；

第五步，全体参与者对各个小组的表现进行评议，对有关问题进行讨论；

第六步，教师协助参与者进行总结，将角色扮演中的问题情境与现实结合，探究行为的一般规则和问题解决的一般方法。

角色扮演有优点，因为参与者能活学活用，但也存在着弊端。首先，对参与者而言，角色扮演是一个很大的挑战。在中国这个东方大国中，角色扮演曾经较难开展，学生以为是把自己当“孩子”看待，做一些肤浅的“游戏”，但随着对外开放的发展，慢慢适应了。其次，有些角色扮演可能在参与者心中激起非常强烈的情感反应，使其久久不能平静。最后，角色扮演很费时间，有时需要大量的事先准备。

第四节　内容型教学模式

一、内容型教学法的基本原则

内容型教学法通过运用目标语教学学科内容，把语言系统与内容整合起来进行教学。这种整合观是基于一种对语言教学的认识：只有同时给予两者相同的重视，而不是将两者分离开来，才能促进两个方面同时发展。而运用目标语教学学科内容可以较理想地达到整合这两个方面的目的。其基本原则如下。

（一）教学决策建立在内容基础上

语言课程的设计者和教材的编写者在设计阶段面临的两个问题就是内容（包括哪些项目）的选择和排序（如何排列这些项目）。在传统的教学方法中，不少方法如语法翻译法、听说法，它们通常按照语法的难易程度编写，在教材的编写和教学中自然处于优先学习的地位。因此，根据此原则编写的教材及在教学中都把容易学习的内容放在初学阶段。然而，内容型教学法颠覆了传统方法中内容的选择和排序原则，彻底放弃了以语言标准作为教学的出发点，而是把内容作为统率语言选择和排序的基础。

（二）整合听、说、读、写技能

以往的教学法常常以分离的、具体的技能课，如语法课、写作课、听说课的形式进行教学。内容型教学法试图在整合听、说、读、写四项基本技能的同时，将语法和词汇教学包含于一个统一的教学过程中。由于语言交流的真实情景，以及语言的交互活动涉及多种技能的协同，这一教学原则得以派生。同样，内容型教学法反对在课堂上主张先听说、后写作的教学顺序。它没有固定的、一成不变的技能教学顺序，相反，它可从任何一种技能出发。可以看出，这一原则是第一个原则的引申，是内容决定、影响教学项目的选择和顺序原则的具体表现。

（三）教学的每个阶段都要求学生积极主动地参与

自交际法产生以来，课堂的中心从教师转向学生，“做中学”成为交际语言教学的基本原则之一。任务型教学是交际法发展的分支，它强调学生应在完成任务的过程中进行探索性、发现性的学习。同样，内容型教学法也是交际法的分支，重视学生在参与学习的过程中的积极性和主动性。主张内容型教学的学者认为，语言学习应产生于将学生暴露于教师的语言输入中；同时，学习者还可以在与同伴、同学的交往中获得大量的语言信息。因此，在课堂的交互学习、意义协商和信息收集，以及意义建构的过程中，学生承担着积极的社会角色。在内容型教学中，学习者可以承担多种角色，如接受者、倾听者、计划者、协调者、评价者等。与学习者具有多重身份一样，教师也扮演着多重角色。他们可以是学生的信息源、任务的组织者，学习活动的引导者、控制者和促进者，以及学生学习活动的评估者，等等。

（四）学习内容的选择与学生的兴趣、生活和学习目标相关

内容型教学法的内容选择最终决定于学生和教学环境。教学内容通常与具体的教学和教育环境中的教学科目平行进行。因此，在中学阶段，英语教学内容可以来自学生在其他科目，如科学、历史、社会科学中学习的内容。同样，在高等教育环境中，学生可以选修“毗邻”语言课。“毗邻课”是两个教师从两个角度教学同一内容，从而达到不同的教学目标的课型。在其他教学环境中，教学内容可以根据学生的职业需要和一般的兴趣特点进行选择。事实上，由于很难确定哪些是学生普遍感兴趣或者直接相关的内容，教材的编写者、使用者都很难把握这一原则。但是，由于每个单元内容的教学时间长，教师有大量的时间和机会把课程内容与学生的兴趣以及他们已经具备的知识结合起来。因此，让学生对所选内容感兴趣是内容型教学理论实现的重要基石。

（五）选择“真实的”教学内容和任务

内容型教学的核心成分是真实性。它既要求课文内容的真实，又要求任务内容的真实。一首歌谣、一个故事都可以作为真实的教学内容。把这些真实的内容放置于英语教学课堂中将改变它们原本的目的，从而服务于语言学习。同样，任务的真实性也是内容型教学的目标，任务必须与一定的文本情景结合，反映真实世界的实际状况。

（六）对语言结构进行直接学习

内容型教学将学生暴露于真实的语言输入中，目的在于让学生获得运用语言进行交际的能力。文本形式、教师的课堂语言的输入、学生之间的结对子活动以及小组活动都是内容型教学的信息源。但是，内容型教学认为，仅仅通过可理解性输入不是成功的语言学习，对真实文本中出现的语言结构必须采取增强意识的方法进行学习。

二、内容型教学法的特点

内容型教学法旨在将学生尽可能地暴露于与他们直接相关或者他们感兴趣的内容中。从这个简单的定义可知，与学生直接相关和他们感兴趣的内容不但包括学生在日常生活中会共同面对的问题，而且也包括他们学习的其他科目的内容。事实上，学生学习的学科内容更应该被合理地整合于英语教学中，以促进学生的思维和语言能力的整体发展。那么，内容型教学法具有哪些主要特征呢？

首先，内容型教学法的主要特点在于对“内容”的强调和利用。“内容”可以满足语言教学多个方面的目的。一方面，它为英语课堂教学提供了极其丰富的教学情景，教师可以利用这些内容呈现，解释语言的具体特征；另一方面，实验证明，富有挑战性的“内容”是语言习得成功的基础。无论是克拉申的“可理解性输入”理论，还是维果茨基的“最近发展区”理论，都强调综合的、富有挑战性的、略高于学习者当前语言水平的内容输入。因此，把内容输入置于特殊的地位是当前内容型教学法普遍实践或实验的趋势。

其次，内容型教学法的内容选择不以教学课时为基本单位。通常一个单元的内容都会超出单个课时。事实上，内容型教学的教学内容单元往往长达几周课时，甚至更长。

三、内容型教学法的教学模式

目前，内容型教学法主要有以下两种模式。

（一）主题模式

主题模式通过主题形式来组织教学。这些主题内容主要来自学生学习的其他科目，或者与他们的兴趣和生活密切相关的内容。主题教学是为了实现教学内容、教学方法的突破，解决英语教学中长期难以解决的矛盾。主题模式教学强调学习语言所表达的意义，但并不忽视对语言形式的学习。学生通过主题的建构，学习有关社会生活的知识，通过细节环节，学习词、短语、句型和语法知识，从而把意义与形式有机结合起来。

实现教师引导与学生自主学习的统一。教师的职责在于创造学习的语境，并给予学生正确的引导与示范。教师把以主题为主的认知结构的建构、拓展和深化的任务交给学生，这样就从真正意义上培养了学生的自主性。

实现学生跨文化交际能力的全面发展。在以主题为中心的英语学习中，学生获得了丰富的有关社会、文化和交际方面的知识；在完成围绕主题、话题的交际任务中，学生提高了以听、读、写为基础的跨文化交际能力，培养了自身的素质，发展了个性；在自主性的学习中，学生找到了自我价值，实现了自我的超越。英语教学以主题为线索，按“主题—话题—细节”的步骤，使学生逐步建立较为完整的反映主观与客观世界及社会交际需求的知识系统。

（二）附加模式

附加模式是指语言教师和学科教师同步教授相同的内容，但是他们的教学重点和教学目的不同。语言教师的教学重点在于语言知识和完成语言教学目标；而学科教师的教学重点在于对学科内容的理解。例如，一个英语教师和一个心理学教师都以心理学内容进行教学。其中，英语教师将心理学材料作为英语语言课程的内容，其教学目的是提高学生的英语使用能力，而心理学教师的教学目标是完成心理学学科内容的教学。因此，在英语课上，学生的主要任务是通过对富有挑战性的内容的学习，较快地提高对难度较大的内容的理解能力，并在语言教师的指导下，快速学会语言。

四、内容型教学法的优缺点

（一）内容型教学法的优点

1. 内容型教学法中丰富的学科内容能促进学生智力的发展

迄今为止，交际法是最重视英语教学中语言形式和内容密切结合的方法。但是，由于交际法没有摆脱教学法由来已久的“内容自由”选择的传统，仍然以语言的功能或者意念形式选择内容。这样一来，语言本身既充当内容，又是教学的中介，很容易造成课堂内短期的循环现象：教学的中心一段时间在内容上，一段时间在一些具体的语言结构上。但是，不同的内容要求不同的思维方式，不同的思维方式需要不同的教学内容。也就是说，不同的语言内容会引起学习者不同的认知过程，单一的、以结构为组织原则的教学不能满足学生学习时认知能力发展的需要。因此，多元的、丰富的学科内容成为语言教学的核心，成为发展学生认知能力的一种选择。随着时代的发展，英语教学的目的越来越趋向于使语言教学成为人类发展的重要因素，成为人类思维能力、语言能力发展的条件。沉浸式语言教学的研究表明，在第二语言的学习中，学习者普通认知技能的发展和将学习者暴露于母语中同等重要，获得语言能力（语音、词汇、语法、语义、功能意义）和认知过程（理解、分析、应用、综合、评价）之间存在密不可分的关系。问题的关键是，不同的思考方式要求不同类型的语言内容。因此，通过激发学习者对丰富内容的兴趣，达到在发展思维的同时促进语言能力的发展。

2. 提高学生的高级学习策略

学生的学习策略也会在思维的发展中得到提高。例如，学习推导的策略远比找出同源词难度更高。翻译、重复、惯用语的使用等都是学习者在学习语言早期容易掌握的策略。但是，在内容缺乏的环境中，他们常常被禁锢于狭隘的语言结构知识情景中，很难发展（如运用、监控、推导等）高级策略。而这些高级策略才是成功学习一门语言的条件。卡明斯曾经研究了语言情景和认知难度对语言学习的影响。他发现认知难度大的任务驱使学习者发展不同的思维方式，而且这些任务与情景密切联系。在真实的任务情景中，学生积极参与意义协商，在遇上不理解的信息时，学生会积极提供反馈。在这种情况下，大量的副语言特征和情景信息共同支持语言的发展。此时，语言得到的支持将最大化。当情景和认知难度都降低或减少时，学生对语言音义的理解和成功解释信息的能力只能依靠语言本身的知识，如通过分析句法结构、寻找同源词等。

情景丰富的语言学习环境为学生提供大量的语言的、元语言的、超语言的材料，它们在学生进行信息加工的过程中意义重大。母语就是在认知难度和语言情景丰富的环境中习得的。然而，我们的英语教学与母语学习的条件相反，常常处于认知难度和情景缺乏的环境和状态下。因此，不难想象其教学效果不理想。

3. 提供大量的支持语言发展的材料

语言的、元语言的、超语言的情景内容可以大大提高对语言的感知力和理解能力，从而加速语言的发展。丰富的内容知识可以培养学生良好的学习策略。低级的策略，如翻译、重复、背诵等不足以满足英语思维能力发展的需要。高级的策略才是语言学习的成功条件。另外，对内容的敏感也会提高语言背景图式知识，以及对语法、词汇等语言系统知识的认识。思维能力在对这些知识进行处理的同时也获得了提高。英语教学必须以不同的内容满足人类的多种思维能力发展的需要。内容的多样性在满足人类的思维发展的同时也能促进语言的发展。可见，内容型教学法通过发展那些与语言结构相关的思维技能发展语言。因为内容与认知方式紧密联系，它要求用一系列具体的概念、观点和语法规则去表达。英语教学法改革从内容入手，一方面，可以增加认知难度，促进学生思维能力的发展；另一方面，使内容成为发展语言的条件，较大程度地符合英语教学从语言的发展走向人类的发展的总体规律。

（二）内容型教学法的缺点

内容型教学法也存在很多的局限性。

1. 缺乏实施内容型教学法的教材

目前，内容型教学法在欧美国家的实践还处于探索阶段。由于内容型教学法包含的方法模式和内容体系相当庞杂，很难形成较为统一的教材。单从教学模式而言，内容型教学法就有主题模式、附加模式，每一种模式对教材、教学程序和教师知识结构的要求都不同，要编写容纳多个学科内容、符合不同学科内容的教学规律的教材有很大的困难。

2. 缺乏胜任内容型教学法的师资力量

内容型教学法对师资的要求发生了天翻地覆的变化。首先，不同的学科内容自然要求教师也具备相应的知识储备，但事实上，很少有教师可以达到这样的要求；其次，不同的教学模式对教师而言具有很大的挑战，他们不但需要具备良好的英语教学知识和技能，还要和其他学科的教师协调、合作，才能完成教学任务，这需要他们改变一直以来把英语看成同其他学科一样是一门相对独立的学科的思维定式。很显然，内容型教学法对师资的要求远远大于其他教学方法。

总而言之，丰富的学习内容是文化的载体，是语言发展的条件，也是人类思维发展的重要组成部分。因此，现代英语教学法要以丰富的学科内容为出发点。为了协调语言内容和意义之间长期存在的冲突，创设新型内容型教学模式不但可以促进人的整体发展，还能彻底改变以往各种教学法流派偏于语言，忽视内容的做法，改变“为教语言而教学”“为工具性目的而教学”的教学法定位，从而走向“为人的整体发展而教学”的转变。

第五节　翻转课堂模式

与传统教学模式相比，翻转课堂（flipped classroom）教学模式是一种扭转与颠覆，具有非常明显的优势。将翻转课堂教学模式应用于高校英语教学过程中，对提高教学效果大有裨益。

一、翻转课堂教学模式概述

（一）翻转课堂教学模式的内涵

所谓翻转课堂，是指学生在课前利用教师给出的音频、视频、电子教材或共享开放网络资源地址等数字化学习材料，自主学习课程内容，然后在课堂上参与由教师组织的同学间的讨论、探究等互动活动，并完成课程学习任务的一种教学模式。

翻转课堂最初是由美国人萨尔曼·可汗于2007年提出的，他利用网络视频进行“翻转课堂”授课，取得了巨大的成功。加拿大《环球邮报》将“翻转课堂”教学模式评为“2011年影响课堂教学的重大技术变革”。萨尔曼·可汗堪称翻转课堂的开山鼻祖。

翻转课堂又称“颠倒课堂”，它的教学过程包括知识传授和知识内化两个阶段。在传统教学模式中，知识的习得主要有三个步骤：讲授—内化—外化。教师通过课堂来传授知识，学生在课后完成作业与实践来实现知识内化。翻转课堂与上述传统教学模式完全不同，教师根据自己的教学计划布置课前预习的内容，学生可以通过“云课程”及其他媒介在课前主动进行学习，教师对学生学习过程中的困难进行启发、排解，师生之间实现平等交流，学生在课后进一步通过实践来深化知识。简言之，由先教后学到先学后教，实现课堂的翻转。

近年来，翻转课堂同样在国内引起了巨大的反响。作为一种基于信息技术的新型教学模式，翻转课堂颠覆了传统教学流程，大力引导学生开展自主学习。作为一种新颖的成功授课模式，翻转课堂为我国英语教学改革提供了有益的借鉴。然而，翻转课堂并不是在线课程，也不是利用视频来代替教师，它只是一种师生之间互动学习的方式，为学生进行自主学习提供了充分的时间与空间，学生在教师总体学习进程的控制下获得了个性化发展。

（二）翻转课堂教学模式的要素

相关学者经过研究后提出，翻转课堂教学模式的构成要素包括三个方面：课前教学内容的有效传达、课中内化活动的有效进行、课后学习效果的客观评价。

1. 课前教学内容的有效传达

在翻转课堂中，课前教学内容的有效传达是教学的基础。当前，我国翻转课堂在传达教学内容时采用的是教学视频及纸质学习材料两种。教学视频被认为是目前翻转课堂课前教学的基本方式。对于教学视频的来源，教师可以尝试以下两种途径。

（1）制作视频。对于翻转课堂中所使用的视频，教师可使用录屏录音软件、电脑、手写板、麦克风等设备进行制作，并遵循以下步骤。

第一步，教师可以使用录屏软件来捕捉电脑屏幕上幻灯片演示和电脑操作轨迹。

第二步，利用麦克风来录制讲述的音效。

第三步，利用手写板实现平常书本上的书写效果。

第四步，利用音频编辑软件加工录制的声音。

除此之外，教师还需要关注视频的画面质量。

需要特别说明的是，教师制作的视频应短小精悍。当前高校学生的生活是快节奏的，视频只有短、快才会受到欢迎。如果视频太长或内容太过复杂，往往会引起学生的反感。

（2）使用现成的教学视频。使用现成的教学视频是教师的最佳选择，主要基于以下两个方面的考虑。

第一，教师在面对视频录制仪器时可能会产生紧张的心理，这会严重影响教学的进程与效果。因为视频录制通常是教师面对机器自言自语，这与传统授课形式带来的心理感受完全不同。

第二，教师的教学任务十分繁重，没有时间和精力来制作视频。

因此，如果可以在网上找到该门课程的高质量教学视频，那么，教师就可以节省很多精力。当前，网络上关于教学的视频多种多样，教师可以自己下载或安排学生进行下载并在教学中使用。

2. 课中内化活动的有效进行

教师在翻转课堂的组织过程中要注意以下几个方面。

（1）对于英语教学，英语导读类课程比较适合翻转课堂，这类课程可以通过计算机网络中心展开。学生在课下学习教师安排的知识内容，课上教师对重难点进行解释，随后可以通过计算机网络中心实现在线测试。学生在完成测试后可以及时获取网络学习资源与背景知识，同时与自己的测试结果进行对比，从而巩固所学的知识点。

（2）英语课程包括语言、文化两个方面因素，教师在安排学生学习时，要按照从初级认知的识记理解到高级认知的综合应用这样一个逐步递增的过程进行。教师在安排学生学习语言知识、文化现象的同时，还需要组织与此相配合的学习活动，让学生在已有知识的基础上加深对不同文化知识的理解。

（3）个体学习与合作学习相结合。个体学习有助于学生充分完成识记、领会等教学目标。

3. 课后学习效果的客观评价

在翻转课堂教学模式中同样需要重视对学生学习结果的评价。翻转课堂中采用的个性化学习测评，主要依靠教师在平常与学生接触的过程中所形成的评价。教师需要依靠自己的教学经验来判断学生对知识的掌握程度。这种即时测评的优点有利于纠正学生对知识的误解，并根据学生的认知差异对学生进行合理的学习指导。

由于翻转课堂兴起的时间尚短，其评价方式还没有形成一定的系统与规范。因此，翻转课堂的学习评价主要是要求教师与学生保持及时的沟通与交流，根据学生的个性特点进行引导。另外，教师还需要为学生提供多种渠道来展示学习成果，从而让学生建立起足够的自信与成就感，促进他们更有动力地去学习。

（三）翻转课堂教学模式的优势

在传统课堂上，教师为了帮助学生习得知识，必须密切注意课堂纪律与学生的注意力。学生一旦被某些事情影响而分心，他们的学习进度就会被影响。但是，在翻转课堂教学模式下，这种问题便不再存在。概括来说，翻转课堂教学模式的优势主要体现在以下几个方面。

1. 扭转传统学习观念

翻转课堂教学模式对传统学习观念与态度的扭转主要体现在如下几个方面。

(1) 有助于合理安排学习时间。翻转课堂的教学模式十分利于学生学习，能够机动灵活地让学生自主安排学习时间。

(2) 传统课堂中讲授、练习的环节在翻转课堂教学模式中成为教师与学生互动探讨知识内容的环节，这种学习方式增强了学生的责任感、意志力，也有效提高了学生独立思考、解决问题的能力。

(3) 翻转课堂教学模式中的学习内容通常会根据学生的兴趣、需要来定位。

(4) 学生在总体学习目标的指导下根据教师提供的学习材料，自主完成知识建构，提高自身的知识水平。

(5) 有助于差生的反复学习。在传统课堂上，教师关注的往往是成绩优秀的学生。他们可以跟上教师讲课的步伐，积极主动地举手回答教师的问题。然而，除了这些优秀的学生，其他学生则往往是被动听课，有的完全跟不上教师讲课的进度。但是，翻转课堂教学模式可以有效解决这种不良局面。在翻转课堂教学模式中，学生最兴奋的事情就是可以随时暂停、重放视频，直到自己看懂、理解为止。另外，翻转课堂教学模式大大释放了教师的时间，从而使教师有更多的精力来帮助成绩不好的学生。

2. 提升学生的主动意识

翻转课堂教学模式强化了师生、生生之间的学习互动，让学生的主观能动性得到了最大限度的发挥，将学习的主动权还给了学生。虽然在传统课堂中也有教师辅助指导学生的环节，但由于传统教学理念的限制，这些教学上的改变只是形式上的改变，教学活动仍然是以教师的讲授为主，学生完全没有主体地位。

在当前的时代背景下，网络、计算机技术的飞速发展颠覆了传统课堂的教学方式，从而使翻转课堂教学模式获得了名正言顺的教学地位。在翻转课堂教学模式中，学生根据教师提供的资源进行自主学习，然后在课堂上与教师展开学习方面的探讨，进一步深化与掌握知识内容，有效体现了学生的主体地位。

3. 淡化学生对教师的依赖性

翻转课堂教学模式中把知识的习得放在了最前面，学生自主性大大提高，有效淡化了学生对教师的依赖性。学生在自主学习时不得不将获取帮助的想法转向其他同学。经过一段时间后，学生便会习惯于主动接受学习知识，与其他同学交流、探讨的意识与能力也会增强。这样不仅可以提高学生的知识水平，而且还能提高他们人际交往、组织协调、团队合作等方面的能力。翻转课堂教学模式淡化了学生对教师的依赖性，这一优势体现如下。

（1）有助于学生开展个性化学习。

众所周知，高校学生来自全国各地，他们自身的素质参差不齐，学习能力、兴趣爱好也各不相同。虽然教育者很早就意识到了这个问题，但传统教学却很难真正实现分层教学。翻转课堂教学模式则可以真正实现分层教学，根据学生的能力、兴趣展开针对性的教学，使每个学生都能够按照自己的进度进行学习。

（2）有助于课堂上师生的积极互动。

与传统课堂相比，翻转课堂教学模式完全改变了师生相处的方式，教师与学生能够实现一对一的交流。如果有多数学生对某一知识点产生疑问，教师可以将这些学生集中在一起给予特别辅导。另外，学生在翻转课堂教学模式下的互动也大大增加了，他们不再将教师作为唯一的知识来源，学生彼此之间同样可以进行互助学习。

二、翻转课堂教学模式的应用

目前，翻转课堂教学模式越来越普及，包括中国在内的很多国家已经开始进行翻转课堂教学模式的实践。然而，由于翻转课堂还未形成系统全面的教学模式，很多地区的翻转课堂教学模式在施行方面只是提出了大致的操作策略，并且不同的学科在实践操作上也存在着很大区别。相关学者经过研究后，提出了翻转课堂教学模式应用的基本流程。

（一）课前安排

在课前安排方面，教师要为学生准备充分的学习资料，如英语参考书籍、电子教材、微视频教程、国内外相关英语专题的网址等。下面以微视频的设计为例进行说明。

微视频是目前翻转课堂常用的学习资源，它具有很强的针对性，是课前学习的核心内容。教师可以根据每堂课的课堂学习目标准备两三个微视频，一个微视频仅介绍一个知识点就足够了，如果内容太多则会影响学生的学习效果。对于微视频的设计，教师需要注意以下几个方面。

第一，学生在课前学习过程中可以利用网络软件与其他同学展开积极的沟通与交流，排除自己在学习过程中的疑问与难题，共同促进学习成绩的提高。

第二，英语教学视频的互动性、视觉效果、时间长度等对学生的知识习得具有很大影响，教师在微视频中要合理设计学习内容与课前练习的数量、难度等，以帮助学生在已有知识的基础上向新知识过渡。

第三，在设计微视频时，教师还需要顾及学生的适应能力，学生在刚接触视频学习时往往很难集中注意力进行听讲，只是专注于笔记。为了改善这种局面，教师可以为学生提供视频的副本，解除学生的后顾之忧，引导学生聚焦本期视频的学习。

第四，在制作微视频时，教师不仅要重视整体上的视觉效果，更要突出学习的主题、要点，根据知识结构来设计互动活动，为学生建构形式新颖、内容丰富的学习平台，使学生对微视频的学习产生极大的兴趣。

第五，微视频制作完成后，教师可以将视频上传到学校的官方网站上，方便学生随时下载学习。

第六，学生学完微视频中的内容后，要对自己的学习进行总结，将疑问反馈给小组长，然后由各组的小组长汇总给教师。这种方式有利于学生的个性化学习，学生可以根据自己的情况选择学习资源、安排学习时间。

（二）课堂教学

翻转课堂教学模式的教学过程大致可分为五个步骤：合作探究、个性化指导、巩固练习、反馈评价和课程总结。下面进行详细介绍。

1. 合作探究

首先，教师将学生进行合理分组。合作探究学习从本质上来看就是小组学习的一种有效形式，所以教师需要先将学生进行分组。在合作探究学习的过程中，各个小组成员之间的搭配与结构是至关重要的，这要求教师在合作分组时注意每位学生的知识基础、能力高低、性格特点等，在此基础上才能实现合理分组。合理分组的目的在于均衡小组成员自身的各项特点，从而有利于他们开展良性的合作与竞争。

由于小组内各位成员自身的知识水平不同，教师在划分小组成员时应该按照“组间同质、组内异质”的原则进行。如此一来，学习成绩较好的学生就可以帮助和指导学习成绩较差的学生，他们在共同的要求下会通过相互合作来完成任务，这样可以大大提升一些参与教学活动热情不高的学生的参与度。在小组内部，各位成员都有自己的位置，每位成员在任务面前都不能偷懒，必须积极思考和参与，合理分工，明确自己的阶段任务。通过小组内各位成员在不同的任务阶段发挥不同的作用，从而顺利解决问题和完成教师安排的学习任务。

其次，策划和提出在学习过程中出现的问题。在开展合作探究的学习过程中，教师为学生安排的学习内容要具有可操作性，教师为学生安排的讨论问题同样也需要具有开放性。在课前，教师需要以学习的具体任务为前提，为小组内每位成员都安排相应的学习任务，同时为他们规定完成这项任务的时间。需要明确的一点是，教师的学习任务不能太笼统，这样各个小组成员在完成任务时就有可能出现出力较多的成员及完全不出力的成员，如此不仅无法实现学习任务的最终目的，而且不利于小组成员合作精神的培养。在合作探究学习的过程中，教师作为引导者，应该为学生制定和安排具有一定难度系数的任务，这样可以最大限度地调动他们学习的兴趣与积极性。同时，教师还可以为不同的小组布置不同的任务，促进各个小组之间相互学习、共同提高。

最后，学习任务的合作应用与过程控制。在各个小组成员开展合作探究学习时，教师无须在一开始就让他们共同完成任务。事实上，在任务刚开始时，教师应该让各个小组成员根据任务的要求首先进行独立思考，这有助于他们形成独立的思维能力。然后各个小组成员间开始就自己思考的结果展开交流，在讨论中发表自己的观点，最终就所有的观点与看法经过汇总后达成一个每位成员都满意的结果。小组中还可以通过民主的方式选举一个发言人，然后将小组讨论的最终结果反馈给教师。

2. 个性化指导

所谓个性化指导，是指教师为小组成员解答问题。在小组成员合作探究学习的过程中难免会遇到各种各样的问题，教师可以针对小组遇到的这些问题展开具体化、个性化的指导，帮助他们排除学习进程中的障碍。当然，如果各个小组遇到的一些问题具有普遍性，那么教师则可以集中予以回答。

3. 巩固练习

简单来说，巩固练习就是在教师为学生进行个性化指导后，各个小组成员对学习任务的结果进行总结和归纳，然后通过一定的练习来加深印象，对学习进程中的重点、难点及时进行巩固。在这个阶段，教师可以适度安排小组间开展知识方面的交流，这有助于学生将学习成果及经验进行共享。

4. 反馈评价

对小组合作探究学习后的结果进行评价，教师不仅要评价学生的学习过程及结果，还要对小组之间、小组内部各位成员的表现进行评价。在评价过程中，教师要重视小组任务的整体完成情况，不能仅仅关注某些成绩较好学生的表现。另外，教师还需要重视小组中每位成员参与任务完成过程的积极性、主动性，对一些具有独创思维的成员给予合理的、恰当的评价，不仅可以让小组其他成员向表现优异的成员学习，而且可以激发组内成员相互学习、共同进步的热情。同时，还可以为小组成员树立榜样，减少少数学生在学习过程中所具有的依赖性，有利于合作探究学习的顺利完成。

5. 课程总结

在这个阶段，教师安排各个小组之间展开交流，彼此沟通学习进程中的信息，同时对这些小组成员的具体表现给予合理评价。这个阶段教师需要注意的方面是，尽量给予学生积极向上的评价和鼓励，不要打击、批评他们，从而确保每个小组都能圆满完成学习任务。

综上所述，英语翻转课堂教学模式不仅要强化课前预习的效果，更要注重课堂学习的效率。对英语翻转课堂教学模式而言，技术工具、信息资源是学生展开学习的基础所在。在当前信息技术环境下，各种教学资源、软件等已经十分普及，教师需要广泛收集这些学习资源。对教师而言，其重要任务是通过课堂活动设计来完成学生知识的内化，这同样也是翻转课堂教学模式的目的所在。对此，教师在设计课堂任务时应充分利用情景、写作、会话等要素，引导学生体验知识，实现知识的内化。另外，教师还需要引导学生利用网络大环境展开自主的学习、社交及对未来职业的规划。翻转课堂教学模式能否真正实现学生的个性化学习，在很大程度上受制于教师能否引导学生合理制订学习计划、使用学习工具。

第六节　微课教学模式

微课教学模式的形成并非偶然，而是经过了时代孕育的过程，已经成为“互联网+”视域下大学英语的新兴教学模式之一。

一、微课教学模式概述

（一）微课教学模式的内涵

从字面上来看，“微课”可以从以下三个层面加以阐释。首先，从“课”这个层面来看，微课是“课”的一种，是一种课式，微课是一种短小的教学活动；其次，从

“课程”这个层面来看，微课是有计划、有目标、有内容、有资源的；最后，从“教学资源”这个层面来看，微课具有丰富的教学资源，如数字化学习资源包、在线教学视频等。

但是，对其内涵进行挖掘，可以发现微课是一种具有单一目标、短小内容、良好结构，以微视频为载体的教学模式。微课的最初理念是通过正式或者非正式的学习方式，不断对短小、主题集中、与实践紧密结合的专业知识进行学习，从而提高学习效果，促进知识的内化。

在这个理念基础上，我国学者对微课教学模式展开了重点研究，很多学者提出了自己独到的见解。这些学者的概念各具针对性，并在一定程度上反映了微课教学模式的基本特征，虽然具体内容存在某些差异，但是其理念和核心基本一致。涉及综合性问题，本书更倾向于胡铁生等做出的定义，即微课教学模式从本质上来说是一种对教与学进行支持的新型课程资源。

（二）微课教学模式的要素

概括来说，微课教学模式的结构主要涉及四大要素：目标、交互和多媒体、内容、活动。

1. 目标

目标是指教师预期微课教学模式的适用教学阶段，以及期望教学所要达成的结果。因此，大学英语微课教学模式主要包含两层含义。

（1）应用目的，即设计开发微课教学模式的原因。这与微课教学模式是在课前、课中还是课后运用有关，如为学生的课后练习提供指导而制作的相关练习讲解的微课。

（2）应用效果，即教师在使用微课教学模式后期望学生能够解决的具体问题，如掌握某一类题目的解题技巧、引发学生思考等。

一般来说，微课教学模式的目标是具体的、明确的、单一的，其对于微课内容和应用模式的选择起着重要的指导作用。

2. 交互和多媒体

要想完成微课教学中教的活动，教师必须借助某些特定工具来保证学生能够正确理解微课内容的意义，从而实现学生与微课的相互交流。在微课教学模式中，这种工具主要包含以下两种。

（1）交互工具。学生进行微课学习，能够促进学生在微课间的操作交互和信息交互。

（2）信息呈现工具——多媒体。多媒体能够更好地帮助教师对教学内容进行表达和解释，提高学生进行微课学习时与学习资源间交互的有效性，如微课中课件、动画、图形、图像等的呈现。

3. 内容

内容是指为微课教学模式预期服务的，与特定学科相关的、有目的的、有意传递的信息与素材。也就是说，大学英语微课教学模式的内容是教师实现预期目标的信息载体。根据微课的目标，并结合学生的学习情况及准备应用的教学阶段等教学实际来设计微课教学模式的内容。微课内容不同，教师对教学活动的设计也不一样。但是，由于微课的时间很短，内容上往往具有主题明确、短小、精悍、独立的特色。因此，需要教师对微课内容进行精心选取。

4. 活动

活动是主体与环境相互作用的过程，其中环境涉及主体本身、其他主体及客体。这里所说的“教的活动”是指教师这一活动主体与特定微课内容这一客体之间的相互作用过程，通过这种相互作用，学习微课的学生将教学信息有效传递出来，以帮助学生对课程内容进行理解与思考。教的活动是实现微课目标的一种有效方法。从方法上来说，教的活动可以分为教师的演示、讲授、操作及其与其他主体间的互动等活动类型。

总之，微课教学中这四大要素是相互影响、相互关联的。通过对这几大要素的设计，有助于教师构建一个具有结构化程度的数字化课程资源。

（三）微课教学模式的优势

作为一种新兴教学模式，微课教学模式在高校英语教学中的优势非常明显，主要体现在以下几个方面。

1. 主题鲜明，内容具体

微课课程的开展是建立在某一个主题上的，其研究和探讨的问题主要来自具体的、真实的教学实践。例如，教学实践中的关于教学策略、学习策略、重点和难点、教学反思等问题。

2. 反馈及时，针对性强

因为微课教学内容少、教学时间短，可以在短时间内集中开展“无生上课”活动，所以教师和学生都可以迅速获取并反馈信息。此外，每一位学生都可以参与课前组织预演，相互学习，共同进步，这在一定程度上有助于减轻教师的压力，保证英语教学活动顺利开展。

3. 成果简化，多样传播

微课教学内容主题鲜明、内容具体，因此，其成果易于转化和传播。同时，微课教学时间短、容量小，因此，其传播方式也是多种多样的，如网上视频传播、微博讨论传播等。

4. 资源构成情境化

大学英语微课教学的内容通常具有鲜明的主题，且指向完整、明确。教学视频片段是微课的主线，以此对教学设计及其他教学资源进行统整，从而构筑成一个类型多样、主题凸显、结构紧凑的“主题单元资源包”，也创造出一个真实的教学资源环境。这就使微课资源具有了视频教学案例的特点。这样真实、具体的情境不仅有助于学生提升自己的思维能力，还有助于提高教师的教学技能和学生的学业水平。

5. 资源容量小

在通常情况下，微课教学模式中的教学视频及配套资料的容量为几十兆，容量一般比较小。视频格式多为支持网络在线播放的流媒体格式。在高校英语教学中，微课这种模式有助于教师与学生间流畅地展开交流。

6. 教学内容少

微课教学模式主要是对课堂教学中某一知识点的凸显，或者是对教学中某一个环节、某一个主题活动的反映。与传统教学内容相比，大学英语微课教学内容精简，更符合教师的需要。

7. 教学时间短

一般来说，大学英语微课教学视频时长为 3~8 min，最长也不应超过 10 min。相比之下，传统课堂教学时间长，一般为 40~45 min。因此，微课常常被称为“微课例”或“课堂片段”。也就是说，微课教学时间短。在当前的高校英语教学中，使用微课教学模式展开教学有助于集中学生的注意力，并将这些注意力集中在教学的黄金时段。

二、微课教学模式的应用

就当前的教学实践来说，将微课教学模式应用于高校英语教学活动中时，可从以下几个方面入手。

（一）加强微课资源的开发与共享

当前的高校英语教学中仍旧存在着教学资源不均衡的情况。而微课的出现，使得优质的教学资源可以通过网络传送到全国各地的高校中，从而实现资源共享。

（二）提升微课视频的录制技术

微课录制技术不但要追求质量，而且要尽可能的简单，使教师乐于录课，并能够快速提升自己的微课录制技术。另外，微课的研究人员需要在网络多媒体技术上进行改进和发展，尽可能地使微课教学模式推广开来。

（三）构建微课学习平台

微课教学模式主要建立在视频这一载体上，同时还需要一些辅助模块，如微练习或互动答疑等，这些对于提高学生的学习兴趣、培养教师的信息化应用能力十分有益。其中，一个创新的方法是构建微课学习平台，即微慕课平台，使微课教学模式展现出慕课模式的系统性和专业性。这个平台有一定的知识含量，且具有结构灵活、系统性强、制作成本低等优点。

第七节　慕课教学模式

在“互联网+”时代背景下，慕课教学模式以关联主义为基础，开展大规模的在线教学方式和学习方式。

一、慕课教学模式概述

（一）慕课教学模式的内涵

慕课，即大型开放式网络课程（Massive Open Online Courses，简称 MOOC）。它是一种在线课程开放模式，是基于以前那种发布资源、学习管理系统及将学习管理系统与多种开放网络资源综合起来等课程模式而建立起来的。慕课主要是由具有分享与协作精神的个人组织的，他们将课程发布在互联网上，供有兴趣的学习者学习，旨在扩大知识传播。

2012 年 9 月 20 日，维基百科将 MOOC 定义为“一种以开放访问和大规模参与为目的的在线课程”。MOOC 字母所代表的含义如下。

M：Massive，说明参加这种开放课程的人数众多。

O：Open，说明课程带有开放性，凡是想学习的都可以加入。

O：Online，说明这种课程的学习时间灵活。

C：Courses，说明课程包含的种类众多。

（二）慕课教学模式的特点

大体上说，慕课教学模式的特点包含以下几个方面。

第一，互动性强，形式新颖。慕课是通过上传短视频的方式进行教学，并在视频后附有测验等。这种教学形式能够促进师生之间的互动，便于交流与沟通，能够使学生真切地感受到自己的学习成长。

第二，名师教育，免费教学。在互联网的作用下，世界名师上传自己的教学视频，从而解决了教育资源分配不均所产生的教育差距，使学生可以接触到更多的教学资源。同时，这些资源是免费的，更加提高了学习者的兴趣与关注度。

第三，网络平台，资源丰富。慕课的出现解决了教育资源不均衡的问题，在很大程度上能够提高我国英语教学的有效性。由于我国的英语教学地域发展和教育水平的不同，来自不同地域的学习者英语水平也明显不同。来自我国东部地区的英语学习者，由于教育水平较高，其英语水平明显比中西部地区学生高。慕课通过网络平台的方式进行教学，打破了地域的限制，使不同地区的学习者都有机会接触优质的课程资源。

很多慕课平台被搭建起来，为学生的学习提供了便利。我国于 2013 年成立了东西部课程共享联盟，并将这一年称作“中国慕课元年”。我国的慕课平台 Ewant，是由国内五所交通大学联合组建的，包括上海交通大学、西安交通大学、西南交通大学、北京交通大学、台湾交通大学。我国慕课平台具有以下三个方面的特点。

第一，集约性。“中国大学 MOOC”在线学习平台上收集了全国各地的优秀教育资源，在国内著名高校引领的教学团队的精心打造下，形成了国内目前相对成功的一个教学范式。从教师的角度来看，慕课教学团队在设计教学的过程中、布置课后作业的角度上、评定学生成绩等方面都给予教师很大的启发，促使他们不断提高自己使用信息技术的能力，从而改进教学，找到最适合学生发展的教学模式。另外，全国各地的教师还可以利用在线教学平台来共享优良的教学资源。从学生的角度来看，不管是国内重点大学的学生还是普通院校的学生，都可以通过慕课学习平台获取最优秀的学习资源。

第二，广普性。科学技术的发展将人类社会带入互联网时代，同时伴随着数字革命的兴起，促使世界各个国家的教育进入“在线”状态。基于互联网的慕课教学模式下，学生的学习不受时间、地点、人员等因素的限制，一些著名教师在线上开设的慕课有时候甚至可以吸引几万人同时观看和学习。当前，在我国的高校英语教学中，学生人数非常庞大，而慕课教学模式本身具有的广普性就很好地解决了这一问题。

慕课作为一种新型的教学模式是对全世界所有人开放的，不管学生身在何处，只要是有互联网的地方，学生就可以随时加入慕课的学习。可见，慕课自身具有的自主性也十分符合高校英语课程教学的要求。学生在慕课教学模式下可以自由选择学习的时间、方法、步骤等，自主完成慕课课程的在线学习。

第三，交互性。与以往的视频公开课或者远程教学方式不同，慕课具有交互性的特征。在以往的远程教学或视频公开课中，教师与学生之间无法产生互动，是单向的。慕课教学是一种在线课堂，虽然是虚拟的，但是教师与学生却可以实现互动。另外，慕课教学过程中所设计的进阶作业为学生的学习带来了更大的动力，因为学生只有完成一定的进阶任务，才能继续观看教师的在线讲授。这一种设计形式不仅为学生安排了具体的学习任务，同时，教师也可以在教学过程中得到及时的反馈。

（三）慕课教学模式的类别

国外著名学者莱恩在自身实践经验的基础上将慕课教学模式分为三种，且这三种慕课教学模式各有其侧重点。

1. 基于内容的慕课教学模式

该模式主要强调学生对学习内容的掌握，往往会通过形成性评价与总结性评价的形式对学生的学习结果展开评价。当然，这种课程开发模式同样也看重学习社区的建构与学生的参与，与课堂教学过程的网络化更加相似。该模式建立在名校教师录制的讲课视频及文本内容的基础上，同时还伴有网络化测试平台。这类慕课课程开发模式吸引了大量的投资，受到很多人的关注。

2. 基于网络的慕课教学模式

该教学模式是建立在网络基础上的，重在强调给予学生充分的学习自主性。在以网络为主的慕课课程中，学生可以自由决定是否参与和如何参与，还可以自主决定利用何种技术来建立自己的学习空间与分享学习内容。该模式鼓励来自世界各地的学习者利用自己所知道的软件来建立联系、分享学习内容、贡献学习成果、合作探究学习或者拓展自己的个人网络及专业网络。该课程模式比较复杂，允许学生建立自己的学习空间。

社会交互性是基于网络的慕课教学模式最为关注的。在该模式下，课程一般以周为学习单位，学生可以在每周内基于特定的主体进行学习，通过大量的互动与参与活动来获取知识，其中，所有的学习过程都是开发式的。这种慕课教学模式没有明确的学习结果，因而在学习结束后也不会有正式的评价形式。

3. 基于任务的慕课教学模式

以完成任务为主的慕课教学模式，主要强调学生通过完成任务来获取知识和技能，学习是分步进行的，学生可以采取多种多样的学习方式来进行学习，不受任何约束。学生可以通过自己阅读文本材料或者录制视频材料来共享学习成果，通过视频、音频、作品设计等手段来展示自己在某个方面的技能。这种以完成任务为主的慕课课程开发十分强调学习社区在学生学习过程中所起的重要作用，因为社区是展示学生学习案例与学习设计的地方，主要用来传递学习内容，对学生的学习结果不太重视，即不对学习者进行评价。

通过上述分析不难发现，以上三种慕课教学模式存在以下共同特征。

第一，课程设计、组织、应用及评价都是建立在网络环境基础上的。

第二，课程设计面向大多数学习者，具有规模大、学习目标化的特点。

第三，课程内容在设计上都包括视频、课程资源、学习社区、师生互动及学习评价等部分。

第四，在交互学习过程中，课程的内容具有开放性及持续创新性。

第五，视频时长通常都保持在 8~15 min。

第六，学生在课程选择方面具有较大的自主性。

（四）慕课教学模式的优势

慕课教学模式在我国的兴起必然引发重大教学理念的革新、教学方式的变革，其对于英语教学的影响更为深远。下面结合英语教学的现状对慕课教学模式的优势进行总结。

1. 形成语言使用环境

在我国，由于语言使用环境匮乏，学生在英语课堂上学到的英语知识不能在现实生活中应用，这在很大程度上降低了学生学习英语的成就感，对其日后语言能力的发展也十分不利。慕课的出现能为学生提供良好的英语学习环境，学生可以接触到全英文的语言知识，同时，还能和来自世界不同国家的学习者进行讨论，便于其口语能力的提高。

2. 扩大学生知识储备

在我国，高校英语教学主要是通过课堂教学的形式展开的，面对繁重的课业压力与紧张的教学时间，课堂教学所能带给学生的英语知识实在有限。而慕课教学以网络为平台，向学生提供了更为丰富的知识储备，方便学生及时更新自身知识。慕课的在线课程还包含在线论坛与小组讨论，极大地提高了学生的学习兴趣与效率。

3. 提供能力培养平台

我国的高校英语教学虽然进行了革新，但是从总体上看，还是以基本知识教学为主。这种教学形式阻碍了学生将英语与专业学习相结合，无法达到能力培养的目标。在这种教学背景下，很多学生没有意识到英语的重要性，不重视英语的学习，缺乏学习热情。而慕课的出现能够为学生提供最新的专业动向与发展评估，有利于激发学生学习英语的兴趣，促进其专业能力的发展，对于解决英语学习与专业学习相脱节的问题十分有效。

4. 平衡不同学生水平

由于我国幅员辽阔，各地的教学水平不同，因此，学生的学习基础也高低不一。在大学英语课堂上，教学者无法进行一对一的针对性教学，只能从宏观上使英语教学向着统一的方向发展。在这种教育现实下，很多英语学习者跟不上教学进度，或者所教授的内容已无法满足部分基础好的学生。慕课通过开放性的网络平台，能够给学生提供具有针对性的教学，便于缓解教与学之间的矛盾。在线教育的形式不受时空限制，既有利于基础差的学生巩固练习，也有利于基础好的学生的能力发展。

（五）慕课教学模式的管理

慕课教学模式具有较高的自由性，这就对教育体制提出了一定的要求。从大体上说，为了在知识自由流动的前提下保证知识吸收的有效性，相关教育工作者可通过以下几种途径进行慕课教学模式的管理。

1. 使用第三方评价机构

第三方评价机构指的是以第三方的形式对学习者的学历教育和非学历教育进行评价的组织。这些组织通过对学习者的慕课学习进行评估，能够对其学习能力进行综合评定，从而减少传统教学评估的单一性。

2. 建立学分管理系统

慕课教学模式下的学分可以通过更加多样的形式进行，改变传统教学中硬性的学分评价形式。例如，教师可以通过学习者的学习过程、学习成就等情况，对学生进行客观公正的评价。

二、慕课教学模式的应用

慕课作为新兴的英语教学模式，可以通过如下几个步骤进行科学的应用。

（一）课程设置多样化

对目前的高校英语教学而言，慕课教学有助于改变传统教学课程设置单一的情况。第一，从课程设置上来说，虽然各大高等院校都有英语选修课，但是这些选修课大多是为了大学英语四级和大学英语六级考试准备的。第二，从教材上来说，大多数高等院校采用的教材主要有上海外语教育出版社出版的《大学英语》及《新世纪大学英语》、外语与教学研究出版社出版的《新视野大学英语》等，并没有采用适合学生的专门教材。第三，从师资上来说，传统的高校英语教学教师资源有限，所讲授的课程大多没有明确的针对性。

将慕课教学模式应用到大学英语选修课程中也是顺应时代发展的趋势，大学英语选修课程的指导思想向着分类指导、因材施教的方向发展。而互联网的发展能够为大学英语选修课程提供不同层面和环节的支持。通过网络教学可以了解学生选修课程的偏好，利用大数据技术便可以进行学生的偏好分析，获得学生的需求数据，从而调整相应课程内容，满足学生的需要。基于此，在信息化时代采用慕课教学模式可以大大吸引学生的注意力，学生根据自己的需要和兴趣来选择课程，从而提高自身英语学习的效率。

（二）上课方式多样化

虽然高校英语教学的改革在不断推进，上课形式也不再像以前那样单一，但是仍以教师的讲授为主，只是利用多媒体形式而已，即多媒体就是黑板的延伸。但是在信息技术普及的时代，应用慕课教学要求上课方式多元化，可以是围坐在电脑前，也可以是每个人手拿一个平板电脑。

（三）传统课堂与慕课相结合

之前已经提到，慕课对高校英语教学有很大影响，其中有两点需要引起注意。一是对当前的大学生而言，他们自学的水平存在明显的差异，因此要想让学生能够适应这种教学模式也需要很长一段时间。如果将所有内容都放在网上进行教学，那么，本身自制力差的学生就很容易放弃英语学习，这也是我们不愿意看到的结果。二是由于需要对教师进行培训，以及准备与之配套的硬件设施，因此，慕课教学还有很长的一段路要走。总之，当前是一个新旧交替的阶段，教师需要扮演至关重要的角色，教师应从以下几个方面来提升教学效果。第一，教师要了解学生的自主学习能力，不断培养学生的心理素质，使他们尽快适应信息技术时代的慕课教学模式。第二，教师应该充分了解学生的英语基础，保证慕课教学能够被大多数学生接受和理解。第三，教师应该积极探索能够吸引学生兴趣的慕课课件。

第五章　高校英语多元化教学理论与实践

第一节　高校英语文化教学理论与实践

一、高校英语文化教学理论

（一）高校英语文化教学的内容

1. 语言文化

（1）挖掘词和短语的文化内涵。在特定文化背景下，不同的词汇和短语可以激发人们的不同联想。例如，中国人往往将“个人主义”一词作为“自私”“以自我为中心”“自负”的同义词，但“individualism”一词在西方文化中被赋予很高的价值，人们提倡并尊重个性化和特立独行。

（2）了解谚语的深层含义。谚语是一个民族长期以来文化智慧的积累和经验的沉淀。英语中有许多谚语阐释了生动的真理，反映了西方文化的价值观念和行为准则。学习谚语能帮助我们更加透彻地了解西方文化的精髓。

2. 制度文化

（1）西方文化的社会习俗。不同的文化背景有不同的语言习惯和行为方式，这要求学习者在学习过程中要对目的语文化中人们的一些行为方式有所了解。例如，在日常交往中英语国家的人喜欢谈论天气、地理位置等话题，而把年龄、工资、婚姻状况等作为禁忌的话题。再如，中国人在接受礼物时习惯推辞几次才接受，当着客人的面打开礼物被认为是不礼貌的；而英语国家的人则习惯当场把礼物拆开并且要赞美几句。对于社会习俗的学习，最好的方法是身临其境地感受西方人待人接物的方式。如果没有这种条件，可以通过观看英文的影视剧来学习西方的社会习俗，这些对西方人生活、学习、工作、娱乐等方面直观、多角度的描绘为我们提供了学习资料。

（2）日常交际礼仪。在日常生活中，中国的礼节与西方的礼节有很大差别。如果你想与西方人和谐相处，了解西方的礼节是非常重要的。以问候语为例。英语的表达很宽泛、不具体，问话人并不在乎听话人回答的内容如何，也不期待回答，而只是问候而已。而汉语往往就事论事且明知故问。

3. 观念文化

一是自然观。中国传统思维方式的重要标志是朴素的有机整体思维。在此思想观念的指导和影响下，中国人在思想意识、思维模式以及言语观方面都倾向于求整体、求笼统、求综合，更加重视直觉。因而，中国人的语篇结构也是从整体到具体或局部，先纵观全局，后具体到细节。西方的哲学家认为世界上的万物都是对立的，事物都是一分为二的。因此，西方人重视逻辑，习惯于分析。

二是人性。中国传统的人性论是人性本善，这个观点源自孟子。孔子指出“性相近也，习相远也”，认为“仁者爱人”。孟子认为人皆有“恻隐之心”“羞恶之心”“辞让之心”等与生俱来的善行，“人之初，性本善”是中国文化中基本的人性论。而西方基督教的人性论强调原罪和人性堕落，注重信仰和神的恩典。

三是思维模式。从实质上看，思维模式属于隐性的文化内涵之一，也是一个民族文化的核心。具体来说，思维模式既能反映民族文化的本质特征，又是构成民族文化的重要内容。在文化内涵的各个构成要素中，思维模式起着关键性的作用，它会决定人们的价值观念、行为准则和精神追求等。可以说，中西方文化差异主要体现在思维模式上，而且该模式也是造成中西方文化差异的一个重要原因。

四是人际关系。中国人在与人交往的过程中采取“群体取向”和“他人取向”的原则。在“群体取向”的影响下，中国人提倡凡事以家庭、社会和国家利益为重，个人利益必须服从国家利益，提倡“舍小家保大家”。

（二）高校英语文化教学的目标

高校英语文化教学以培养学生的文化意识为主要目的，文化意识又有等级之分。因此，在不同的教育阶段，文化教学目标也有所不同。对我国国内的学生而言，外语教学的目的不仅仅是工具性的，也不仅仅是为了学会应付生存的交际技能，更不是为了将中国学生变成西方人，而是从总体上提高学生的社会文化能力。胡文仲、高一虹把外语教学的目的分为微观和宏观两个层面。微观层面，外语教学的目的是交际能力。

宏观层面，外语教学的目标是社会文化能力，即运用已掌握的知识、技能对社会文化信息进行有效的加工，使人格取向更加整合，潜能发挥更充分。社会文化能力具体又由语言能力、语用能力与扬弃贯通能力组成。

为了具体阐明高校英语文化教学与学生人格之间的关系，高一虹在《语言文化差异的认识与超越》一书中进一步指出，培养学生的跨文化交际能力应该以人的建设为根本，以人格的基本取向为目标。她认为人格的培养应该通过具体的教学或训练内容、材料、活动来进行，而不应该是空洞、枯燥的道德说教。另外，在她看来“是什么”和“成为什么”远比“了解什么”和“做什么”重要，也即“道高于器”。总之，高一虹坚持这样一种观点，即高校英语文化教学重要的是将跨文化能力与人的素质培养这个整体教育目标有机地结合起来。

除强调高校英语文化教学与培养学生人格、价值观的关系外，学者还指出应培养学生在真实交际中、在理解和运用基础上的创新能力。陈申在《外语教育中的文化教学》一书中提出，文化教学的目标应该是培养学生的文化创造力。他认为，文化创造力是指外语学习者对跨文化交际中的实践把握，能运用外国语言文化知识，并与本国文化相互作用而产生的一种创新能力。文化创造力是学生的一种能动性，一种主动从外国文化的源泉中摄取新东西的能力。另外，陈申还从语言与文化关系间存在动态发展的观点出发，认为从长远的角度看，高校英语文化教学除了是语言教学的目标，更是帮助学生获取文化创造力的手段。

纵观我国学者对高校英语文化教学目标的界定可以看出，学者已达成以下共识：高校英语文化教学不是除了听、说、读、写、译等技巧以外可有可无的另一种技巧，而是对语言学习有着重要影响的学习内容；同时，学者们把文化教学与学生综合能力的提高结合起来，认为文化教学的目的绝不仅仅是帮助学生掌握一门外语，更重要的是帮助学生形成正确的世界观和人生观，适应世界的发展。

（三）文化教学现状

1. 国内高校英语专业文化教学现状

胡文仲、高一虹指出，高校英语文化教学“至今没有明确的教学大纲，教师即使意识到了文化教学的重要性也多半只能见缝插针地进行，文化教学只能锦上添花，而不敢喧宾夺主”，高校英语文化教学的状况在英语教学中的地位可见一斑。顾嘉祖先生把中国的高校英语文化教学分为两类：一是语言文化教学分离式。将文化看作一种可以和语言剥离开来的“知识”，在语言教育的课程设置中加入“知识”课程；二是语言教学的“附加式”。随着交际法教学在国内的盛行，越来越多的外语教育工作者意识到文化教学是外语教育不可分割的部分，培养学生的交际能力极为重要，但在实践中，却将文化学习看成“听、说、读、写”四种技能之外的“第五种技能”，也就是说这种语言文化教学的模式仍然是将文化附着于语言教学上的“附加式”。可见，教师还是习惯于把重点放在语言形式的教学上，而对交际能力的培养和跨文化因素的教学则流于形式。

2. 国外语言与文化教学可以借鉴的经验

英国的外语教学寓于大学教学之中。无论中学或大学外语专业都通过教授文学或使用文学材料提高学生的文化修养。近年来，由于交际法的普及，外语教材中日常生活题材的篇章大幅增加，大学外语专业除了文学课程，还开设历史、经济等课程。对学生的外语实践不足问题，作为教学的补充，学校安排学生到所学语言国家工作一年或半年，以提高他们实际运用语言的能力，同时了解该国的文化传统、风俗、习惯、社交准则等。

美国在外语教学中对文化因素也给予了更多的重视。跨文化交际学是一门新学科，也是首先在美国建立和发展的。因为美国是一个靠移民发展起来的国家，国内各民族、种族的交往都会遇到文化差异产生的问题。另外，美国与世界各地的人们交际往来每时每刻都在发生，不仅有政府官员、富商、高科技人员等，还有出国游玩的普通人。这些广泛的交际使文化差异问题日益突出。为了研究如何解决由于文化差异造成的种种问题，跨文化交际学在美国应运而生。

由此，可以了解到欧美国家在语言教学中都加强了文化教学的内容。我们可以借鉴欧美的做法，根据我们自己的经验，在高校英语教学中重视文化教学。

（四）高校英语文化教学的原则

1. 阶段性原则

阶段性原则是指文化渗透的内容应该根据学生的语言水平和接受能力，充分考虑到学生的认知能力和年龄特点，遵循由浅入深、由简到繁、由现象到本质这样一条主线，循序渐进地对文化内容进行逐步的扩展和深化。

2. 系统性原则

文化是一个整体，具有不同的结构和层次，因此，我们在运用文化进行交流时要充分考虑到文化的各个要素和差异，对文化进行整体性的把握。让学生在进行文化学习时不仅要学习具体的知识点，同时对文化学习的内容和层次要在整体上进行把握。

3. 适度性原则

适度性原则主要是指教学内容和教学方法的适度。文化导入是直接导入还是间接导入需要把握好分寸，分清主次，如属于主流文化的东西应该详细讲解，适时引入一些历史的内容，以便学生理解某些文化传统和习俗的来龙去脉。教学方法的适度，就是要处理好教师讲课和学生自学的关系，教师应该成为学生课外文化内容学习的组织者和指导者，鼓励学生进行大量的课外阅读和实践，增加英语教学中文化渗透的原则和方法。

4. 交际性原则

人们用英语进行交际时，无意识地会把自己的母语文化带入双方的交际中来，这时母语文化与目的语文化就可能出现一定的冲突。而进行跨文化交际是人们学习英语的主要目的，要尽可能地习得对方的文化，减少双方之间交际的阻碍。为了避免跨文化交际的冲突、保持人们交流的畅通和交谈信息解码的准确性，我们在学习英语时要根据实际需要，注重以英语为母语的国家的文化知识量的积累，并恰当、灵活地运用这些知识。

5. 开放性原则

由于文化广泛而复杂的内涵及外延，教师想要在有限的课堂教学中完整地进行英语文化教学是不现实的。因此，在高校英语文化教学中教师要充分利用第二课堂进行文化教学，培养学生的跨文化交际意识和能力，力图提高学生对中西方文化差异的敏感性和适应性。而第二课堂活动主要包括组织学生观看英文原版录像、电影；开设“英语角”；鼓励学生大量阅读与英语文化相关的书籍、报纸和杂志，留心积累有关文化背景方面的知识；还可主动与外籍教师接触交谈、举办专题文化讲座等。

6. 宽容原则

宽容原则就是要彻底抑制文化歧视。文化歧视是民族中心论和文化偏见的大杂烩。民族中心论包括对自己群体和文化的优越感，对外国群体或文化的敌意情感和否定态度。凡符合本民族习惯的都是好的，反之则是坏的。民族是多种的，文化是多元的，在经济、科技全球化的形势下，每种文化都毫无例外地面临着完善、发展的问题。如何保持文化的多元发展，促进不同文化间的沟通和理解是人类共同面临的问题。要解决这个问题，最重要的就是要推进不同文化间的宽容和理解。如果自恃先进，高人一等，对其他文化采取歧视、藐视、敌视的态度，会破坏各民族间文化的和谐。只有互相尊重、互相学习、共同进步，世界文化才能异彩纷呈，繁荣昌盛。

（五）高校英语文化教学的方法

1. 附加法

附加法是指教师可以在英语教学中系统、适当地添加一些文化知识内容，作为英语教材的附加内容。附加法的形式有很多种，如可以在教材中专门设置文化专栏，在课外组织参观文化展览或是组织文化表演等。附加的文化知识既可以是单独的文化知识读本，也可以附加在英语教材中。附加法有助于学生系统地掌握以英语为母语的国家的基础文化知识，教师也可以向学生推荐有关英、美国家文化背景的书籍，并以书中内容为主题开展问答讨论、知识竞赛等活动。

2. 体验法

体验法就是让学生亲自体验文化教育活动，从中获得文化知识，培养积极的文化态度，并逐渐形成文化能力。英语教学中的体验法可以分为直接体验和间接体验两种。直接体验就是让学生直接与外国文化接触，比如，学习有关外国文化的课文、与外国人交流、观看外国电影等。直接体验法有助于学生在体验的过程中提高跨文化交际能力，以及获知外国文化的能力；间接体验是让学生在不知不觉中接触并了解外国文化知识。间接体验的教学内容大多隐含在语言教学活动中，因此，对学生语言能力的要求相对较低，较适合小学或是中学的文化教学，而直接体验则更适合高中或是高校英语文化教学。

3. 实践法

实践法就是学生在教学实践中亲身参与文化交往，使他们在实践的过程中获得文化知识。在课堂上，教师也可以通过设置特定的交际文化情景，帮助学生有意识地融入英语的生活环境中。此外，还可以充分利用计算机多媒体技术，以及电视、幻灯片等现代化教学手段播放外语的视听资料，不仅可以给学生带来更为直观的感受，还可以使学生在耳濡目染中习得英语。通过这样的方式习得的英语知识，学生的感受会更为深刻。教师还可以向学生推荐一些难度适中的阅读文本，通过阅读提高他们对英语文化的了解。总之，教师在高校英语文化教学中应注重语言环境的创设，使学生在实践中了解和掌握文化知识。

4. 融合法

融合法就是在语言教学的过程中融入文化教学的知识目标、态度目标、能力目标等内容，学生在学习语言知识和技能的同时不自觉地掌握文化知识。具体来说，就是在编写文化题材的课文和语言材料时采取文化会话、文化合作、文化表演、文化交流等方式进行外语课堂教学。这种方法要求在教材和教学方法中系统、恰当地将文化知识融入课文与教学中去。由于语言知识存在一定的规律性，比如，我们要先学习名词的单数形式，才能学习名词的复数变化等。因而，我们要想全面地体现文化知识、态度、能力、目标不是一件易事。因此，在教学实践中，可以将融合法与附加法结合使用，融合法可以将文化态度的教学目标融入课文中，附加法则可以保证文化讲授的完整性。

5. 游戏法

学生运用文化进行交际之所以失败的一个重要原因就是英汉两种语言中的众多词语对英国人、美国人和中国人来讲所产生的词的联想意义和词的文化内涵是不同的。对于这类文化知识，教师可以通过玩游戏等方式使学生在娱乐的同时，不知不觉地接触到语言所负载的文化内涵。例如，在讲解 owl、landlord、peasant 等具有文化含义的词语时，教师可将全班学生分成两组，让其中一组同学列出这些词在英语中的联想意义，另一组列出这些词所对应汉语的联想意义，然后进行对比分析。这样不仅可以调动学生的学习积极性，还能有效地让学生吸收和消化学到的知识。

二、高校英语文化教学实践

（一）角色扮演教学实践

模拟教材内容中的某些场景，让学生以文章中的身份参与角色表演或模拟表演。这种教学方法可以使学生通过观察和体验剧幕情景，了解文化冲突的原因，具体场景如下：两个美国人正在试图徒步穿过一个城镇，过了一段时间，他们想返回居住的旅馆，但他们走得太远了，更糟糕的是他们又把钱弄丢了。他们需要用钱买票乘车返回他们的旅馆，因此决定向当地人求助。在角色扮演教学实践中，扮演当地居民的学生应该尽可能按照当地居民的生活习惯和行为方式去表演。

（二）PPT 展示文化教学实践

教学任务：学习 A 教材第一单元。

教学目的：使学生了解中西方时间观念、行为观念的差异；教会学生换位思考；提高学生的跨文化意识。

教学形式：小组活动、小组讨论。

教学流程：课前任务分配、课堂展示和分析。

1. 课前任务分配

上课前一个星期，教师可将学生分成四人小组，每组学生收集一些与中西方时间观念、行为观念差异相关的文字、图片和视频，然后整理并制作成 PPT，以备上课时使用。

2. 课堂展示

在课堂上，教师可从每组选出一名学生（或由组内成员推选一名学生）上前展示自己制作的 PPT。待学生展示完毕后，教师可引导全班学生就之前的展示内容讨论中西方的时间观念、行为观念差异以及时间观念差异对行为观念差异的影响，从而使学生更科学、理性地对待文化冲突问题。

3. 分析

该教学实践以培养学生的文化语言输出能力和跨文化交际能力为导向，遵循中西方文化双中心原则。从多维度灵活设计文化教学，使英语文化教学不再死板，同时，也极大地突出了学生的主体地位，充分调动了学生的积极性、主动性，锻炼了他们搜集信息、发现差异、分析问题的能力，最终使学生深刻认识到中西方时间观念、行为观念上的差异，这必将有助于他们日常的英语语言学习，有助于切实提高他们的跨文化交际能力。

（三）体验式文化教学实践

1. 感受异国家庭生活

教师可以挑选几名同学表演异国家庭生活的某些情景，其他学生观看并思考这些生活场景与中国同样的生活场景的异同，再将其具体表述出来，具体活动流程如下。

步骤一：教师安排几名学生就异国（如美国）家庭生活的某些场景进行角色扮演。建议教师安排 2~3 个有关美国家庭生活的场景表演（每个场景表演大约需要 10

分钟）。例如，吃晚餐及餐后活动、外出就餐、去朋友家中参加聚会、接待祖父母到家中做客等。此外，教师应鼓励表演者在放松的状态下进行表演，以达到较为理想的活动效果。

步骤二：教师在此活动环节安排一位或几位“外国客人”参与到场景表演中，并要求观看的同学注意表演中涉及的生词和词组。

步骤三：表演完毕后，教师要求学生组成小组就以下问题进行讨论。①你在观看表演的过程中听到了哪些生词和词组？（这个问题不仅有助于学生掌握更多的表达方式，更有利于调动学生积极性，促进讨论活动顺利展开。）②你从这些生活场景表演中观察到了什么？（探讨这个问题的目的在于帮助学生了解美国的家庭生活以及训练其观察和理解能力）③这些家庭生活场景与我们国家同样的生活场景有何异同？④要求作为观众的学生问参与到表演中的“外国客人”在这个过程中有何感受？（这个问题使参与表演的学生有机会体会接触陌生环境时的感受）。

步骤四：每个小组选派代表向大家陈述其讨论结果或意见，建议教师在各组代表陈述完毕时引导学生比较各组讨论结果和意见的异同。

步骤五：教师引导学生思考怎样做有利于我们尽快融入异国文化或陌生环境中。通过让学生分析并比较异国文化和中国文化中某些生活场景的异同，有助于学生深刻体会并领悟中西方文化的不同之处，扩展自己的文化知识，从而完善自己的世界文化价值观念。

2. 采访外国人

教师给学生布置就某些特定的问题对外国人进行采访的任务，并引导学生比较不同的受访者给出的答案，以及他们对采访和采访问题所表现出来的态度和行为。具体活动流程如下。

步骤一：教师在课前布置学生就某些特定的问题对外国人进行采访的任务，最好每位学生采访一位外国人，这有助于学生拥有足够的信息资源进行比较。

步骤二：采访结束后，教师在课堂上引导学生就采访结果进行比较和讨论。

步骤三：教师引导学生对以下问题进行讨论。①你是否对采访对象的某些言语或行为感到惊讶，为什么？②假如你是受访者，你会如何回答样卷中的问题？③你如何评价自己在这次采访中的英语交际能力？

步骤四：学生讨论该实践活动的目的和从中获得的启发，并分析在不同的文化背景下对某些问题的看法和态度。

第二节　高校英语情感教学理论与实践

一、高校英语情感教学理论

（一）基本概念

1. 情感

《心理学大辞典》中认为：“情感是人对客观事物是否满足自己的需要而产生的态度体验。”换句话说，情感就是人的大脑在受到客观事物的刺激以后，凭自己的真实感受和生活习惯等所引起的一系列情绪存在的一种心理状态。凭借对万物的判断经验，情感分为积极与消极两个方面来发挥作用，并且以人是否需要该事物作为判断标准，正如东汉哲学家王充所云：“凡人之有喜怒也，有求得与不得。得则喜，不得则怒。喜则施恩而为福，怒则发怒而为祸。”

2. 情感教学

情感教学是指教师运用一定的教学手段，通过激发、调动和满足学生的情感需要，促进教学活动及计划的过程。情感教学的宗旨是以人为核心，提倡对人的本性、人与人之间的平等和关怀及精神方面追求的尊重。因此，老师应该鼓励学生自我实现，而不是自我否定。作为一名高校的英语教师，在教学中不能只注重认知因素的重要性，更要使情感因素的积极作用得到充分发挥，以便有助于教学目标的实现与教学效果的提升，这样才能做到真正意义上的认知与情感因素的统一。因此，情感教学的核心就应该是控制学生在教学活动中的情绪，让其处于最佳状态。教学过程其实就是一个知识讲解、传授与师生情感交流相结合的过程。在教学过程中，教师在保证学生获取知识与技能的同时，更要让学生得到积极的情感体验，这样才有可能让学生对学习充满激情，形成积极的学习态度，从而保证课堂教学的顺利进行，促进教学效果的进一步提升。

（二）情感教学的作用

1. 有利于促进学生认知的发展

在情感教学情境下，学生不再仅仅局限于课堂上教学内容的学习，在教师的启发下会学会有效的学习方法，并且能在其他课程的学习中运用已学会的方法进行学习，这样学生主动学习的欲望与积极性就能得到提高。

2. 有利于促进学生潜能的开发

情感教学的实施改变了传统的教师灌输式和学生被动式地接受知识的学习模式，教师采用变化多端的情感教学方式来激发学生的学习主动性。学生这样充分发挥自己的学习主观能动性，不但可以学到知识，更能在学习中开发自己潜在的才能。

3. 有利于促进学生良好品德的养成

在情感教学实施过程中，民主、和谐的课堂氛围，不但让学生体验到个体被尊重的积极情感，也使学生懂得了尊重他人的重要性。课堂上的相互协作让学生学会如何团结他人，如何与他人合作与竞争，同时，也让学生产生时间观念，培养学生积极进取的精神。

4. 有利于学生社会化的发展

情感教学的实施改变了教师在课堂上绝对权威的传统教育思想，为学生提供了表现自我、表述自身情感和与人协作的机会，使学生能够得到积极的情感体验，这就为学生步入社会后的合作以及组织等社会能力的发展提供了有利的条件。

（三）情感教学的原则

1. 寓教于乐原则

寓教于乐，从其字面意思就可以得知这条原则要求教师在教学的过程中，要尽可能地创设轻松、愉快的教学情境，以便让学生带着愉快的心情，对学习产生浓厚的兴趣，在快乐中获取知识，得到积极的情感体验。这是情感教学原则体系中的一条核心原则，其实正是“乐学”的思想体现。

教师在贯彻寓教于乐原则时，首先要以调节学生的情绪为出发点，为学生创设轻松、愉快的学习氛围，但最终的目标是让学生在这种愉快的情境中去获得积极的情感，引导学生走向“乐中学，方可学中乐”的终极目标。

2. 以情施教原则

以情施教，顾名思义，就是在教学过程中，教师不能一味地传授知识，讲解教材内容，而应在教学过程中注重学生的情感需求，以教师的热情带动学生的学习激情，并使之形成积极的情感态度，最终达到情感促进认知，情知交融的教学目标。这是情感教学原则体系中很有代表性的一条原则。教师在贯彻这条原则时一定要调控好自身的情绪，不能将自己的低落情绪传递给学生，要始终以满腔热情为学生创设轻松、愉快的氛围，以积极的情感态度影响每一位学生。当然，教师还要学会合理地处理教材中的情感内容，让学生能够体会到教材中的积极情感。

3. 情感交融原则

教学活动的参与者不外乎学生与老师，在这个由老师和学生双方构成的教学活动中，既有师生之间情感的交流，更有认知信息的相互传递。在整个教学过程中，教师与学生交流的时候一定要把学生在情感方面的渴求摆在首位，努力用自己的热情来感染学生，达到“以情动人”的效果，让学生在与老师的情感交融中去感受老师的关心与鼓励，创建和谐、平等的师生关系，提升最终的教学效果。赞可夫在《和教师的谈话》中也明确地表示，师生关系决定着教育的最终效果。简言之，师生之间的相互沟通与交流以及和谐、平等的师生关系都对教学效果有着举足轻重的作用。

二、高校英语情感教学实践

（一）课堂上采用分层教学

针对不同层次的教学对象设定不同的教学目标，教师在课堂教学中兼顾不同层次的学生实施分层教学、分层考核，使每个层次的学生均有所收获。在课堂中，教师尽可能多地组织学生运用结对练习、团队合作等方式进行合作学习，如表演对话、短剧、小品等。在活动中，学生既锻炼了口语又学会了如何与人合作，通过共同努力完成了既定任务，学生的自尊和自信会因此大大增强，团队合作意识也自然得到提高。

（二）多元化评价，增强自主学习意识

目标行为导向教学中一个很重要的理论是教学评价的多元化。注重教学过程的形成性评价和注重教学结果的总结性评价同等重要。除采用上述两种评价外，教学中的多元化评价还指老师的评价、学生自评、学生互评以及家长的评价等。多元化评价能帮助教师全面了解课堂教学的成果和学生学习的进展情况，以便分析存在的问题，并及时修正、调整教学计划，以达到预期的教学目标；同时，可以带给学生更多的鼓励和信任，增强他们的自信和自主学习的意识，提高其学习能力和学习策略。

第三节　高校英语自主学习理论与实践

一、高校英语自主学习理论

（一）概念界定

1. 自主学习

在外语教学领域，自主学习的概念最早由霍尔克在 20 世纪 80 年代提出。霍尔克指出自主学习是学习者对自己学习负责的一种能力。他从学习者角度提出学习者应该在学习开始时根据自己的情况预先确定学习目标、制订学习计划、决定并选择适合自己的学习方式，对学习过程、学习计划的实施进行监控监测。同时，他提出这种能力是可以在特定环境中实施的，是学习者潜在的能力。霍尔克提出的自主学习引起了广泛的关注，随后，很多学者开始对这个领域展开热烈的讨论。

国内学者对英语自主学习的研究比较晚，但是对自主学习的讨论非常热烈。学者林崇德概括了自主学习的能力，认为学习者有能力根据自己的情况意愿决定自己学习的过程，其中包括学习目标、学习方法、学习过程、学习结果的监控与监测。郭继荣等提出自主学习包括学习者的责任能力和学习能力，是学习者愿意做的，也有能力做的。李广凤认为自主学习是一种能力，是学习者能够对自己的学习负责，并能自觉调控自己的学习过程。

综合上述国内外不同学者对于自主学习的概念的不同界定，可以发现，自主学习的定义都是指学习者在学习中的一种能力。结合我国的英语教学的特点，霍尔克对自主学习的观点更为符合，即自主学习体现在学习过程中的一系列自主学习的行为上，是学习者对自己的学习过程负责的一种能力，这个学习过程包括学习者根据自己的情况确定学习目标、制订学习计划、决定并选择适合自己的学习方式，对学习过程、学习计划的实施进行监控与监测。

2. 英语自主学习能力

英语作为一门学科有一定的特殊性，它包含了知识的传授，但更多的是能力的培养和实践的操练。根据国外对自主学习的概念界定，国内许多学者从不同的角度、不同的理解给英语自主学习能力下了定义。

我国学者束定芳认为，英语自主学习能力应该包括学习者的态度、能力和环境 3 个方面。态度是指学习者积极学习的态度；能力是指学习者能够独立完成自己的学习任务的能力；环境包括老师、教学设施和学习资料，是指学习者要主动寻找学习的机会，创造学习机会。

国内知名学者徐锦芬在参考大量国外相关文献的基础上，结合我国英语教学特点，全面概括了英语自主学习能力。这种能力应该涵盖以下 5 个方面的内容：①了解教师的教学目的与要求；②确立学习目标与制订学习计划；③有效使用学习策略；④监控学习策略的使用；⑤监控与评估英语学习过程。何莲珍也提出学习者角度的自主学习，是学习者能够独立地确定学习过程和评估过程的体系。

纵观国内外学者对英语自主学习能力下的定义，其本质即学习者在英语学习过程中，愿意并自主地设立自己的学习目标和制订学习计划，选择适当的学习方法和学习策略，监控自己的学习过程，并评价自己的学习过程和结果。

（二）自主学习的相关理论

1. 建构主义学习理论

建构主义学习理论也叫建构主义，是行为主义和认知主义的进一步发展，是认知心理学的一个分支，在西方现代较流行。早期的皮亚杰、布鲁纳、维果茨基等人的认知心理学思想对建构主义思想发展起着重要的作用，他们最早提出通过内因和外因的作用来研究人们认知事物的规律。

建构主义认为，知识不是教师直接传授的，而是学习者主动建构的，这个过程是学习的过程，是学习者建立在已有的知识经验和知识结构上并进行主动建构内在心理表征的过程。这个过程不是人脑对事物直接的、简单的反映，不是被动地接受知识的过程。这个过程是一个同化、适应、平衡的过程，是一直循环进行的。

建构主义的基本特征主要是学习的自主性、情境性和社会性，强调学习是以学习者为中心。建构主义对学习和教学都提出了很多新的观点。其中，在教学中提出构成学习环境的四个要素，即“情景”“协作”“会话”“意义建构”。建构主义认为只有在一定的情境下，才能顺利地激发学习者已有的知识和经验，使学习者能利用自己原有的知识结构建构新知识，这就要求教师为学习者创设有益的学习环境，提供丰富的学习资源，让学生有诸多机会自主选择在不同的环境中应用所学的知识，从而能够积极、主动地参与到学习中。“意义建构”是整个学习过程的最终目标，所要建构的意义在于事物的性质、规律以及事物之间的内在联系。建构主义认为在建构知识的过程中教师应该成为学生的帮助者，对学生的学习起组织、指导和帮助的作用。

总之，建构主义理论很丰富，但其本质可以用一句话概括：以学习者为中心，强调学习者对知识的主动探索、主动发现并对所学知识和意义进行主动建构，而不是对客观知识进行内化理解。自主学习提倡在教师指导下的，以学习者为中心的学习，即强调学习者的认知主体作用，教师是意义建构的组织者、帮助者、指导者和促进者，要利用情境、写作、会话等学习环境充分发挥学生的主动性、积极性和创造性。而学生是信息加工的主体，是意义的主动建构者，学生在自主学习过程中处于核心地位，这也体现了建构主义的宗旨，为研究自主学习提供了有力的理论依据。

2. 人本主义学习理论

人本主义学习理论的核心是以“人”为中心的教育理论。人本主义强调在学习的过程中人本身的特性，重视人类的情感和价值等对学习者的影响，反对将人的心理低俗化和动物化。

人本主义学习理论的代表人物罗杰斯认为，教育面对的是学生，是活生生的人，是具有主观能动性、具有学习和行为能力的独立个体，而不是被动接受知识的东西。罗杰斯在《学习的自由》一书中概述了人本主义强调的“以学生为中心”，主张主动且有意义地学习。这种有意义的学习强调学习内容与个人之间的关系，是指学习者所做出的一种自主、自觉的学习，要求学习者能够在一定的范围内自行选择学习材料，自己安排适合自己的学习情境，以个体的积极参与和投入去实现自己的潜能，求得自己更充分的发展。他认为学习是自我主动和自我实现的过程，是人类天性中的巨大潜能，学习者要学会如何学习。他还强调教育的核心是把学生作为“自主”的学习者，教师应该把学生作为学习的主体，让学生自由地学习，关注他们的情感，建构有效的学习环境，创设一定的学习情境，促进学生潜能的发展，帮助学生实现自我价值。

人本主义学习理论的另一位代表人物马斯洛按等级排列人的需求，提出马斯洛需求层次理论。其中，最底层为人的基本生理需求，而最高层次的是人的自我实现，即人必须改善人的自我意识，发现并利用潜能，实现自我和自我价值。这种“自我实现”是人本主义最根本的目的。人本主义学习理论提倡以学习者为中心，尊重学习者，重视培养学生的自主学习能力，主张构建、创设有意义的教学情景，通过个性化教学来启发学生的创造性思维。这些主张与当前提出的自主学习的目的是一致且相契合的。自主学习提倡以学生为中心，为学生营造自主成长的空间，帮学生制定并满足个性化的学习需求，注重发挥学生的学习积极性和主动性，培养他们终身学习、自主学习的能力以达到实现自我的教育目的。

（三）提高学生自主学习能力的教学建议

1. 以学习者为中心，培养学生学习的自主性

建构主义强调学习者对知识的主动探索、主动发现并对所学知识和意义进行主动建构；人本主义认为，学生是具有主观能动性的个体，而不是接受知识的“容器”。所以，教师在教学中要培养学生的学习自主性，激发他们的主观能动性，提高他们的英语学习兴趣，使他们成为学习的主体。同时，教师要采用多样化的教学模式组织丰富多彩的教学活动，让不同英语水平的学生都能积极参与其中，如开展小组短剧表演、课文分角色朗读、词汇竞赛等。鼓励学生参与到课堂活动中，树立他们学习好英语的信心，发现学习英语的乐趣，这样他们才会积极主动地投入英语学习中来。

2. 帮助学生确立合适的学习目标，突出学习的个性化、自主化

在自主学习过程中，学生因为自身英语水平的不同，不应该再受到单一的教学内容、统一的教学进度的限制。相反，学生应该根据自己的英语水平、目标需求、习惯特点、兴趣爱好选择适合自己的学习内容、制订自己的学习计划、确立自己的学习目标，并形成自己独特的学习风格。这就要求教师要以学生为中心，引导学生目标的确立应该明确、具体，一定要在学生的能力范围内，且具有一定难度和挑战性。如果目标过高，与本人的能力差距太大，学生觉得实现可能性小，反而对学习没了兴趣；而目标过低则缺乏足够的成就感，不能起到激励的作用。

3. 结合教学进行学习策略的培训和使用

人本主义学习理论的代表人物罗杰斯认为，教育的目标应该是让学生学会学习，不断适应各种变化与改革，只有这样，学生才能主动地发挥潜能，适应社会发展的需求，以实现自我，真正成为有用的人。学习策略是自主学习中一个关键的因素。国内外研究结果表明，学习策略的有效使用在语言学习和发展过程中起着十分重要的作用，它不仅能使学习者增强学习责任感，而且对提高学习自主能力、独立能力和自我指导能力起着积极的作用。

在进行英语课堂教学时，教师要以学习者为中心，提高他们的学习能力，培养学生的学习策略，让学生把学习策略运用到课内和课外的语言实践中，这样才能反映学

生对学习策略的应用及掌握情况。

4. 指导学生自我监控与评估学习

在教学过程中，罗杰斯反对过去单一的外部评价模式，提倡学生的自我评价。在整个学习过程中，学习者的自我评价与监控是指学习者为了完成学习目标和学习效果，积极有意识地对学习过程监测、调控、反馈等。自我监控有助于学习者学习效率的提高，有助于学习者个体的自我发展。教师在评估方面要给予较多的指导。

自我评估最常见的方式是利用他人设计的测试题来进行自我测试，帮助学生了解自己的学习效果，让学生发现学习中的难点和弱点，为下一步调整学习目标、学习策略和学习计划做好准备。所以，在学期初，教师可以对学生的英语进行全面的测试，测试学生的听、说、读、写、译能力，对比分析每个学生的不足，并让学生了解自己的不足，让他们根据自己的情况制订适合的学习计划，并每个月检查一次完成的情况。

对英语学习的自我监控与评估让学生成为学习真正的主人，使学生的学习责任感更强，并能促使学生对自我评估和自我监控的学习过程和结果进行独立思考与反馈，以便及时改善学习策略，调整学习计划和目标，从而提高学生的自主学习能力。

5. 充分利用现代教育技术丰富教学资源，构建自主学习的语言环境

建构主义认为，学习的特征应该具有社会性和情境性。学习者只有在社会文化背景和一定的情境下学习，才能顺利地激发已有的经验和原有的认知结构，并通过同化和适应、内化新知识以及赋予其意义，完成最终的意义建构。由此可见，构筑自主的学习环境，是实现意义建构的必要前提和基础。随着现代科技的发展，教师可以充分利用现代教育技术，丰富英语教学资源，延伸英语课堂，大大提高学生的学习效率。建构主义提出的学习情景性特征，就是学生要在真实的学习环境中学习、实践知识。作为教师，要尽量多提供丰富的学习情境及学习资源，让学生根据自己的需求来选择适合自己的学习内容和方式。尤其在移动终端使用广泛的时代，学生要充分利用碎片化时间来提高自主学习的效果，如教师可以引导学生利用各种英语学习的 App、QQ、微博等打卡英语学习，促进学生的自主学习。教师也可以利用学校的局域网，提供各种学习资源和学生感兴趣的内容，如大学英语四、六级考试的相关信息以及英文的资源等。

二、高校英语自主学习的实践

英语自主学习是外语教学与科研创新相结合的产物，理论联系实际是自主学习的指导思想。我们知道，一定的模式总是选择某种或多种操作方式，但某种操作方式并不只服务于某一种模式。自主学习操作的总原则是：联系实际，不忘国情；综合利用，博采众长。语言学习的自主方法有两类：一类在课堂上使用，称为自主学习的课堂操作；另一类在课外使用，称为自主学习的课外操作。

（一）自主学习的课堂操作

课堂要把语言学习和语言使用有效地结合。课堂活动应具有以下特点：一是学生在用英语进行交流时，同时思考英语的形式；二是教师重视学生语言理解和学习的过程，缩小教与学的差距；三是鼓励学生用英语讲述自己的思想。我们可以归纳出四条适用的教学原则，即交际原则、活动原则、平衡原则和多样性原则。以下是一部分活动类型的介绍。

1. 对比活动

这是一种将自己的输出与语言范例做比较的活动。在听力、阅读和写作课上都可以用不同的形式进行。对比活动可以先于听力理解活动开始，先听一下学生在说出要表达的某些意思时他们会怎么说，然后再听原文表达，通过对比帮助学生注意自己的表达与目的语的差距，加深对所学语言材料的印象。

2. 评判性活动

评判性活动可以培养学生自我表现评估的能力。例如，在课堂上公开评改一篇文章，让学生学会对用词、语法结构及语篇结构的评估方法，并逐渐懂得什么是好的写作以注意自己的差距。由老师指导过渡到以学生为主的自我表现评估，给学生更多机会去发展对所学语言内容和学习过程的心理联系。

3. 讨论语言的活动

学生讨论语言主题成为此活动的主要内容，让学生以讨论的形式完成一些语言活动和任务。例如，通过小组讨论的形式完成教科书上的翻译题、问答题、填空题、作文提纲拟定甚至堂上作文等练习。通过讨论，知识不仅得到分享，学生也能看见自己与同学间的差距，而且完成任务的质量也比以个人方式完成得好。在对问题进行讨论的过程中，教师应鼓励、引导学生尽量用英语讨论，从而进一步提高对语言的认识。

设计这些活动的指导思想是把语言规则和语言使用结合起来，重视语言理解和语言学习的过程。训练学习者对语言的心理认知意识，有助于发展学生对学习过程和所学语言内容的心理联系。通过讨论、交互活动的方式，学生既注意了语言的形式，又交流了对语言问题的想法。只有当学习者发展了对所学语言内容和学习过程的心理联系，培养了对所学语言内容和学习过程的思考和评判时，自主学习才有可能得到发展。

（二）自主学习的课外操作

课外操作的方法是建立自主学习中心。自主学习是指鼓励学习者逐渐脱离对教师的依赖，强调以学习者为中心，教学重点从侧重语言知识转化为侧重学生的技能和能力训练，培养学生的“交际性自主”能力。因为学生的自主学习必须以足够的指导为前提，所以自主学习中心应运而生，专门为学生提供在课外进一步学习的条件。自主学习中心组成的要素有很多，主要包括资料、设备、环境、管理、辅导、中心人员及学习者的培训和学习者的评估等。总之，要创办自主学习中心，不仅要求教师要转变思想观念，调整个人角色，还要广泛征求学生意见，确立学生的中心地位；同时不仅要做好教师、辅导员与管理人员的培训工作，还要充分考虑学习者的个人因素，搞好入门培训。

第四节　高校英语网络教学理论与实践

一、高校英语网络教学理论

（一）英语网络教学的基础理论

1. 心理学

心理学是研究人类认识世界，获取知识、技能和发展智能的心理规律及其心理机制的一般性原理。心理学在语言研究中的应用主要体现在输入信息处理以及语言认知能力两个方面，并逐渐发展成为心理语言学与教学心理学。这两门学科主要研究的是学生习得外语知识以及掌握语言技能的心理过程及发展规律。心理语言学主要有行为主义和认知心理学两个研究方向。其中行为主义学派认为语言在本质上是刺激与反应的结合，即语言是人对外界刺激的反应，可以通过观察以及测量得出反应的规律，也可以通过外界的强化、训练以及模仿或塑造逐渐形成。行为主义理论在 20 世纪 50 年代以前曾是教育界的主流教育理论，但随着人们对认知心理学的认识，行为主义理论受到很大的质疑和抨击，逐步被行为主义心理学取代。到了 20 世纪 90 年代，瑞士心理学家皮亚杰在认知心理学的基础上提出建构主义心理学，并成为外语教学与信息技术相结合的主要理论依据。英语网络教学依据心理学、心理语言学和外语教学的有关原则，更加科学有效地培养学生掌握外语知识与技能，发展学生的智力与个性，提高其语言交际能力。

2. 教育教学理论

网络教学是在一定教学理论和思想指导下，应用多媒体和网络技术来实现教学目标的一种教学模式，因而教育学的教学理论同样适用于网络教学。教育学研究的对象是教育中普遍存在的教育现象以及教育问题，属于一般意义上的教学原理。英语网络教学以教育学的基础理论为指导，研究外语教学的教学目标、教学方法、教学模式、教学环境、教学资源、教学评估以及与外语教学相关的学科理论。可见，教育学为英语网络教学提供了理论支持，同时，英语网络教学也拓展了教育学的研究领域，两者之间的关系十分密切。

3. 方法论

方法论指的是人们认识世界、改造世界的一般方法，即人们在观察事物和处理问题的过程中总结出来的一般规律。方法论是对具体科学方法的概括和总结。科学方法指的是人们获取可靠信息，正确地解释现象、理解文本的方法。科学方法是科学精神的集中体现，彰显出科学的实证精神、理性精神和审美精神，充分体现出科学的怀疑和批判意识。科学方法的特征概括如下：①将事实进行准确的归类，总结出内在的关联和秩序；②通过创造性的想象发现科学定律；③自我批判。

4. 绩效理论

绩效是指人们在工作中完成任务的数量、质量以及效益成果等。“绩效”同源于英语的“performance”，原意为性能、能力、成绩、工作效果等。在西方心理学中，绩效则是指与内在心理过程相对的外部行为表现。被誉为“绩效技术之父”的吉尔伯特认为，绩效是一种成就。在教育界，绩效这个概念也越来越引起教学工作者以及科研人员的关注，他们发现将绩效理论应用到教育教学中有助于提高教学工作的效率，尤其是以信息、技术为依托的网络教学。因此，在英语网络教学中应用绩效技术来设计教育、教学方案时，要体现适用性、经济性、可行性等基本原则。

5. 传播学

传播学是研究人类一切传播行为和传播过程发生、发展的规律以及传播与人和社会的关系的学问，是研究社会信息系统及其运行规律的科学。由于传播是人的一种基本社会功能，所以凡是研究人与人之间的关系的学科，如政治学、经济学、人类学、社会学、心理学、分析学、语言学、语义学等，都与传播学相关。传播学与教育学相结合产生了教育传播学。教育传播学是指教育者按照一定的教学目标，选择相应的教学内容，通过有效的媒体把知识、技能、思想、观念传达给受教育者的一种活动。教育传播学结合了传播学和教育学的理论和实践，研究的对象主要为信息传播活动的过程及其规律，研究的内容主要包括：传播过程中各种基本要素的相互联系与制约，信息的产生与获得、加工与传递、效能与反馈、信息与对象的交互作用；各种符号系统的形成及其在传播中的功能；各种传播媒介的功能与地位；传播制度结构与社会各领域、各系统的关系等。传播理论在英语网络教学中的运用有助于教学信息更加有效的传播，对于优化外语教学效果提供了理论支持。

6. 哲学

哲学是自然知识、社会知识、思维知识的概括总结。因此，可以说哲学是一切自然科学、社会科学以及思维科学的理论基础。英语网络教学同样需要应用辩证唯物主义的认识论和方法论，这些理论的应用有助于构建更加有效的网络教学体系。

在英语网络教学中使用哲学的观点有助于其构成要素之间关系的处理，如教师与媒体之间的关系、教师与学生之间的关系、传统教学与现代教学之间的关系、传统教学资源与网络资源之间的关系等。只有处理好这些构成要素之间的辩证关系才能保证网络在英语教学中实现更有效的教学作用。

7. 美学

“美学”一词来源于希腊语 aesthesis，最初的意义是“对感官的感受”，德国哲学家鲍姆嘉通首次使用，它的产生建立在自古希腊以来历代思想家关于美的理论探讨之上，是以往美学理论的体系化、科学化。而自古希腊以来的美学理论探讨又建立在人们审美欣赏和审美创造活动基础之上，是人们审美活动的哲学反思。

美学是从人对现实的审美关系出发，以艺术作为主要对象，研究美、丑、崇高等审美范畴和人的审美意识、美感经验，以及美的创造、发展及其规律的科学。美学在英语网络教学中得到了充分的体现。从网络资源方面来说，不同于传统教学单一的文本教材，网络学习资料（尤其是音像教材和多媒体教材）往往包含生动形象的图画、优美的语言表达、鲜艳的颜色搭配、悦耳动听的音乐旋律等，这些都是艺术美在网络教学中的具体体现；从教学手法来说，网络技术把原本抽象、单调的教学内容形象化、艺术化，并通过多媒体课件等方式展示出来，大大增加了教学内容的趣味性和吸引力。可以说，英语网络教学从内容到形式都强调通过科学美、教学美和艺术美来传递教学信息，但外语教学中的美应突出一个“真”字，即真实而准确地表达教学内容的科学性，揭示语言本质的客观规律。

（二）网络辅助英语教学的特点

1. 教学目标多元化

学习英语的学生之间总是存在着差异，或学习风格不同，或学习方法不同等。这就意味着英语教学在面对不同学生的时候必须有所差异，从而实现多层次的教学目标，而网络辅助英语教学恰好可以实现这一点。网络辅助英语教学可以根据学生的实际，确定教学的起点和目标，学生的学习环境可以做到个别化。学生可以根据个人兴趣、理解能力和学习进度选择学习内容。从认知的角度来看，利用网络展示教学信息有助于理解、分析、运用、评价等各种学习目标的实现。

2. 教学管理便利化

从教学管理方面来看，网络辅助英语教学能够使更多的学生受到优秀教师的辅导。在传统英语教学中，优秀教师即使全天候教学，他们接触到的学生人数也十分有限，但若将他们的教案、教学视频等上传至网络上，就能够使更多的师生受益。这既缓解了师资短缺的矛盾，又充分发挥了优秀教师的潜力和作用。

3. 教学过程交互化

网络辅助英语教学的过程具有交互性，包括师生交互、生生交互和人机交互。利用计算机网络开展英语教学有助于为学生创造一个真实的语言环境，如网上聊天、电子邮件等。这样，学生不但可以及时得到反馈信息，提高学习效率，还能在与他人进行网络交流的过程中提高学习兴趣和学习效果。

4. 教学方式先进化

网络辅助英语教学强调学生的主体地位，认为学生是知识意义的主动建构者，教师只对学生知识意义的建构起组织、调控、评价等作用。这与现代教育观念是一致的。因此，个性化教学成为英语教学改革的新趋势。而英语网络教学以其丰富的网上资源和网络技术的特征，在教学实施上充分显示其针对性、灵活性、适时性和自主性的个性化教学特征，这是传统教学所不具备的。

（三）网络协作教学活动设计原则

高校英语网络协作教学活动的设计不同于一般的教学活动设计，教学发生的场所从传统的教室变为网络课堂，它有着自己的一套设计原则。

1. 协作性原则

从活动目标的设计来看，高校英语网络协作教学活动设计强调对学生协作意识和协作能力的培养，其中，协作意识反映了学习者与他人协作的思想、态度、兴趣、动机和情感；协作能力反映了学习者与他人协作的技能，包括与他人的信息交流情况和与他人共同完成学习任务的情况。从活动方式的设计来看，高校英语网络协作教学活动设计强调以协作为主要的活动组织形式。

2. 指导性原则

高校英语网络协作教学活动强调学生充分发挥其认知主体作用，但是也不能忽视教师的指导作用。在活动过程中，教师的参与会直接影响到活动效果。教师的指导性作用，体现在协作教学活动环境的创造和协作教学活动过程设计两个方面。在提供协作教学活动环境的设计上，教师要筛选、组织、整合、开发相应的网络学习资源和工具，供学生完成不同的学习任务。在协作教学活动过程的设计上，教师要选择不同的活动类型，制定活动步骤，确定设计的策略和规则，逐步提高学生的协作学习能力。

3. 针对性原则

根据学习内容的不同，高校英语网络协作教学活动类型也应不同，活动需要不同的策略指导、不同的规则约束、不同的环境支持。所以，每一个活动的设计都具有针对性。

4. 目标明确性原则

在网络课程的教学过程中，需要制定明确的教学目标，这是教学取得成功的关键因素。在学习中要进行哪些活动、完成哪些任务，需要明确的目标提示，使教学活动思路清晰地进行下去，而不至于忙乱。

（四）高校英语网络教学存在的问题

1. 学生自主学习能力不足

自主学习是指以学生作为学习的主体，通过学生独立的分析、思考、探索、解疑等方法实现学习目标。由于学生长期以来接受的都是“以教师为中心”的教学模式，他们习惯了跟着老师走的思维，对自主学习不适应。因此，在自主学习时，学生不会围绕网络教学内容安排自己的课外学习，不知道应该何时学、学什么、如何学等，结果导致学习效率低、学习效果差。

2. 校园网络建设质量低

目前，我国高校的内部网络建设普遍存在质量低的现象，主要原因是过分追求网络技术方面的先进性。由于现在高校的网络建设成为教育评估的一项重要指标，很多高校一哄而上，投入大量的资金和人员建设校园网站，开发网络课件。同时，高校为了吸引学生点击网页，设置了华而不实的网络功能吸引学生，结果本末倒置，校园网络并没有为学生的学习提供实质性的帮助。还有一些高校为了追求网络教学中的高技术含量，发动教师编写了大量低水平重复性的教学软件，结果造成人员以及网络资源的极大浪费。国家鼓励高校建设校园网络，是为了给学生提供更多的学习资源，方便学生学习活动的开展，提高学生的知识水平以及学术能力。因此，高校的网络建设应以教育教学活动为中心，而不是网络技术的应用。

3. 英语网络教学手段落后

我国英语网络教学的建设稍显落后，这主要是由于我国的英语教学研究和网络教学实践起步较晚。目前，我国在网络教学软件开发、语料库建设以及教育教学设计方面的人才较为欠缺，尤其是在英语网络教学领域，既懂得英语教学又懂得网络软件设计的人员数量很少，这就导致了高校网络教学系统缺乏适合英语教学的软件，以及现有的英语教学软件质量低、不适用等现象。

（五）高校英语网络教学问题对策

1. 网络教学与传统教学相结合

网络教学是信息与技术发展的必然产物，它为英语教学创造了更为有利的语言环境，在很大程度上弥补了传统教学的不足。但是，仅依靠网络教学而完全舍弃传统教学的做法也是不可取的。传统教学有着网络教学无法比拟的优势，两者应互相结合、取长补短，才能实现最佳的教学效果。

与传统教学相比，网络教学缺乏教师与学生之间面对面的交流，忽略了学生在学习过程中的情感因素，学生也无法得到来自教师的人文关怀。在传统教学中，教师可以通过口头的表扬或鼓励帮助学生树立学习的信心，激发学生的学习积极性。同时，教师还可以及时地处理学生在学习过程中出现的情感问题。由此可见，只有将网络教学与传统教学有机地结合起来，才能达到最佳的教学效果。

2. 重视教师培训

网络教学顺利开展的前提是教师必须掌握网络教学中的相关操作技术，可以利用网络技术功能进行科学合理的教学设计。但现实情况是许多教师对英语网络教学模式一知半解，不能较好地利用网络手段顺利地开展教学活动。因此，高校对教师进行网络教学相关内容的培训十分必要。培训的内容可以涉及网络教学课件的制作、网络教学软件的使用、网络教学管理和评价等，只有重视教师的培训，增强教师使用网络教学中的相关操作技术的能力，各种网络教学才能发挥应有的作用。

3. 改变教师教学态度

许多高校英语教师经过多年的教学经历，总结出了一套较为完善的教学方法，已经习惯了传统的教学模式。因此，这些教师面对较为陌生的网络教学普遍存在排斥心理，不愿意尝试网络教学这种新兴模式。还有部分教师习惯了在教学过程中起主导作用，认为网络教学这种以学生自主学习为主的教学模式会削弱他们的职责。可见，网络教学要想在英语教学中得到更广泛的应用，必须改变英语教师对网络教学的态度。培训可以帮助教师认识到网络教学的优势以及掌握网络教学对于自身教学能力提高的益处。当然，不可否认的是网络教学给教师提出了更高的要求，面对新的要求和挑战，英语教师更应该转变思想、更新观念，积极投入网络教学的构建中，并帮助学生接受新教学模式，培养其自主学习的能力。

4. 加强对学生自主学习的监控

目前，国内各个高校的英语网络教学使用普遍存在一个问题，那就是对于学生自主学习的监督和控制比较薄弱。学生在运用网络系统学习时，可以自主选择想要学习的内容，自主制订学习的计划，这样一来，对学生的自控能力要求很高，然而，很多学生在缺乏外界监控的学习环境中很难保证学习的效率和质量。因此，加强对学生自主学习的监控很有必要。

5. 加强对学生学习策略的指导

由于长期接受传统教学模式的教育，对教师的依赖性很强，学生自主学习能力较差，因此，为了让学生在自主学习中知道学什么、怎么学，培养学生合理制定学习策略显得尤为重要。教师可以在课堂教学中采用展示、示范、训练、评估和扩展的方法传授学习策略，还可以指导学生定期对自己的学习进行评价和总结，并及时地调整学习方法，从而帮助学生掌握适合自己的学习策略。学生掌握学习策略对于其更好地管理自主学习有很大的帮助。

（六）高校英语网络教学的优势

1. 提供大量的学习资源

网络可以提供大量的学习资源和学习信息，并且这些资源会得到及时的更新，更具有实用价值。对英语教学来说，网络可以提供学习资源的优势则更加明显。英语教学十分注重学生所学语言的真实、地道以及实用。传统教学提供的学习资源大多是文学著作，使用的大多是文学用语，学生学到的日常交际语言相对较少。而网络提供的英语既有文学语言，又有日常生活用语，这些语言的生动性和丰富性都是教科书无法比拟的。

2. 提供新的师生交流平台

网络教学为师生提供了新的课下交流平台。学生可以通过论坛给教师或同学留言，可以通过发帖的形式提出问题或回答他人的问题。教师也可以通过平台的通知板块为学生提供学习建议，提出学习目标或是发布近期作业。教师和学生还可以通过电子邮件等网络手段进行课下的交流和讨论。可以说，网络方便了教师和学生之间的沟通，也促进了师生之间的交流。

3. 提供大量真实生动的语言

英语教学界认为，学生必须学习真实、地道的英语，然而，这对中国学生而言十分困难。众所周知，我国缺乏英语使用的大环境，学生大多是通过英语课堂接触英语。以语法翻译法为主时，学生主要通过文学著作学习语言，虽然提高了英语文学修养，从经典著作中学到了英语，却对日常交际用语十分陌生。听说教学法时期提倡学习根据语言结构编写的教材或改写过的简易读物。这一做法又被交际法的倡导者们指责为不地道的“教材语言”。而互联网的优势就在于，它不仅能够提供大量英语文学作品的原文，还能够提供大量的英语日常用语，其语言的生动、真实、丰富是任何教材都无法比拟的。

4. 有利于培养学生的听说能力

网络教学具有开放性和灵活性的特点，学生不需要太多的语言学习材料，只要有一台电脑，便可以随时随地地利用教学资源进行学习。网络资料集音频、视频、图片、文本等媒体于一体，给学生带来了传统教学无法提供的视听享受，丰富的语言学习材料、生动有趣的动感信息增添了学习的趣味性。除此之外，英语网络教学还给学生提供了一个线上互相交流的平台。通过网络，学生可以和其他英语爱好者一起交流学习。这就是英语网络教学具有的视听优势。

网络教学的使用提高了英语教学的广度和深度。传统教学模式较为单一，教师与学生之间的互动交流很少。使用网络教学能够实现互交式的教学环境，如师生对话、学生交流、人机对话、情景模拟练习等，在很大程度上提高了学生学习的效率和效果。目前，由于我国缺乏良好的语言教学环境，学生仅能通过课堂来获取知识，这就使学生的学习受到两个方面的制约：一是课堂时间有限，教师为了完成规定的教学任务，没有过多时间用来交流或练习；二是语言输入有限，学生在课堂上获取的语言输入主要来自课本和教师的传授，但是课本的质量以及教师的语言水平在很大程度上制约了学生语言交流能力的发展。语言的学习主要通过交际，在课下的交际活动也往往受到很多因素的制约。

综上所述，网络教学提供的视听资源以及网络交流平台更有利于学生听说能力的培养。

二、高校英语网络教学实践

（一）网络英语阅读教学实践

1. 教学任务

以 Alienation and the Internet 为例，展示网络阅读课程一个单元的设计。教学目的：①了解互联网的发展历史以及互联网给人们的生活和工作带来的影响；②了解该单元的关键词和词组的用法，包括名词转化为动词现象，并学会使用这些词和词组；③学习阅读理解策略。教学形式：个人、小组。

2. 教学流程

（1）课前教学准备。在该阶段，教师将与文章有关的背景材料提供给学生，包括互联网的发展历史、互联网相关术语、互联网对人类生活和工作所产生的巨大影响等方面。先前知识的激活对学生信息负载的减轻十分有利。

（2）阅读交互设计。在网络学习过程中，面对面的情感交流机会很少，因此，使两个学生组为学习伙伴，可在一定程度上解决学生在独自学习过程中容易产生的厌倦和孤独情绪。教师可以把学习水平相近或者是高水平和低水平的学生分为一组，让他们共用一台电脑。具体而言，教师可以把高水平和低水平的学生分为一个学习小组，这样高水平的学生可以有效地帮助低水平的学生，起到激励学习的作用；或者将水平相近的学生划分为一个学习小组，学生不会因感觉和水平有差异的学生学习而浪费时间，通过互相取长补短，从而提高学习效率。值得提及的一点是，在交互阶段，教师应确保给学生提供同样的活动。同时，学生分组讨论互联网对自己学习和生活的影响，讨论结束后，互相分享讨论结果。

（3）讲解并调整阅读策略。本课程的阅读策略培训是通过多媒体动画教学来实现的。多媒体动画教师以有声思维的形式讲解阅读策略以及讲解如何在上下文语境中猜词。在网络课程的教学中，教师应根据学生自身学习情况提供不同的学习策略，主要包括自主学习策略和协作学习策略、教与学指导策略（主要针对教师和承担辅导任务的学生）等。为了便于学生在阅读过程中进行自我监控，教师可设计阅读策略自检表。

在教学平台上，教师可以创建如下功能模块：助学模块、辅助模块、评估模块、学生信息模块、在线导师模块、论坛互助模块和作业上交模块。

（二）网络英语口语教学实践

教学任务：学习相关口语教材中的“面试、找工作”的内容。教学目的：①使学生熟练掌握话题中所用的词语及表达；②加深学生对西方国家面试规范与文化的理解；③帮助学生熟悉与找工作相关的对话，并使学生学会自己创作对话；④学生为一场英语面试做好准备，包括穿着、说话的语调、问候等方面。

1. 课前预习

教师在课前可给学生布置预习任务，让学生利用口语资源网对与“找工作”单元主题相关的重点词汇和句型等进行提前预习；同时可以通过观摩视频案例，使学生更直观地认识这个主题，激发其学习的兴趣。

2. 课上讲解

教师利用视频和视频会议系统在网上开展口语课的教学活动。首先，教师对本单元的重点词汇、句型进行讲授。其次，以听力活动开始进入单元主题的学习，组织学生进行学习活动和课堂操练。在词汇讲解过程中，教师应注重解释其语用规律，选用恰当的英文或中文解释词汇，同时提供例句。最后，教师可利用大量案例讲解来激发学生兴趣，以便学生更好地理解词汇、句型的应用方法和环境。

3. 网上操练

第一，对重点词句的巩固。在课后，学生需要完成课程网站上提供的至少10道相关配套听力练习题和20道词汇练习题。系统会给出学生判断结果，并将结果记录到后台中，作为以后学生成绩评定参考。

第二，角色扮演。在角色扮演中，第一步是熟悉课件中的对话，选择一个角色，在系统提示下，默想或者说出电脑中角色提问的回答，系统会在一定时间内将答案自动显示出来，学生也可以点击 display（显示）键，对答案的显示进行自主控制。在这一步完成之后，就正式开始角色扮演，学生重新选定一个角色后，按照提示对着话筒说出答案，语音识别系统会给出相应判断，如果正确，学生可以继续往下进行练习；如果不正确，学生需要重新回答或者寻求系统帮助，系统会在短时间内显示答案。此外，教师还可以引导学生进行跟读、复读、原声对比等操练。

4. 小组学习活动

小组学习活动可以采取多种形式进行，如典型示范、角色扮演以及讨论等。在典型示范中，教师可以请两个学生分别作为面试官和面试人员模拟课程中给出的场景进行对话，并在此过程中强调发音的注意事项、词语的使用等。在角色扮演中，教师将学生分为2~3人的小组，让小组成员进行角色扮演，然后互相交换角色，互相纠正错误。教师可以通过网络平台的视频系统监控各个小组活动的展开情况，也可以在学生小组学习活动过程中，提出面试中可能会遇到的较难回答的问题，适当引导学生的小组讨论。

5. 课后总结

在教学结束之前，教师需要给每个学生一份练习情况总结及评价，同时将学生的一些优秀作品上传到学习论坛上，鼓励学生对他人的作品进行评价。此外，教师还应总结归纳单元学习效果，就学习过程中发生的值得回忆的事与学生进行讨论、分享。

在本教学实践中，网络英语口语学习环境提供了真实的语言环境和丰富的语言材料，通过利用网络的便捷功能来展开口语教学活动，无论是对学生的学习还是对教师的教学都大有帮助。具体而言，网络提供的与单元主题相关的词汇、音频对话、网络资源和求职面试的视频片段以及一些诸如在线词典等辅助英语学习的工具，可供学生在该节口语课前进行预习，以及课后进行复习、练习和补充学习之用。此外，“学习指导”这个栏目可帮助学生解决可能遇到的问题，从而培养其学习策略。教师可利用相关视频软件开展网络教学互动，进行文字聊天或视频语音交流等。总之，教师在网络环境下开展英语口语教学，对学生英语口语水平的提高极为有利。

第六章　隐喻思维能力与高校英语教学

第一节　基于隐喻思维能力的高校英语写作教学

在概念隐喻理论与写作的关系研究中，徐洪芬、胡涛晖等研究者得出了结论：概念隐喻理论有助于提高写作的词汇丰富性、句式表达多样性及语篇连贯性。

一、英语写作中的隐喻教学

（一）概念隐喻与高校英语写作教学

1. 概念隐喻在高校英语写作教学中的作用

从心理学角度而言，根据勒韦提出的语言产出模型，写作也应该包括以下阶段：概念化；言语组织；语篇输出。概念化是写作过程的首要阶段。姜孟经研究得出，每一种语言都有其独一无二的概念模式，人们根据经验来感知理解，并通过映射转化为言语的表达。二语学习者如果能很好地调动目的语的概念模式，写出的作文必定很出彩。

首先，概念隐喻的教学可以使学生思维概念流畅，即有能力理解和使用目的语的概念性思维。研究发现，当目的语和母语的概念领域相一致时，学生在目的语的使用上很容易达到概念流畅；如果想使用目的语，但调动的是其母语的概念模式，表达很有可能是结构正确而语义不清。为了使学生在英语写作中概念思维更加流畅，学生培养隐喻意识很有必要。

其次，概念隐喻有助于丰富语篇的内容和结构。系统性是概念隐喻的最主要特征，存在于隐喻之中以及隐喻之间，决定了隐喻表达的多样性。如果掌握一定的概念隐喻知识，学生就可以不断地延展各种隐喻性表达，从而丰富他们作文的内容。隐喻性表达之间相互关联，从不同视角体现出这个概念的特征，学生的整个写作语篇也形成了隐喻化的网络。

对于像中国学生这样的二语学习者，在学习外语（如英语）的时候，他们需要掌握的不仅是语法规则、语言知识点和语言系统，更重要的是学习目的语的思维方式和如何流利使用目的语。对于隐喻这种新颖的英语学习方式，我们应该鼓励学生去充分运用。写作是英语学习不可缺少的一部分。因此，隐喻在写作中的作用是非常重要的。

在中国学生的英语作文中通常存在以下几个问题。第一，在英语写作中，学生总是会犯各种错误，因为他们无法像英语母语者一样在英语文化中进行隐喻思维。而且，在传统教学方法中，教师也总是对语法和词汇学习关注过多，而忽视了人类概念系统与语言之间的紧密联系，因为教师本身也极少意识到语言组织以概念系统为基础。第二，尽管中国学生在遇到大多数隐喻时都能够理解，他们在英语写作中却极少使用隐喻表达。主要有以下两个原因：①对于一些词汇，学生只知道表面意义而不知道其他意义；②他们知道一些词的隐喻意义，但是不知道如何正确使用。

隐喻教学不只是让学生学会一种修辞方式，更重要的是教会学生隐喻作为思维方式的启发作用。英语教师要着重将隐喻作为理解概念与表达想法的工具去教授。相较于其他修辞手法，隐喻被视为“一种获得洞察力的独特方式，而不应被理解为对平淡思维的装饰性替代”。

有研究证明，有结构的、目标明确的行为能够促进创新思维。为学生提供集中的、目标明确的课程有助于学生隐喻思维能力的发展。隐喻教学运用了类比和隐喻，使得学生从简单的描述到类比的呈现再到隐喻的理解。

布雷顿指出，语言是一种组织性很强的系统的表达经验的方式，它帮助组织我们所要表达的东西。他认为语言与思维的美学形式对于现实中的个人和社会结构都是很有必要的，我们每个人对世界的理解和看法都有自己的角度，因为我们之间是相互影响的，所以我们的大多数构建都是一致的。隐喻是一种理解与表达的方式，对于语言和思维的发展具有重要作用。如果隐喻是人们表达现实的基础，那么隐喻的运用在任何旨在教会如何思考的过程中都是必要的。

维果茨基对关于青少年学习者社会心理的发展研究表明：青少年学习者隐喻思维的发展主要依赖于教学。加德纳也指出，尽管七八岁的孩子也具备创造隐喻的认知能力，但是隐喻的生成与理解能力的进一步发展还得靠教学。这不是说英语教师的职责只是区分明喻与暗喻（隐喻）的区别，隐喻的应用教学也不只是指导学生辨认诗歌中的隐喻。隐喻是发掘意义的语言工具。如果想要描述这个世界，隐喻思维是必须学会的。隐喻是理解的基础，不只是诗人和优秀学生才可以掌握。

在中国，学生在英语写作中隐喻运用能力欠缺的深层原因应该追溯到应试教育体制与英语教学方法的不当上。众所周知，尽管交际型教学法在高校英语教育中获得广泛认可，但是语法与词汇教学仍然没有给予隐喻概念与表达足够的重视。对写作而言，评分标准在语法的准确上占很大比重，而作文本身表达的创造性所占比重很少。为了让学生在考试中取得好成绩，多数英语教师也都建议学生多写简单句子而不是去写更容易出错的隐喻性表达。当然，我们明白深植于我国的应试教育体制很难发生改变，但是我们至少可以对英语教学的隐喻功能给予足够重视。

2. 英语写作教学中的概念隐喻策略

（1）构建概念隐喻系统。文秋芳在评价我国英语专业学生口语情况时指出，仅仅追求语言的准确性和流利性而不顾多样性，学生的二语能力长期在低水平徘徊，没有明显的进步。这个评价也同样适用于学生的写作能力。在写作过程中，学生对文章词汇的选用和句型的多样性，更能体现一篇文章语言表达的质量。许多学生在英语写作过程中，往往只注重单一词汇的选用和语法形式的正确，这样在表达方式上虽然不会出现错误，但所使用的语言平淡无味，以至于整个语篇句子单调，内容贫乏。而造成这种现象的主要原因是学生没有构建目的语的隐喻概念系统，也没有形成隐喻性思维，因而在写作中缺乏想象力和创造力。莱考夫和约翰逊所提出的概念隐喻实质就是让我们从另一个经验域来理解某一个经验域，从思维的角度认知世界。把具体概念映射到不太熟悉的抽象概念上，这也是人类基本的认知能力之一。

例如，在“Time is money.”习语中，将time这个概念放在money的概念系统中去理解便产生了一系列表达形式。

A. I've invested a lot of time on her.

B. How do you spend your time these days?

C. You need to budget your time.

D. Is that worth your time?

E. I lost a lot of time when I got sick.

其中time是目标域，money是源域，用于谈论money的所有词语都可以同time相连接，即时间被当作金钱一样珍贵的东西，人们可以“投资时间”“花费时间”“节约时间”等。概念隐喻理论认为“Time is money.”是隐喻，而以上这些例句即为该隐喻在语言中的具体表达式。又如，在英语中人们常把抽象的概念argument和形象的概念

building 联系在一起，即在概念框架“Argument is building.”的基础上，building 的一些语义特征，像 groundwork（基本原理）、framework（框架、体系）、solid（固体、实体）、collapse（倒塌、突然失败）、construct（构想）等就可以用来形容抽象的 argument，从而形成了概念间的关系网络。

另外，从人们的心理词库提取过程可知，相关的词可能在大脑中被存放在一起，所有的词构成一个类似于神经网络来表示各种关系的网络。隐喻被理解为意义范畴的跨越，隐含着单个隐喻后面所涉及的巨大意义网络。因此，在写作教学过程中，教师应帮助学生建立概念系统的思维习惯，提出概念流利性的要求，倡导产出的语言多样化。教师通过对抽象的范畴进行概念化，有利于学生的长期记忆，从而提高他们的写作能力。在“An argument is a building.”的概念化中，学生可通过教师的引导构建如下的隐喻表达。

F. We've got the framework for a solid argument.

G. If you don't support your argument with solid facts, the whole thing will collapse.

H. Within the groundwork you've got, you can construct a pretty strong argument.

此外，教师可以通过概念隐喻理论，鼓励学生在写作过程中利用创新思维去发现和想象事物之间的相似性，创造出属于自己的隐喻。例如，学生通过感知发现“selfishness”（自私）和“cruelty”（残忍）都具有“torturing”（折磨、痛苦）这一相似性，都会伤害自己周围的人，即可创造出一个英语隐喻“Selfishness is something like cruelty. It will torture people around you.”因此，教师应该鼓励学生多收集和总结概念隐喻和具体的隐喻表达式，运用创新思维去构建新的隐喻，增强写作中语言表达的多样性，从而使语言的使用更丰富、生动、自然。

（2）多义词隐喻表达的使用策略。

①语言准确性的培养。在传统的英语写作教学过程中，教师常常侧重于引导学生注重文章中语言的形式和语法正确，却很少强调语言表达的地道性，即是否符合目的语的思维和表达方式。这使很多学生在表达某些句式时，会出现“中国式英语”，而他们的写作语篇也具有深厚的“中国特色”，缺乏应有的“洋味”。这说明学生把母语隐喻系统与目的语隐喻系统相混淆。语言是人类认知世界和进行表达的方式及过程。各民族的价值观念不同，对语言中词语的感受不同，对事物的处理也各不相同。因此，隐喻作为人类认知世界的一种有力的认知工具，在英、汉两个不同民族的语言、文化、价值体系中，应呈现出不同的特征。例如，wrist-watch（表）、mouth of a spring（泉

眼）、under one's nose（在……眼皮底下）、apple of the eye（掌上明珠）、mind your eye（当心）、arm of a chair（扶手）等。这些选词上的差异都是英汉语言之间隐喻性思维的差异性造成的结果。又如，“Ideas are food.”这一概念隐喻通过“food”来理解“ideas”，其作者向我们展示了“ideas”的丰富内涵。如果想知道“food”和“ideas”之间有哪些相似之处，恐怕谁也拿不出一套完整的答案，但是关于“food”我们可以有如下表达形式。

I. Food can be digested.

J. Food can be swallowed or devoured.

K. Food can be nourishing.

L. Food can be spoon-fed.

②语言多样性的培养。在写作过程中，无论是句子层面的语言现象或是语篇层面的语言现象，都离不开对词汇的理解和运用。在英语写作中，选词应该注重一定交际环境下词语的准确性、鲜明性和生动性。由于对交际法的片面理解，“学生所学的单词不仅量少，而且缺乏多样性与区分度”，以至于学生学会了一个词的基本意义之后，就很难再习得该词的其他义项或用法，因为本义的突显性占据了学习者的注意力，他们认为学习了本义就学会了这个词。赵艳芳就曾经说过，语言中的一词多义现象就是通过人类的隐喻认知手段由一个词的中心意义或基本意义向其他意义延伸的过程，是人类认知范畴和概念化的结果。因此，教师应该引导学生在掌握词汇的基本意义的基础上，通过隐喻理解、掌握和记忆英语词汇中的一词多义和语义转换现象，培养学生的语言运用能力和创新能力。

例如，fire 作为名词的本义为火、火焰。引申义可以有如下表达形式。

M. burning fuel in the furnace 炉火

N. shooting from guns 开火（枪炮的射击）

O. strong emotion or excited feeling 激情，热情

P. feeling angry 愤怒

作为动词的本义为用枪炮向某人或某物射击。引申义可以有如下表达形式。

Q. fire sth. at sb. 对某人急速地连续说话

R. dismiss sb. from 解雇，开除

S. set fire to sth. aiming to destroy it 纵火烧某物

T. stimulate or inspire sb. to do sth. 激发或鼓励某人做某事

从以上可以看出，“fire”一词的多义项是在其基本义的基础上通过隐喻等手段获得词义引申。因此，在写作教学中，教师首先应该引导学生使用词汇的基本义，再鼓励学生使用词汇的引申义，不断提高其写作的多样性，使其语言更生动，更自然。其次，教师要从认知的角度正确地描述语言现象。例如，在处理下面的语篇时也是如此。

Most victims of human—rights violations in South America have seen all their desire for justice smashed against the solid walls of impunity and amnesty.

教师要告诉学生“smash”（粉碎、击溃、击毁）这个词虽和“destroy”（破坏、毁灭）相近，但后者没有涉及“a shocking personal violence”的认知过程。因此，若用一个“destroy”这样的中性词是取代不了“That argument has holes in it.”“Your argument won't hold water.”等隐喻式表达。如果学生知道它的形成“An argument is a container.”的语义原形及过程，那么就可以消除对这些地道英语的恐惧感，改变错误的学习观念。莱考夫和约翰逊认为，像容器、路径等最基本的意义载体，可以理解为更为复杂的概念。在学习有关“人生”的表达方式时，教师可以提示学生“Life is a journey.”的概念，因而旅途中遇到的东西大都可以用来形容“人生”这个抽象的概念，由此引申出像“make one's way，go through one's life，two paths open to somebody，the crossroad in one's life”等各种表达方式。

从上述例句中可以看出，通过概念隐喻理论，教师可以帮助学生掌握词语内部的基本词义和隐喻词义，从而使学生在写作过程中可以更准确、自如、多样地选词表意。

③语篇连贯能力的培养。语篇是一系列连续的语段或句子构成的语言整体。连贯则是意义领域的概念，它是情景语境与语言形式相互作用的结果。一个连贯的语篇应该是听众或读者在理解的基础上推导出语句的各种关系，重新构建说话者或作者的目的或意图。然而，对学生来说，语篇连贯在写作过程中却是一个大困难。在传统的教学中，教师一味地提醒学生使用连接词，由于学生在写作中大量使用短句且过度使用连词，造成文章形式单一、内容松散、缺乏统一性和连贯性。概念隐喻和语篇都是语义层的范畴。概念隐喻体现为语篇指的是语篇对概念隐喻的实例化，即在语义系统中由语篇将概念隐喻具体化。一个语篇的连贯既可以通过一个概念隐喻来实现，也可以通过多个概念来实现。在语言实践中，由一个概念隐喻帮助构建语篇连贯的情况经常出现。以一个概念隐喻贯穿语篇始终，形成一个核心隐喻，支配若干由隐喻或由一个中心意象引申出若干相关的次要意象。概念隐喻的内在逻辑合理性是隐喻连贯的保证，从概念隐喻的角度来说，整个语篇是连贯的。

例如：The market economy is the mainstream in today's world. There is also a market for good ideas，especially those of worthless ideas. You can buy and sell them. Anyone with rich imaginations is a source of valuable ideas. So it's important how you package your ideas.

在上面的例子中，中心隐喻是“Ideas are commodities.”，其他的 market、worthless、buy、sell、valuable、package 等都是围绕这一个中心展开隐喻的，并且相互关联，构成连贯的语篇。

（二）语法隐喻在大学生英语写作教学中的作用

1. 概念语法隐喻在大学生英语写作中的作用

讲语法隐喻，就不得不提到名词化，它是概念语法隐喻的主要表现方式。具体来说，名词化就是将过程和特性过程隐喻化，使其不再是小句中的过程或修辞语，而是以名词形式体现的参与者。中国大学生学会使用名词化的概念语法隐喻表达有利于提高英语写作水平。这不仅能克服母语思维表达在英语写作中的负迁移，避免不必要的具体表达，使句子简洁、紧凑，语篇更加通顺、生动，还能使语篇更加具有客观真实性。

使句子更加简洁、紧凑。因为在概念语法隐喻所表达的多重经验和更高度的认知过程中，隐喻化完成了从简单的小句被“打包”成词组的过程，或从两三个小句被“打包”成一个小句的过程。在这个过程中，大量概念信息浓缩在名词性结构中，小句里的词汇密度增加，用词量减少。所以在信息量相同的情况下，名词化概念隐喻式的表达法往往比一致式更简洁。因此，在很多情况下，大学生在英语作文中使用的隐喻式表达能使他们的语言更加简洁。

使语篇更加通顺、生动。概念语法隐喻可以通过建立“主位—述位”衔接来实现语篇的衔接。在这种模式的衔接中，前句的述位或述位的一部分名词化后，可做下一句的主位、述位或它们的一部分。也就是说，名词化结构在句子中通常回指前面的句子成分。通过这种方式，语篇就会更加衔接通顺。

使语篇更具客观真实性。因为使用名词化的概念语法隐喻结构可以使本来由动词体现的过程转而由名词体现，相关过程的参与者就可以被省略掉，从而使语言表达显得客观、真实。也就是说，名词化概念语法隐喻能够尽量摆脱动作参与者和环境成分对过程的影响，降低语言人际功能的发挥，从而增强语篇的客观真实性。因此，在课堂教学中，教师可利用名词化概念隐喻的语篇客观化功能，指导学生写出更加真实、生动的文章。

英语写作是书面语，故语体的正式性十分重要。通常，在非正式的语体，特别是口语体中，说话人在呈现经验和描述现象时是在说话，是在用语言讲述发生的事情或做的事情，是把经验和现象当作动作来描述，因此，语体多采用动词。而韩礼德曾指出，书面语之所以出现名词化倾向是因为书面语在呈现现实世界的经验和现象时是把它们作为物体来看待的，因而多使用名词化的词语。因此，名词化的选用与语体有着不可分割的联系。英语写作是书面体，故适当使用名词化概念语法隐喻能增强语篇的正式程度，从而提高学生写作水平。

2. 人际语法隐喻在大学生英语写作中的作用

人际语法隐喻包括语气隐喻和情态隐喻。语气隐喻表现为人际功能可以由多种语气来体现。情态隐喻指由小句来体现原来由情态动词、情态副词以及谓语的延伸部分来体现的情态意义。将人际语法隐喻应用于大学生英语写作中可以产生以下作用。

第一，人际语法隐喻可以加强语篇语言的礼貌性。在正常情况下，人们在使用语言时总是在有意或无意地遵守礼貌原则。在英语写作中，学生恰当使用人际隐喻就可以提高语言的礼貌级别，使语篇中的语言更符合人物的性格或地位，增强文章的可读性。这样的语言表达符合礼貌原则，适合语言发生时的情景。

第二，人际语法隐喻可以有效体现篇章的意图性。情态意义的表达方式有主观和客观取向之分，而且主观和客观取向均又有显性和隐性之分，这样就形成了四种情态取向：显性主观、隐性主观、显性客观和隐性客观。其中显性主观和显性客观的情态取向形式都是隐喻性的，因为这两种情态取向都是由小句来表示的。因此，学生在写作时恰当地使用显性主观和显性客观的情态隐喻都可以有效地体现文章的意图性。侯春杰也指出，英语表达倾向于间接、婉约，常常借用人际隐喻来进行委婉、含蓄的言语表达，体现作者既想达到交际目的又想调和人际关系的意图。

3. 名词化语法隐喻在大学生英语写作中的运用

（1）运用名词化语法隐喻使语篇更简洁明了。根据系统功能语法的理论思想，一个已知单位可移至下一级，但下级单位不能上移。名词化结构就能实现这种向下移动的“级转移”，把小句或词组向下转移为名词词组或名词。韩礼德将名词化的过程比喻为“打包”，表示过程的动词和表示特征的形容词名词化后，原来的简单小句被“打包”成词组，或两三个小句被“打包”成一个小句，词汇密度增加，用词量减少。因此，在信息量相同的情况下，隐喻式的表达法往往比一致式更简洁。使用名词化结构可使语篇的结构更紧凑，以更精练的语言传达更多的信息。

①In bridging river valleys the early engineers built many notable masonry viaducts of numerous arches.

②In the early days when engineers had to make a bridge across a valley and the valley had a river flowing through it they often built viaducts which were constructed of masonry and had numerous arches in them; and many of these viaducts became notable.

韩礼德所举的这两个例句的信息量相同，但隐喻式①句中只有 15 个单词，词汇密度高达 55%，而采用一致式的②句却有 45 个单词，词汇密度仅为 28%。在英文写作中，许多学生没有意识到口语和书面语在词汇、句法、功能、表达方式及词汇密度等多个方面的差异，在写作时常用口语体来表述自己的观点，语篇的小句较多，词汇密度小，语句的信息量小。其实，英语口语与书面语的主要区别之一就是英语书面语中较多地使用名词化结构，因此，书面语在语法结构上比口语凝练，而在词汇密度上比口语密度更大。请比较以下两个例句。

③She became powerful and popular in a phenomenal way, and she became powerless and unpopular in a fantastic way and then she was made politically powerful and popular again even more rapidly and ramark ablyless than four years before she was assassinated in the autumn of 1984.

④Her phenomenal rise to power and popularity was followed by a fantastic fall and then by an even more rapid and ranarkable political resurrection less than four years before her assassination in the autumn of 1984.

③句属于口语体，一个句子中包含四个小句，分别描述了甘地夫人在政治上的浮沉直至遇刺四个事件，各个小句之间用并列连词 and 连接。而④句属于书面体，只有一个小句，没有并列连词，通过名词化隐喻使词汇密度增大，使语篇内容丰富充实。

啰唆、累赘是许多学生在英语习作中的通病。“言以简为贵”，只要意思表达充分清晰，用词越少越好。例如，“The fact that I denied what he accused me of impressed the jury.”句子虽不长，可由于一个小句套一个小句，句子显得甚为烦琐，结构不够明了。但改为“My denial of his accusations impressed the jury.”后，用名词 denial 和 accusations 直接代替“the fact that I denied what he accused me of”作主语，句子结构就清晰且简练多了。在英文写作教学中，教师应充分强调行文简洁的重要性，而巧妙地使用名词化语法隐喻就是使语篇精练的主要途径之一。教师还应帮助学生增强语体意识，引导学生在写作时利用名词化结构实现从口语体向书面体的合理转变。

（2）运用名词化语法隐喻使语篇更连贯、通顺。名词化语法隐喻能在语篇中有效衔接上下文，即由动词充当的前一小句中述位的一部分，经名词化语法隐喻后，可以充当下一小句述位的一部分，通过这种“主位—述位”的衔接方式，从属关系的小句复合体衔接得非常紧密，符合英语语篇的特点。

⑤Academically the fact that insects could be sterilized by exposure to X-ray had been known since 1916，when an entomologist by the name of G. A. Runner reported such sterilization of cigarette beetles.

此句中动词 sterilize 是前一小句嵌入句中述位的一部分，其名词化语法隐喻形式 sterilization 充当下一小句述位的一部分，使这个从属关系的小句复合体承接自然得当。把名词化结构主题化，也可以使信息的传递更加顺畅，有利于语篇的合理衔接。

⑥For laser oscillation to occur the laser gain the increase in the intensity of light as it passes through the laser medium—must exceed the loss of beam intensity caused by imperfections in the mirrors and other factors. This requirement is known as the laser threshold condition.

第三句的主位 this requirement 为名词化形式，概括了前一句 must exceed the loss of beam intensity caused by imperfections in the mirrors and other factors 的信息内容，使语篇的信息得以顺利转移。

语篇通顺、连贯是评判优秀英语作文的一个重要依据。名词化语法隐喻能使语篇的衔接更加紧密得当，使语篇具有很好的连贯性。所以，在英文写作教学中，教师可引导学生合理运用名词化语法隐喻方式来提高行文的连贯性。

（3）运用名词化语法隐喻使语篇更真实、客观。在一致式中，动词体现过程，动词须有参与者，有时还须有补语；而名词化使本由动词体现的过程转而由名词体现，这个过程（如物质过程）变成另一个过程（如关系过程）的参与者，与旧过程（如物质过程）相关的参与者就可以被省略掉，从而使表达显得客观、真实。换言之，名词化语法隐喻能够尽量摆脱动作执行者、环境成分对过程的影响，增加了行文的客观性。

⑦Laser range measurements to optical comer reflectors on the Moon have been made for over a decade with an uncertainty of 10 cm from 20 minutes of observation.

此句中使用了名词化结构 measurements、uncertainty 和 observation，摆脱了一致式中 to measure to be uncertain 和 to observe 的参与者，使语篇具有真实性和客观性。

与英语相比，汉语表述更注重主体意识，人或有生命的东西（有灵主语）总是占绝对优势。所以在英语写作中学生极易沿用汉语的思维，很少采用无生命的名词（无灵主语）做句子的主语。在批改学生的作文时，笔者发现许多句子（尤其是表达个人感觉和看法的句子）以“I”“You”“They”等人称代词为主语，句型缺乏变化，语篇显得刻板生硬。如能顺应英语的表达习惯，适当用些无灵主语，写出的句子就会令人耳目一新。试比较以下两则为某休闲椅写的使用说明书。

⑧If you expose the item for long，it will rapidly deteriorate.

⑨Prolonged exposure will result in rapid deterioration of the item.

⑧句中动词 expose 体现过程，其参与者 you 为有灵主语，使语篇带有浓厚的主观色彩，显得不够客观。而⑨句使用名词 exposure 做无灵主语，体现过程，省去了主观性较强的参与者，语言的人际功能被抑制，显得更加客观。由以上两例可见，在课堂教学中，教师可利用名词化语法隐喻的语篇客观功能，结合英汉结构和表达方式的差异，指导学生写出更具客观性、更符合英语表达习惯的语篇。

4. 运用名词化语法隐喻使语篇更精确严谨

运用名词化语法隐喻将过程或特征转化为名词词组中的事物后，表示过程或特征的动词或形容词就具有了名词的属性，可由修饰词修饰、被限定词限定以及可被量化、质化，可分类，等等。这样语篇的表达就能更加准确、具体、严谨。

①If we analyze the statistics of the actual vote，we will find that the opposition was localized.

②A statistic analysis of the actual vote indicates that the opposition was localized.

②中的名词 analysis 由①中动词 analyze 所体现的过程转化而来，可被量化（由 a 表示）、质化（由 statistic 表示），这就使语句的内容更清晰明了。

在英文写作教学中，教师可以名词化语法隐喻结构为例，说明语篇的表达应清晰准确。笔者时常发现学生写的一些句子中由于使用了错误的修饰语，读起来很别扭。以“He smiled to me friendlily.”为例，friendlily 一词使用错误，如能把 smile 这个动词转化为名词，改为“He showed me a friendly smile.”，句子就不仅更符合语法规范，同时句意的表达也更精确。此外，岳好群等指出，在名词化结构做同源宾语的句子中，可以使用一些修饰语来表达脑海中确切的意义，而这些意义很难，且有时甚至是完全不可能用动词表达出来的。例如，“Mowgli laughed a little short ugly laugh.”一句，如果不使用名词化做同源宾语，我们就找不到恰当的副词来修饰动词 laughed，因为我们不能说“laughed shortly uglily”。

5. 运用名词化语法隐喻使语篇更优美生动

使用名词化语法隐喻能使语言更加生动、和谐、优美。与动词相比，名词常意指更为具体的事物。名词一旦被使用，一种意象便会油然而生。因此，动词名词化可使动作具体化，使本来很零乱、抽象的句子变得错落有致、优美和谐。

①Our progress is a tribute to the spirit of the Afghan people to the resolve of our coalition, and to the might of the United States military.

此句摘自美国前总统布什于2002年1月29日发表的国情咨文。句中三个平行名词化语法隐喻the spirit、the resolve、the might的运用使句子读起来朗朗上口，富有节奏感，不仅传达了大量信息，而且增强了语篇的吸引力。

在英文写作教学中，教师应经常给学生介绍一些优秀语篇供他们赏析和模仿。在讲述的语篇优美生动、富有感染力时，教师可利用名词化语法隐喻的语篇优美功能来提高学生的语篇优美意识，并指导他们学会在写作实践中予以灵活运用。

②Her mighty lakes, like oceans of liquid silver her mountains, her tremendous cataract thundering in their solitudes, her boundless plains waving with spontaneous verdure, her broad deep rivers, rolling in solemn silence to the ocean; her trackless forests, where vegetation puts forth all its magnificence; her skies kindling with the magic of summer clouds and glorious sunshine; no need an American look beyond his own country for the subline and beautiful of natural scenery.

在这一段描写自然风光的优美语篇中，作者使用了一些名词化语法隐喻，如silence、vegetation和magnificent使语篇句式整齐，语言形象、生动、传神，大大地增强了语言的表达效果和感染力。

二、英语写作中隐喻教学的优缺点

隐喻在日常生活中无处不在，它不仅是语言的特点，也是人们思维与行动的特点。此外，隐喻还是人们认识世界与语言发展的认知工具。人类的认知系统本质上是隐喻性的，从而导致人类语言也具有隐喻特性，因此在英语教学中不能忽视发展学生的目的语的隐喻思维能力。

（1）英语隐喻教学就是要发展学生的目的语认知能力。目的语隐喻认知能力的发展能够帮助学习者达到和本族语者一样的概念清楚程度，这其实是一种目的语思维能力，而这是传统教学中所忽视的，英语教学中隐喻教学的引入弥补了这一不足。

（2）英语隐喻教学遵循由基础到复杂、由容易到困难、由具体到抽象、由已知到未知的隐喻规则，这与教学大纲中的“共同核心”标准是对应的。根据《朗文语言教学及应用语言学辞典》的解释，“共同核心”指语言中最基础的部分，是必须掌握的。隐喻教学不仅符合人们认识事物的规律，还能够帮助学生逐渐掌握他们需要学习的知识。

（3）英语隐喻教学能够解决交际型教学法无法解决的问题。近年来，大学的不断扩招造成学生数量疯涨，但是相应的师资力量却没有跟上，导致教师、学生以及教学资源的矛盾越来越严重，教师平均教授学生的数量不断上涨。面对众多学生，以 30 人一班为理想条件的交际型教学法作用发挥有限。英语隐喻教学方法对班级人数没有限制，从而弥补了交际型教学法的缺陷。

（4）英语隐喻教学方法使教师在授课时能够采取多种方式进行，从而促进学生分析与理解能力的提高。这种教法能够使学生在思维中产生虚拟现实，并与已经存在于大脑中的意象图式匹配，从而弥补学生目的语情境的缺失。因此，英语隐喻教学能够促进学生想象力与创造力的发展，激起学生的学习动机，培养学生学习英语的热情。

然而，英语隐喻教学还只是近年来兴起的，虽然具备上述优点，也还存在以下缺点。

（1）英语隐喻教学对中国本土英语教师与学生来说还比较生疏。因此，教师和学生有必要花时间去适应，尤其是教师在组织与引导学生学习隐喻的过程中非常重要，这对教师提出较高的要求。

（2）隐喻的理解与掌握要求学生具备一定的知识和经验。然而，如果教师采用英语隐喻教学，他们将需要花费大量的课堂时间去传授隐喻的相关知识。而且学生能否自由运用隐喻还受到学生经验、知识以及年龄的限制。

（3）隐喻是文化在语言中的体现，是语言与文化的交叉点。隐喻的基本单位是概念。人们总是通过熟知的具体的事物去表达陌生的抽象的概念。很多重要的概念都来自文化体验。文化教学的隐喻式教学也是英语教师需要解决的问题。

英语隐喻教学中存在的问题对我们来说是一个挑战，但同时也是英语教学发展的机遇。确信在师生的共同努力下，英语隐喻教学将会不断得到发展。

第二节 基于隐喻思维能力的高校英语翻译教学

隐喻思维能力是学习者迅速正确地理解隐喻所包含的信息并准确恰当地运用隐喻的能力。翻译以语际信息的传达为目的，而实现信息的传达有赖于“人类思维的同一性”。因此，翻译理论必须充分重视研究思维规律在翻译中的作用。在翻译教学与实践中，教师不仅要重视对学生隐喻能力的培养，而且还应加强翻译思维学的研究，因为深入探讨这些问题，正是我们在21世纪使翻译理论科学化的任务之一，也是我们的新翻译观的重要内容之一。

一、隐喻思维与翻译教学

认识客观世界强调隐喻思维，而隐喻思维能力是人们认知发展而产生的一种创造性思维能力，是认识事物，尤其是抽象事物的基本思维能力。从翻译教学来说，隐喻能力实际上是指翻译思维过程中辨认和使用新隐喻的能力。利特尔莫尔将隐喻能力主要阐释为四个方面：①使用隐喻的创造性，即“原创”新隐喻的能力；②理解隐喻的熟练程度，指理解一个隐喻多层含义的能力；③理解新隐喻的能力，指正确理解“原创性”隐喻的能力；④理解隐喻的速度，指轻松、准确、及时理解隐喻的能力。可见，翻译思维能力是翻译能力的体现，也是翻译水平的体现。因为翻译对原文的认知过程和表达过程贯穿了“思索”和“想象”，贯穿了隐喻思维。

例1：A doctor must have the heart of a mother and the hand of a lady.

医生必须有慈母般的心和淑女般的手。

例2：A good winter brings a good summer.

瑞雪兆丰年。

例3：A lie can travel halfway around the world while the truth is putting on its shoes.

真理刚刚穿上鞋子时，谎言可能走了半个世界。

例1是借用实体（具体事物）做喻体，隐喻其他概念。例2考虑句子主体的属性，根据汉语的习惯，把bring引申为“兆”。例3的travel本义为“旅行”，根据lie的性质，隐喻引申为“行走”。运用隐喻思维和隐喻模式理论，遵循“形式—意义对”和“形式—功能对”的意义理解原则，可以总结出隐喻的基本翻译理论和方法：保留原文的隐喻形式，语言生动；抽词分译，语言流畅；拆句翻译，语言精美；引申隐喻意义，切合译语习惯；正反翻译，体现“时空”表达不同习惯。

在翻译教学中，讲授翻译理论和技巧是培养学生思维能力的有效途径，从而通过一定的翻译训练来提高学生的阅读理解能力，甚至写作能力是有必要的。在语篇翻译阅读理解时常遇到生词，可鼓励学生不查词典就“猜”。实际上，“猜”就是一种隐喻思维。语言中的隐喻现象首先是思维产生了隐喻概念，然后才有语言中将一个词语隐喻化为另一个词语的现象。当人们要认识和描写以前未知的事物，而原有的概念已不能反映新的事物，原有的语言符号不能表达新的概念时，人们往往依赖已经知道的概念及表达方式以加深对不熟悉事物的认识和了解，这个由简单到复杂、由抽象到具体、由熟悉到陌生、由一个事物到另一个事物，发挥人的想象和联想，将两个貌似毫不相干的概念或事物做不寻常联系的过程就是隐喻的核心。所以，表现在语言中的隐喻来自人的概念体系中的隐喻。叶子南认为语境与解读隐喻有一定联系，越是属于语言体系的隐喻，越容易理解，越新的隐喻可能越需要语境的帮助。

在实践中，由于缺少了语境，加之个人原因（学识、修养等），学生总是找不到源语意象，从而不能用恰当的译语表达原文喻义，只好逐字硬译出来。学生只有弄清楚了概念逻辑，才有可能根据语境选择得当的喻体，把语义形象化地表述出来。而在阅读理解和语言转换时，学生更是要注意其措辞和隐喻喻体的逻辑性，以助于理解作品的真正含义。因此，减少语言形式的干扰，实现译者从注重语言形式到注重两种语言背后的文化概念负荷的转变，是翻译教学的一个重要内容。

输入有关概念隐喻的知识，也许会改善英语词汇教学中“一方面力图教授更多的词语，另一方面又不可能把大量时间投入在词汇教学上”的两难境地。隐喻思维方式为词义的系统联系和灵活组合搭配提供了丰富的想象和生成空间，当语境越显充足时，越有助于激发隐喻思维的发生和发展。这样，常被用作隐喻的概念就容易在具体情景语境中用作新鲜隐喻。首先，隐喻能够体现思维过程的简化和凝练，有助于学习者根据已有知识和认知模式在词汇之间建立起联系，触类旁通地领悟、记忆和应用知识，继而整理、发展词汇网络。其次，隐喻知识的输入还有助于更好地理解和欣赏英语思维的精髓和地道的语言形式，从接触隐喻、感受隐喻，最终学会灵活运用隐喻。这样，输入的是文化理念，输出的则是丰富的表现形式。隐喻思维方法拓宽了视野，并因其与有意识的认知、联想和想象活动相连，会给学习者以种种新鲜感受，有助于提高学习者的动机和兴趣。

隐喻是对周围世界的一种感知和概念的形成，可以帮助学生利用已知的事物理解翻译过程中未知的事物，加深对篇章的理解；有助于学生主动、有意识地获得隐喻思维模式，并通过另一类事物来理解和经历某一类事物。尽管隐喻普遍存在于日常生活所用的语言和思维中，但学生仍需要时间训练以适应隐喻思维，这样才能使学生在分析和理解原文、形成概念或图像以及在译语重构的翻译过程中沉浸于隐喻学习氛围之中。教师在教学时不能仅把注意力放在语篇中所谓的语言点上，还应启发学生透过语篇的表象来了解西方民族的世界观和价值观。翻译所选材料要侧重包含隐喻的文学和故事等短篇。在翻译教学中教师要注重选取语篇中语言的精彩之处或难理解和表达的部分展开讨论和赏析，通过思想的交流促进隐喻思维的养成。学生独立完成的翻译文章，教师应详细地讲解文中的隐喻，以便学生校核自己的思路，积累经验。

隐喻思维教学既能提高学生的语言使用能力，也能增强他们的跨文化意识。隐喻传承文化，表现出明显的民族文化特征。通过对比和挖掘英汉隐喻现象中的差异，可以揭示语言与文化的关系，加深对文化的理解和把握，有助于增长学生的文化知识、培养学生的跨文化交际能力和意识。概念隐喻是在反复出现的体验基础上产生的，是语言与文化之间的一个纽带。文化制约并体验着隐喻思维，概念隐喻又反作用于文化世界，将其自身所包含的文化因素投射到文化世界中，影响人们对文化世界的理解和体验。所以，教师在翻译教学中处理好语言作为“交际工具”和“文化载体”的关系就显得更为重要。

在隐喻翻译教学中，必须注重语言的交流性，将教学重点由抽象的逻辑表达转移到具体的隐喻表达上来。教师还应系统地学习隐喻学理论，汲取隐喻研究的成果，注重对普通表达背后的概念隐喻原则的探索，引导学生进行主动探索学习。一方面，教师可以要求学生对纷繁复杂的表达进行有效的归类和总结，鼓励学生总结更多俗语背后的概念隐喻，通过隐喻方式以旧概念表达新内容，生动形象地表达现有语言不能表达的内容，使学生的学习由被动的记忆变成主动的分析；另一方面，可以促成学生的创造性学习，根据已总结的概念隐喻，通过概念的转移、偷换和嫁接，创造出更多新颖的隐喻表达，在此基础上增强学生的实践能力。

二、高校英语教学中隐喻翻译能力培养

就现状来看，隐喻在英语学习及教学中往往仅被视为一种简单的语言修辞现象，而忽略了从认知的角度真正对其所蕴含的深层次概念进行系统分析。正是这一疏忽造成了部分英语学习者缺乏以英语为母语的概念进行思维的能力，对英语学习者掌握地

道英语造成了一定的阻碍。事实上，隐喻现象在各年级大学英语课程中已经广泛出现。涉及隐喻现象时，任课教师大都只是简单地指出教材中的隐喻是修辞手法的一种，而不进行具体的论述分析，导致学生只能被动地采用机械性的记忆方法来认识隐喻表达，而无从谈起对隐喻的系统认知。

长期以来，由于深受结构主义的影响，传统英语翻译教学的重点主要体现在对语料中的英语词汇与语法结构进行讲解和分析上，以此为基础提出相应的翻译方法，如增减词、省略、拆分长句、反译、合并等。但在现实的翻译实践中，学生经常会遇到一些特殊的语言现象，带有修辞意义，作为思维方式的隐喻就是其中的一类特例。一些看似普通的表达结构背后甚至也蕴含了丰富的隐喻意义，面对这种情况时，学生直接的体会即单词都是熟悉的，却无法把握句子或语篇的真正意思，或者遇到生词能借助字典进行简单的直译，但这种经过逐字逐句翻译得来的译文从认知语言学的翻译角度来看显然是不正确的。当学生遇到含有隐喻的特殊翻译材料时，往往觉得难以理解，更不用说将其翻译成合情合理的译文了，此时受传统翻译观影响的教学者会将原因归纳为翻译实践和积累不够，实际上这正是传统翻译观对英语翻译学习实践的制约，偏重学生在语言文字方面的定量积累而忽视其对语言的分析理解能力和信息提取加工能力。要让学生对所遇到的隐喻表达式归纳总结并寻找其特点，在此基础上进行再创造，对一些原本不熟悉的语言现象或概念领域进行更为全面和灵活的掌握，教师可以对该隐喻表达式进行隐喻分析，逐步培养学生的隐喻意识。例如，“The drainage system is the Achilles' heel of some big cities in China.”这个句子的意思是中国一些大城市的排水系统就像阿喀琉斯的脚踝一样脆弱。有西方文化背景知识的人会很容易理解，这个句子中所提及的阿喀琉斯是指希腊神话中骁勇善战、勇猛无敌的特洛伊战争英雄，唯独脚踝是他不堪一击的致命弱点。该句使用这样的隐喻充分说明只要一下大雨就可以让整个城市瘫痪，这是城市建设的致命弱点。但倘若学生缺乏这个文化背景认知，对这个句子的理解和翻译肯定是一头雾水，也就是说教师在英语教学过程中要坚持不断地培养学生的文化认知思维，正确理解英语表达中的隐喻含义。

可见，日常英语教学要真正提高学生的翻译水平，必须注重培养学生的隐喻认知能力。具体而言，在教学过程中遇到隐喻现象，教师应当积极引导学生对其进行分析，寻找该隐喻形成的原因和所包含的文化背景，使学生理解隐藏在文字表面下的真正含义。

三、隐喻翻译能力的培养与隐喻翻译网络的构建

在翻译过程中，译者的主观能动性发挥着至关重要的作用。译者头脑中进行的具

有创造力的即时再现处理过程可以用概念整合网络进行描述。输入空间 1 由源语文本结构及其相关文化心理图式构成，即隐喻结构中 ST（source text）；输入空间 2 由译者文化心理图式及其语言表达式构成，即 TS（target schemata）；源语与译语共享的心理图式相当于类属空间，正是有了类属空间，输入空间 1 和输入空间 2 的相互投射才有可能，同样因为有了类属空间的存在，输入空间 1 和输入空间 2 向合成空间的投射也才成为可能。例如，“Chinese companies now actually beat its competitors.”的译文是中国公司现在实际上已经超越了其竞争对手。例句中 ST 空间和 TS 空间共享的概念结构构成了翻译网络中的类属空间。抽象或具体化的概念结构通常用框架结构来表示，如抽象的框架结构 physical combat 到具体的框架结构“Chinese companies now actually beat its competitors”。原文和译文中概念结构的相似性不会在所有层次上都匹配，但能在一定程度上达到匹配。就该句中的意象图示而言，ST 空间中的 beating in a war 和 TS 空间中的比赛“超越”并不对等。但重要的是这两个不同的具体的意象图示在类属空间中有概念结构上的相似性，即共享较抽象的框架结构 physical combat。由此可见，正是类属空间的存在而使语言的转换成为可能。

概念整合能将翻译带入一个动态网络操作系统的根本原因在于合成空间中有层创结构的存在。概念整合优化原则是输入空间投射来的各种因子相互竞争，产生动态组合，生成输入空间所没有的全新的投射关系，从而使层创结构因可变因子的介入产生动态运作。需要特别指出的是，层创结构既不属于 ST 空间也不属于 TS 空间，而是译者在翻译过程中，大脑概念整合运作而产生的全新的翻译结果，即产生的新概念。事实上，学生在做各种翻译练习时总是无意识地遵循着这样一个隐喻翻译网络的工作机理，但他们仅仅处于感性的认知阶段。在翻译教学实践中，教师除了向学生传授翻译策略，还要特别向学生介绍隐喻翻译网络，帮助他们更好地了解大脑在翻译工作时的认知过程，即“黑匣子”内部的秘密。在翻译教学中，为了使学生能更好地了解各个空间的关系和运作方式，教师尊重学生的认知规律非常重要。教师通常会以例句开始让学生做翻译练习，以上句为例，让学生思考为什么“beat its competitors”就翻译为“超越其竞争对手”，而不是其他；然后再逐渐引入各个空间的概念，并介绍其运作原理是原来两个输入空间投射到类属空间，并共享较抽象的框架结构 physical combat，因此才有这样的翻译。教师通过这样的介绍，能让学生清晰地意识到自己在翻译时大脑的运算过程刚好能契合到隐喻翻译网络的运作过程，同时让学生对这样一个理论框架有切身的感性认识，从而在以后的翻译实践中能自觉遵守概念整合框架的理论指导。

翻译不再是人脑随意的选择，而是在概念整合框架下有序运作的结果。在翻译教学中构建概念整合网络既有助于教师从认知的角度更好地把握翻译教学的规律，也有助于学生完成对自己的翻译实践过程从感性认识到理性认识的提高。

第三节　基于隐喻思维能力的高校英语阅读教学

传统英语教学中占主导地位的教学方法是语法翻译法和听说法，语法规则的讲解和操练成了传统英语教学的主要内容。认知科学的发展，揭示了语言的本质是隐喻性的，因而将隐喻理论融入当前高校英语阅读教学也必然成为英语教学法研究的趋势与重点。

一、隐喻在英语阅读教学方面的应用

自从莱考夫和约翰逊两位学者在著作《我们赖以生存的隐喻》中将概念隐喻这一概念提出后，大量的学者便开始了相关的研究。在 1976 年，学者韩礼德和哈桑提出文章的理解需要的不仅仅是词汇和句子的字面意义的理解，而是对语句的理解、分析和评价的过程；1980 年，学者斯坦涅维奇提出了一种阅读能力互补式的阅读方法；1983 年，学者古德曼提出了一种心理语言的阅读方法，这种方法也是通常我们所说的一种自上而下的阅读方法；同年，学者卡雷尔和艾斯特霍尔德提出了一种图式的理论方法；1994 年，学者斯汀指出概念隐喻理论完成了“认知转向”，在其中他们认为隐喻不仅是一种修辞的手段，更是一种认知的手段，与此同时，还指出人们不仅可以将隐喻用于文学作品中，也可以将其用到日常的语言学习中；1997 年，里文指出阅读中体现概念隐喻的相互作用是在教师—学生—文章之间；1996 年，简 · 威利斯指出语言学习者的学习目的主要是交流沟通；2001 年，布朗指出相互作用是思想、情感、想法之间在两者或者两者以上产生影响的过程。除此之外，还有很多学者进行概念隐喻在英语阅读方面的应用研究。

1988 年，学者黄国文提出语句分析不仅包括细微结构方面的理解，也包括对宏观结构的把握和理解；2001 年，学者黄剑茹指出英语阅读教学的任务由课前任务、课中任务和课后任务三个部分组成；2003 年，学者庞维国指出相互作用的隐喻方法在阅读中应该强调学生的预测、提问、理解、总结能力的培养；同年，龚亚夫等学者提出在目标性英语教学中，教师根据教学目的为学生制定学习目标，同时引导学生有效并按

时完成；在2004年，学者胡壮麟指出，隐喻不仅构成语篇的文体特征，还体现作家的文体风格、特定体裁的文体属性以及时代的语言风貌，充分体现了隐喻在语言表达中的集中性与重要性；2005年，汪少华教授指出隐喻认知理论主要包括概念隐喻理论和意象图式理论，对英语阅读教学有着十分重要的意义，在阅读过程中意象图式是一种组织概念知识的基本单位，读者可以将它作为理解目标域的平台，了解话语中的概念隐喻和意象图式是话语理解中的关键环节，概念隐喻和意象图式有助于读者在词汇和篇章两个层面依据话语中的信息建构意义；2008年，学者金华良和颜小娜在研究中指出当前高校对英语阅读教学的重视不够，往往忽略了阅读方法与阅读技巧的训练，因此对阅读能力和阅读技巧的提高没有起到一定的促进作用。他们就这一个问题提出了将意象图式法与概念隐喻理论相结合巧妙地使用在英语阅读教学中的方法，并取得了令人满意的效果。

2009年，学者谢晓臣指出语句的分析理解的意义在于使课程的结构变得清晰和严谨，同时，在文章的讨论过程中激发学生的学习热情；同年，陈海燕在研究中指出在英语阅读过程中学生所遇到的难点是怎样超越语言表层因素，体会文章的深层次含义，她认为解决这个问题是提高学生英语阅读能力的重要方面，在研究中她一度强调了概念隐喻理论在英语教学中的重要作用，特别是在英语阅读教学中的极大促进作用；学者何玉静就高校英语阅读教学的问题，从认知语言学的角度进行分析，得出了隐喻思维能力对于高校学生英语阅读能力的提高具有积极的促进作用，因为研究表明隐喻思维可以帮助学生从阅读中的生词、难句等方面对文章的深层含义进行剖析与理解；2010年，学者顾琳提出在大学英语阅读教学中能够将概念隐喻理论引入；2011年，学者蒋中林就商务英语的阅读效果和阅读效率，从认知语言学的角度出发，证明了概念隐喻理论对商务英语阅读的效果和阅读的效率提高方面具有极大的促进作用；2012年，学者黄俊娟指出虽然目前关于隐喻理论在语言学中具有核心性和普遍性，但在目前将隐喻理论运用于英语教学中的研究较少，同时，指出应将隐喻理论运用于英语教学中，鼓励学生和教师理解、接受并巧妙地运用；2013年，学者彭素强政治语篇中的概念隐喻作为研究实例，就英语阅读教学中的语篇功能进行分析研究。还有许多学者进行了相关研究，其中具有代表性的学者有刘润清、沈涤、束定芳、韦汉、严世清、姚喜明、袁颖、张耀庭等。

二、隐喻对学习者英语阅读的促进作用

英语学习者不但可以通过阅读得到大量的语言信息，而且可以利用多媒体的优

势，对所得到的语言信息进行多个层面的分析，包括文化解读、隐喻式与一致式表达的对比分析等。英语教师可以运用Power point、Excel等制图、制表软件，对语法隐喻的类型及特点进行多个方面的展示，让学生获得非常直观的认识。众所周知，阅读理解是阅读者与作者之间的语言交流活动。在此过程中，英语教师应该充分利用多媒体技术，培养学生的语法隐喻意识，有效提高他们的阅读能力。从认知的角度来考察，隐喻在英语阅读中的积极作用可以体现在以下四个方面。

（一）有助于培养英语思维能力以提高阅读效率

众所周知，缺乏英语思维能力是很多中国学生英语学习效率不高的主要原因。中国学生要学好英语，就要在学好语言知识的同时努力了解英语国家的文化背景知识，掌握一种新的观察世界和表达思想的方式，并在此基础上培养他们的英语思维能力，尽量减少母语的负迁移作用，提高他们的英语阅读效率。研究发现，英语学习者若在阅读中关注语法隐喻的运用，特别是名词化语法隐喻，可以使他们更加了解英语国家擅长抽象思维的特点，有助于培养他们的英语思维能力。从认知的角度看，名词化是人类的语言表达从具体到抽象的隐喻过程。人们在进行语言表达时运用名词化，可以产生大量的抽象概念，满足人们进行抽象表达的需要。另外，在语言表达上，英语的很多句式都采用物称，以使语言表达更加客观与正式，这也是英语中名词化现象比较常见的一个原因。因此，在平时的英语阅读练习中，学生应该在多媒体的辅助下，有意识地搜集、观察多媒体语篇中的那些语法隐喻表达式，特别是在科技与法律语篇中出现频率很高的名词化语法隐喻句式，逐步培养他们的语法隐喻意识，增强其英语思维能力，提高英语阅读效率。

（二）有助于培养批评性阅读意识

语言的内容和形式都是人们为了表达思想在语言系统中进行选择的结果。在此过程中，人们选择何种方式的语言表达都会被一种无形的意识形态左右。任何语篇，不管是严肃性的还是通俗性的，都会带有一定的主观倾向性。因此，在英语阅读中，学习者应尽可能地透过表面的语言形式来揭示隐含的语言与意识形态之间的关系，逐步提高对语篇意义的敏感度，培养批评性阅读意识。学习者应该运用自己已经掌握的语言知识和技能，努力获悉作者在语篇中所要传达的观点和态度，对语篇中信息的可信性做出及时正确的判断，并通过大量的阅读练习，积累各类语法隐喻表达式，培养问题意识，努力揭示隐藏在语言文字背后的意识形态，明确作者所要表达的真实意义。

（三）有助于准确把握语篇内容的语用含义

在很多情况下，语言的一致式表达与其相对应的语法隐喻式表达具有不同的语用含义，这也是人们在特定的语境中选择使用语法隐喻的原因。相比语言的一致式，语法隐喻式蕴含了更加丰富的语用意义，能够更为准确地传达说话人的交际意图。在多媒体环境下，学生可以借助各种学习软件进行英语阅读并对语篇中的语法隐喻句式进行恰当的语用分析，提高对英语语篇的理解准确度。在通常情况下，学习者可以根据音、视频中说话人的语音和语调，对使用语法隐喻句式的说话人的真实意图进行合理的判断，以把握这些句式的语用含义。

（四）有助于提高阅读认知效果

正如金娜娜、陈自力的研究发现，在特定的语篇中，语法隐喻可以增强语言结构的语义联系，有助于人们快速准确地把握语篇的意义，获得较好的认知效果。在一定的条件下，如果语篇内容的难度不是很大，语篇中语法隐喻的数量与学习者在阅读中所能取得的认知效果就可能成正比关系。一方面，懂得语法隐喻知识的学习者会比缺乏语法隐喻知识的学习者阅读效率更高。这是因为，学习者如果掌握语法隐喻知识，就能较快地识别出语篇中的很多隐喻式语言表达，因而可以用较少的时间完成阅读任务。在这一点上，这些学习者得益于语法隐喻本身所具有的语篇衔接功能；另一方面，了解语法隐喻的学习者能够及时地对语篇中的隐喻式语言表达及其一致式表达做对比分析，并从多个角度探究这些隐喻式的真实语义。

第四节　基于隐喻思维能力的高校英语听力教学

大学英语四、六级考试改革以后，听力在考试中所占的比重由20%提高到35%，这意味着对学生的听力理解能力提出了更高的要求。听力也是学生必须掌握的一项基本技能，但是学生在听力方面还存在很多问题，在做题时经常出现失误，其中一个重要原因是学生对听力中的隐喻现象及其蕴含的文化信息和在不同语境中的会话含义有不同的理解。

近年来，认知语言学发展迅速，认为隐喻的本质是用一种事情或经验来理解和经历另一种事情或经验，可见隐喻已打破了传统的修辞手段的定义，成了一种认知方式，是人类思维、语言和行为的基础。语言本质上是隐喻的，因此，隐喻就有可能为听力教学提供一个全新的研究视角。本节从认知隐喻出发，以大学英语四、六级的短对话听力材料为语料，探讨隐喻和听力教学的关系，旨在帮助学生在听力理解中更好地理解隐喻，并借助隐喻认知能力的培养来提高学生的听力理解能力。

一、隐喻能力在英语听力教学中的作用

隐喻能力是语言能力和交际能力的有效补充，与语言能力和交际能力一起保障学习者习得语言。隐喻应用到教学中，是一种有效的教学手段。第一，在理解隐喻的过程中，建立源域和目标域的联系时会有积极的心理活动，学生积极发挥他们的主观能动性来想象和理解隐喻，有趣味的隐喻可以引发学生的好奇心，吸引学生的注意力，激发学生的学习兴趣和创造性，从而提高学习效率。第二，在掌握了隐喻的基本知识后，具备一定隐喻能力的学生对英语的解读能力和语言表达技巧将有效提高，从而提高交际能力。第三，能否用英语进行思维是衡量学生英语学习水平的重要标志，培养学生的英语思维能力一直是英语教学的重点和难点，而学生在准确理解英语的隐喻表达的过程中，拓宽了思路，训练了英语思维能力。

总之，培养隐喻能力有利于提高学生的语言表达水平。对隐喻的理解能力是语言表达水平的一个非常重要的方面，在理解隐喻的过程中可以体会到蕴含在文化中的深层意象；将隐喻的认知教学理念应用到英语教学中，逐渐培养学生在英语学习中的隐喻思维能力，可以增加语言输出的丰富性，提高其隐喻对表达的理解和领悟；隐喻能力会对学生的英语水平起到一个非常重要的促进作用，有利于全面提高学生的英语水平。

二、大学生自身隐喻能力对英语听力理解的影响

人们受到认知能力的限制，或文化传统的影响，在无法用语言描述一件事物时只能选择用相近的，能够理解的事物来表达。这种将一个概念投射到另一个概念的过程就可以被理解为隐喻。这类隐喻随着时间的流逝，逐渐扎根于人们的思维中，在人们的生活中不断地被使用，从而隐喻不仅仅是一种修辞手法，也逐渐演变为人们的思维方式。

（一）隐喻识解障碍

我国在英语学习上对英语听力的要求越来越高，在大学英语四级考试中，听力理解部分的分值比例由原来的20%提高到了35%，题型也更为丰富，能够较好地全面考查学生的英语听力水平。而我国英语学习者普遍在英语听力理解方面比较薄弱，并且没有什么有效的方法在短时间内提高学习者的听力水平。其中，最为困难的就是隐喻的识解障碍。

在英语听力过程中，英语学习者能够完成语音感知，却无法破译隐喻内涵，我们称之为隐喻识解障碍。在日常教学过程中，常常听到学习者反映，单词都能听懂，就是不知道这些单词组成的词组或句子的意思。我国的英语学习者大多数已经熟练掌握汉语，能够理解汉语中的隐喻表达。但受到文化背景的限制，大部分学习者对英语中的隐喻机制理解较为浅薄，在将英语中的隐喻转换为汉语的隐喻时也颇感困难，这就造成了一些大学生在听力理解过程中的失误。

（二）隐喻识解障碍对英语听力理解的阻碍

束定芳认为隐喻的表达式可分为名词性隐喻、形容词性隐喻、副词性隐喻、介词性隐喻和动词性隐喻等。在英语的听力理解中，这几种隐喻的表达形式在很大程度上影响了学生的理解。下面，我们结合大学英语四级考试中的一个实例进行分析。

M：I'm thinking about where to go for a bite tonight. Any suggestions，Barbara?

W：Well，how about the French restaurant near the KFC? Frankly，I've had enough of our canteen food.

Q：What do we learn about the woman?

（A） She is tired of the food in the canteen.

（B） She often eats in a French restaurant.

（C） She usually takes a snack in the KFC.

（D） She in very fussy about what she eats.

文中 had enough 直译为足够了，这是一个形容词性隐喻。根据女士的回答，我们可以理解为她已经厌倦了食堂的食物，所以不难判断正确答案应该为（A）。部分对 have enough 这一隐喻比较熟悉的学习者在这一道题的理解上没有障碍，但如果学习者之前并不了解这一隐喻，就容易出现隐喻识解障碍。即使他们能够完成语音感知，听得懂 enough 一词，也无法理解文中女士回答的真正意思，更谈不上判断出正确答案了。由此可见，破译隐喻在听力理解中占据至关重要的地位。另外，在大学英语四级考试中，复合式听写一题运用到了我们很熟悉的隐喻“Time is money”。

Time is something to be“on”to be“kept”“filled”“saved”“wasted”“gained”“planned”“given”“made the most of”even“killed”. 句中“saved”“wasted”“gained”等词的运用正是从“Time is money”这一隐喻中引申而来。学习者能够充分理解“Time is money”，就能够将看不见摸不到的时间与实实在在的金钱建立思维上的联系，在脑海中用“金钱”这个具体概念来理解“时间”这个抽象的概念。当学习者建立金钱与时间的联系后，就不难理解为什么 time 可以搭配 save、waste 和 gain 等动词了。反之，学习者没有足够的隐喻识解能力，就无法克服隐喻识解障碍，那么在听写过程中就很难写出正确答案。从上文两例可以看出，学习者的隐喻能力在听力理解中有着很重要的作用。不同民族的文化差异和认知方式差别导致了英语和汉语中不同的隐喻表达。英语学习者只有尽可能多地掌握英语隐喻，提升自身的隐喻能力，才能更好地理解英语听力中的隐喻表达。

三、隐喻能力在听力教学中的培养

听力是语言学习者必须掌握的一项基本的也是非常重要的技能。在日常交际中，“听”扮演着极其重要的角色。近年来，听力教学得到了越来越多的重视，但是学生听力水平的提高并不是非常明显，听力仍然是学生比较薄弱的一项语言技能。听力理解是一个非常复杂的过程，在这个过程中，听者必须对所听到的有声材料进行全面的处理，具体包括区分单词的发音、领会单词的意义、理解其中的语法结构，最后在短时间内迅速做出对所听到的有声材料的理解和判断。所以，这个过程中的任何一个环节出现问题都将影响对听力材料的正确理解。在实践教学中，笔者发现学生在听力练习过程中对于一些直接性、未涉及隐喻的听力材料，理解比较准确，不容易出错。但当所听内容包含深层次的理解并涉及隐喻方面时，学生经常会出现理解错误，导致做题出错。

由此可见，听力中的隐喻会对学生的听力理解造成一定的影响，已成为影响学生听力水平的一个比较重要的因素。假使对听力中的隐喻不进行进一步的深入学习，学生就难以正确理解听力材料，进而影响其对听力的兴趣，不利于听力水平的提高。因此，为了充分提高学生的听力水平，教师就应该在英语听力教学中加强对学生隐喻能力的培养。

（一）培养隐喻认知能力

在课堂上教师应对学生进行相关的隐喻知识传授，隐喻、隐喻认知的概念和功能、隐喻的分类等基本知识应在课堂上进行讲解，通过听力材料或者生活中的例子告诉学生隐喻无处不在。例如，可以通过“Tom is really down today”“Cheer up”这两个简单的例子，对 up 和 down 这两个非常常见的单词所蕴含的认知意义进行具体的归纳、说明，引导学生在课堂或者日常的听力材料中找出更多相关例子，要求学生将自己在平时的听力练习过程中所遇到的隐喻表达进行收集并记录，同时，也可以通过课外阅读等方式收集一些比较常见的且经常用到的隐喻表达，进行讨论、背诵等。

人们每时每刻都在使用大量的隐喻。隐喻不仅是一种语言现象，而且是一种认知方式，它常常借助于已知的、具体的、有形的概念来理解未知的、抽象的、无形的概念，形成概念之间的互相关联。隐喻建立在本体和喻体之间的相似性基础上，可以激发起我们对某一事物，特别是与抽象事物或新事物的一系列相关知识点和结构的联想。因此，教师在教学中要留心隐喻现象并进行归纳和总结，帮助学生建立起系统化的隐喻知识，培养其隐喻认知能力。

比如，教师在介绍介词时，很多时候可以利用方位隐喻来理解介词的学习。方位隐喻指参照空间方位而组建的一系列隐喻概念。人们可以将熟悉的具体空间概念“上—下，前—后，高—低，深—浅，中心—边缘”等投射于情绪、数量、社会地位、权力等抽象概念上。在方位隐喻中，“上—下”概念的隐喻是人们最熟悉的，最初“up”意为“向上”，“down”意为“向下”，它们都是纯空间概念，后来不断向其他认知域扩展，从而形成了“Happy is up，sad is down；More is up，less is down；High status is up，low status is down；Conscious is up，Unconscious is down”等方位隐喻来表达对情绪、数量、地位等的认识。因此，教师通过对具体空间方位及其映射的抽象域进行讲解，能够帮助学生提高对听力的理解力。

由此可见，学生对隐喻普遍性和相关知识的认识，有利于他们在听力过程中增加对隐喻这一认知方式的重视，主动去接受语言活动中的隐喻，培养隐喻认知能力。

（二）通过多种方式来帮助学生培养隐喻能力

学生对隐喻知识有了一定的了解以后，教师的主要任务是通过各种方式帮助学生树立隐喻认知理论意识，对所遇到的听力话语能理解其深层次的隐喻意义，对较高层次学生要求其要会使用隐喻话语。

1. 在听力教学中注重西方文化知识的渗透

文化差异造成的目的语中隐喻与母语中隐喻的偏差，是英语习得最主要的障碍之一。在听力教学中，教师有意识地引导学生在日常学习过程中多积累西方文化知识，如宗教知识、文化艺术、历史典故、节日习俗等知识。具体可以通过教师课堂讲解和学生课后自主学习等形式，引导学生发现语言现象背后所蕴藏的理据，并理解隐喻背后的文化意蕴，从而深入理解各种具体的隐喻表达形式，提高理解和运用隐喻的能力。

高校英语对话听力试题的内容基本是以英美国家为背景，中西方在地理环境、传统文化、思维方式、价值观念等方面存在很大差异，因此，必定会影响对听力材料中隐喻的理解。所以在平时的教学中，教师要重视文化知识的传播，引导学生对中西文化进行对比，提高对文化的敏感性。在听力理解过程中，学生要善于挖掘隐喻表达式中所蕴含的文化信息，促进听力理解。

例如，在听到“the apple of one’s eye”时，如果学生知道苹果在西方人的心目中是一种象征吉祥的水果，可以给人带来好运，而眼睛中的瞳仁像苹果一样，是一个固体圆球，对于人十分宝贵，就不会理解为某人眼中的苹果，而喻为“掌上明珠、宝贝、心爱之物”。总之，隐喻在不同语言文化中的表达方式形形色色，为了理解听力中的隐喻，教师在教学中要注重文化知识的渗入，提高学生对隐喻的理解力。

2. 和词汇教学紧密结合起来

在听力教学中隐喻能力的培养和提高不是单一地通过听力教学来实施，需要同日常的词汇教学紧密结合起来。一词往往含有多种含义，这种现象在自然语言中普遍存在。一词多义是认知经济性原则和语言经济性原则的客观要求，作为一种重要的认知方式，隐喻是词义拓展的有效机制。多义词各个义项之间的关系不是任意的，而是有一定的联系的。原型义项是最基本的，较为具体，而其他义项是在原型义项的基础上，通过隐喻等方式衍生出来的，对原型义项的理解、记忆有助于理解和记忆衍生出来的词义。在英语听力教学中，教师应帮助学生发现多个意义之间通过隐喻建立起来的联系，让学生了解一词多义及词义衍生的过程，教师在教学过程中应使学生理解词义隐喻衍生的过程及方式，强化这种学习方法和理念。当学生碰到一词多义时就能用这种方法来学习记忆。这样不但能提高学生的学习兴趣和学习效率，而且能够有效培养和提高学生的隐喻能力。在听力材料中，经常会考查对短语动词的理解，短语动词的构成和搭配也可以从隐喻的角度来分析，也是有根据的。从隐喻角度出发，分析短语动词的搭配，能激发学生的学习兴趣，同时，又能加强动词短语的习得效果，从而提高学生的听力理解水平。

在英语听力教学中，学生往往能够听出录音中的词句，却没有真正理解他所听到的内容，其中一个问题出在词汇上。学生往往只记词汇的基本义，而不注重对词汇的引申义、比喻义等进行分析、记忆，在接受或输出语言时更是缺乏对特定语境下词义的理解，从而导致了在听力理解中虽然听出来了，却听不懂的现象。隐喻有利于我们对词义进行拓展。词汇中原型义项是最基本的，较为具体，而其他义项是在原型义项的基础上，通过家族相似性的语义特征发展起来的，各个义项之间的关系不是任意的，而是有一定联系的，是系统的。因此，在听力教学中，教师应帮助学生了解词义的衍生过程，建立起词义中各个隐喻义之间的相互关系。例如，eye 这个词本义为“眼睛”，经过人们的隐喻性思维，基于眼的形状、功能、属性，将它作为始源域向其他域投射后衍生出“小洞、要点、中心”等与本义有相似特征的隐喻义。

在听力教学中，教师应引导学生以正确的方法扩充词汇量，引导学生重视基本词汇的隐喻义，了解词汇意义的延伸和变化的内在机制，帮助学生树立隐喻意识，在积累和掌握词汇的基础上促进其听力理解。

3. 语音与听力教学

在英语中，英语语音起着重要的作用。首先，语言是有声的。人们通过声音进行交流，如果语音没有掌握好，就直接会导致理解错误或无法理解，最终导致交流失败。在英语中，同一句话，同样的语法结构，因为轻微的语音差别，意思也会千差万别。例如，下面这个句子用两种语调朗读表达不同的意思：①a. Have you brought my book?（Meaning：“I asked you for it and I expect it.”）用降调朗读表示“我要书并且希望拿到它”。b. Have you brought my book?（Meaning：“I asked if you have brought it.”）用升调朗读表示“你带来我的书了吗?”②Hello，darling! What have you got there? 该句如果用降调来读，表示疑问。若用升调来读，那么就意味着“I am interested in what you have got.”表示对某人某事有兴趣。从以上例子可以看出，即使语法和词汇完全一致的两句话，因为语音、语调的隐喻作用，句子的意思也大相径庭。简而言之，降调表示陈述、确认，升调隐含疑问。因此，在英语听力教学中，教师应该让学生充分了解这些语音、语调，帮助其了解这些语音语调的隐喻内涵，提高其听力水平。

4. 借助语境，发挥联想，培养推理能力

高校英语听力考试不仅仅考查对原文简单的重复，而且越来越注重考查学生利用语境知识进行认知推理的能力。英语短对话的内容都是日常生活中的语料，对话设定在真实的生活场景中，而不是主观的假设。对话语的理解是将话语语境化的过程，要在语境中理解语言。在语言交际时，说话者会用到隐喻来表达用语言的字面意义无法表达的意义，隐喻的使用离不开语境，且孤立的词汇也不能被称为隐喻，它的识别需要语境提供线索。语境与认知主体之间存在一种互动关系，人们通过联想，引起不同语域之间的互动，已知事物的某一个或某些结构投射到新事物上去，以达到对新事物的表达和理解。隐喻是利用一种概念表达另一种概念，需要这两种概念之间的相互关联，这种关联是客观事物在人的认知领域的联想。学习者理解听力材料中隐喻现象的过程就是运用一定的认知知识，结合语境，解读隐喻含义的思维过程。

W：We're supposed to meet John here at the railway station.

M：That's like looking for a needle in a haystack.

Q：What does the man imply?

在本题中，女士提出了话题：应该在火车站接 John。解答本题的关键是要正确分析男士所说的 looking for a needle in a haystack。日常生活经验告诉我们在干草堆里找针是非常困难的一件事，男士所要表达的隐喻义为他们找到 John 非常困难。他将“在干草堆里找针”这件事投射到在车站找 John，学生根据对话语境，就能推断出话语的暗含意义。因此，听力训练除多听多练以外，还要培养学生结合语境进行分析、综合判断和推理信息的能力，让学生学会用已有知识去认识、理解未知信息。在听力教学中，教师应对学生进行思维层面认知推理技能的培养，引导学生根据语境来捕捉对话中的隐喻义。

总之，隐喻作为人们认知的一种方式，是一种动态现象，隐喻随语境、文化等因素而变化。在英语短对话听力教学中，我们可以利用隐喻的本质和认知过程，给话语理解提供一个认知导向，寻找话语与语境的关联，进行逻辑推理，从而正确认识和理解话语，提高听力理解效率。隐喻能力是学生应该具备的一种语言能力。在高校英语教学中要充分重视和加强学生隐喻意识的树立和隐喻能力的培养。在听力教学中应将隐喻作为重点强调，教师应帮助学生逐步掌握隐喻知识，鼓励学生积极进行隐喻表达式的积累和使用，最终能将隐喻意识运用到自己的英语学习中。听力水平的提高需要逐步积累，不是一蹴而就的事情。提高学生的隐喻能力，可以减少其在倾听过程中的焦虑，充分理解听力材料，进而提高学生的英语听力水平。

第七章　高校英语课程设计概述

第一节　英语课程设计的基本概念和内容

高校英语课程设计的基本概念与内容主要包括以下几个方面。

第一，英语教学的课程大纲。课程大纲，是一个广义上的概念，指的是对全国性或地方性的学校开设英语课程和英语教学做出的宏观的规划。人们一般将课程大纲定义为国家或地方教育行政部门为指导英语教学而制定的纲领性文件。

第二，英语教学的教学大纲。教学大纲，也称学科课程标准，是一个狭义上的概念，指一门课程的教学内容的具体说明以及排序，如课程标准、词汇教学大纲、交际教学大纲等。相对课程大纲而言，教学大纲则是英语教师对所教课程内容做出的决定，包括教什么和如何教的问题。课程标准是英语教育研究者和实践者根据一定的语言理论和语言学习理论所制定的某种语言的教学模式，它通常包括教学内容的选择、安排和实施要求。教学大纲通常是教师为某一特定群体的学习者设计的语言教学内容以及教学方法。

第三，英语课程的教学设计。英语课程的教学设计，是指教师在明确课程目标下，对教学内容、教学方法、教学活动及教学评价等环节进行系统规划与安排的过程。科学合理的教学设计不仅能够保证课堂教学的条理性和有效性，还能更好地满足学生的学习需求，促进其语言能力与综合素质的发展。在具体实施中，英语教学设计通常包括以下几个方面：其一，教学目标的确定。目标既要体现语言知识和技能的培养，又要兼顾语用能力和跨文化交际能力的提升。其二，教学内容的选择与组织。应根据学生的语言水平和学习需求，合理安排语法、词汇、语音等知识点，以及听、说、读、写、译等综合技能的训练。其三，教学方法与策略的运用。教师需结合交际法、任务型教学、翻转课堂、多媒体辅助等多种方法，设计灵活多样的教学活动，增强课堂的互动性与实效性。其四，教学评价与反馈。既要关注学习结果的考核，也要注重学习过程的评价，通过形成性与终结性评价相结合的方式，促进学生的持续改进与自我反思。

第四，课程大纲、课程教学和教学大纲的关系。教学大纲是课程教学的一部分，课程教学又是课程大纲的一部分。课程大纲、课程教学和教学大纲之间的关系是一种互相涵盖、部分重叠的关系，也是一种从宏观到微观的关系。课程大纲涵盖多个层面的内容：学生和教师、课堂、学校、教学体制、社会文化大环境，以及全球社会经济体系。课程大纲需要考虑和满足各个层次的需求；课程则是课程教学大纲中的一部分，是开设的具体科目，主要涉及学生、教师和课堂教学；教学大纲主要是指某一门具体课程的教学内容，通常是教材的内容，按照从易到难、从简单到复杂的顺序，以单元的形式排列。

第五，课程大纲与教学大纲的比较。课程大纲和教学大纲这两个概念的使用频率较高，其意义也容易被混淆。虽然两者存在密切联系，在意义上也有重叠，但是它们也有区别。课程大纲的覆盖面较广，涉及英语政策的制定、社会需求的考察、考试制度的确立、教育项目的评估等，是教育专家、教育管理部门等从事的工作；而英语教师的责任范围更多的是设计教学大纲和实施课堂教学。课程大纲是“战略性计划”，是教学管理部门为教师提供的指导；教学大纲是“战术性计划”，是教师为执行“战略性计划”所做的计划。课程大纲是一个宽泛的概念，它指学生在学校参加的所有活动，不仅仅包含学生所学的内容，还包含学生如何学习、教师如何教学、使用什么教材、教学方法和测试方法以及教学设施等问题。而教学大纲则是一门课程所涉及的教学内容，它只是学校课程大纲计划的一小部分。课程大纲涉及制定英语学习的宏观目标、英语学习的过程、教育项目的评价以及教师和学生之间的关系。相比而言，教学大纲则更具体化，通常是教师和学生将课程宏观目标应用于自己课堂的实践记录，主要聚焦于教学内容的选择和分级；而课程大纲涉及教育项目规划、实施、评估、管理和行政工作等各个方面。

第六，总体目标和教学目标的比较。总体目标，也称为教学总体目标，陈述一个英语项目或课程的总目的。总体目标比较宏观，它们是教育管理机构基于国家语言政策和社会需求分析的结果所提出的英语教育目标，从总体上描述英语课程应该达到的效果以及课程给学生带来的变化，成为英语教师设计课程依据的原则。总体目标可分为水平目标、认知目标、情感目标和迁移目标。

教学目标是依据总体目标而设定的比较微观的目标，是英语课程设计和教学中具体可行、易于操作的教学目标。这些教学目标反映出教学大纲的三个层面，即语言内容、教学过程与方法以及教学结果。它描述课程给学生带来的具体变化，能够为教学活动提供依据。教学目标可分为英语行为教学目标、英语技能教学目标、英语内容教学目标、英语水平教学目标、英语任务教学目标、社会文化教学目标；也可分为过程目标与结果目标、现实生活目标与课堂教学目标、非英语目标等。

第七，课本和教材的比较。在英文资料中，这三个词“Textbook、Coursebook、Teaching Materials”经常出现，有时也可以互换使用。但是严格地说，它们之间也有区别。

课本（Textbook/Coursebook）是一个相对狭小的概念，是日常课堂教学中师生共同使用的、有关一门课程学习的基础内容；或者说是一门课的一本核心教材。教师所上的每一门课程通常都使用一本课本，教学内容和考试知识也是基于该课本。当然，现在处于信息时代，教学除了一本课本还有其他的教学资源可以利用，它们能够起到辅助、补充、优化教学内容和提高教学质量的作用。这就是另一个概念——教材（Teaching Materials）。

教材（Teaching Materials）是一个相对宽泛的概念，它包括用于课堂教学以及自主学习的所有教学材料和资源，如课本（可能是一本以上）、练习册、教师用书、音频资料、视频材料、学习网站资料、学习软件、课外读物、网络资源等。在此条件下，教学内容不局限于课本，而是包括课本及其延伸的相关内容。考试也不局限于课本，而是基于课本的知识，同时，又能够为学生提供更多的思考空间和创造性思维的机会。

第八，学习评价、课程评价和教师评价的比较。学习评价（Assessment）、课程评价（Evaluation）和教师评价（Appraisal）这三个词经常在阅读中遇到，特别是在使用英语的时候，有互相混淆的情况。这里有必要辨析三者的区别，以免产生误解。

学习评价（Assessment）是对学生的学习所做的评价，关注的是学生学得怎样以及是否学到了知识和获得了能力。常用的评价手段是测试，包括笔试和口试，或者是测试与平时的学习表现相结合，或者是测试与课程论文相结合，对学生的学习情况加以判断。

课程评价（Evaluation）包含学习评价，同时，还要对教学以及课程各个环节进行评价。课程评价关注的是课程是否取得效果，它涉及课程的教学目标、教学内容、教学方法、教学材料与教学活动，以及学生的需求分析、学生的参与、师生的角色等多个课程组成部分对课程效果所起的作用。

教师评价（Appraisal）是对授课教师所做的评价，关注的是教师的教学信念、教学行为、教学能力、教学手段、教学效果等方面。常用的评价手段包括课堂观察、访谈、问卷、教学录像、教学日记、教案评价等。

第九，形成性评价、启发性评价和终结性评价的比较。在英语课程评价中，经常使用三种评价方式：形成性评价、启发性评价以及终结性评价。

形成性评价以改进教学质量为目的，是对教与学各个层面的优点和缺点进行评价。评价为非一次性的、持续性的，具有发展性的特点，评价的结果有利于后期和未来的工作设计及实施。形成性评价多采用描述性和质性的评价方法，也常配合使用量性的方法。

启发性评价的目的是促进教师对课程各个方面的深入理解、认识和思考。评价是发展性的，能够拓展教师课堂教学的知识，引导教师对英语课堂教学实际现状的思考和探索。启发性评价多采用描述性和质性的评价方法，也可以配合使用量性的方法。

终结性评价是判断性、总结性或批评性的评价。评价为一次性的，关注的是学生学习的总体结果或课程的整体效果。来自外部的评价多采用终结性评价方式。终结性评价多采用量性和质性相结合的评价方法。

第二节　英语课程设计的内容框架

课程设计指的是制定或更新课程的计划以及实施的过程，主要包括需求分析、教学环境分析、教学目标制定、教学大纲设计、教材设计以及对整个课程设计的评价。它们形成了一个互动的体系。作为一个整体，每一个阶段发生的变化都对其他阶段产生影响。简而言之，课程设计是教学规划、设计、实施、评价、完善等一系列工作的总和，是一个系统工程。

课程设计包含多层意义。第一，课程设计与确定学生需求和学习目的，设立总体大纲和教学大纲，选择和排列教学内容，组织教学活动，选择、改编、开发教材以及教学任务，测试和评价等各个方面有关。第二，课程设计也是一种行动，英语教师到课堂观察教学活动，研究课程设计者的目的如何在课堂中得以执行和实现。第三，测试与评价。针对课程提出的目标，教师了解学生学到了什么以及没有学到什么，或者是学生学到了什么教师没有设计的内容。这些发现可以帮助教师掌握成功或失败的原因，为后面的课程改进和提高提供重要的依据。第四，研究教学管理。教学单位如何利用可获得的资源、如何将课程与社会联系起来或对社会做出反应、如何处理有限资源带来的困难以及行政人员的决策对课堂教学的影响等。课程设计不是一次性的设计，而是设计、实施、研究、改善、再设计、再实施的循环过程。如同其他任何工作一样，要做得更好就需要不断完善，精益求精。课程设计是一个过程，涉及一系列的步骤，由多个环节或阶段组成。设计一门课程需要教师在教育和教学理论的指导下确立教学目标；制定教学大纲；选择、改编和开发与教学大纲相匹配的教材；依照教材决定教学方法；评价课程是否达到教学目标。主要的课程设计的模式有线性模式、动态模式、专门用途英语课程设计模式以及格雷夫斯的课程设计模式。而且，课程设计模式在实际运用中也是不断发展和完善的。

一、泰勒的线性模式

泰勒最早提出了一个课程设计的模式，它是一个线性模式，即一个环节通往下一个环节，一环扣一环。他强调课程设计应遵循教育目标、选择教育经历、组织教育经历、评价教育目标的实现情况四个步骤，也被称作泰勒法则。

泰勒认为，在课程设计过程中，教师必须回答以下四个关键问题。

（1）学校应力求达到何种教育目标？

（2）需要为学生提供怎样的教育经历才能达到这些教育目标？

（3）如何有效地组织这些教育经历？

（4）教师如何教学才能确定这些教育目标得以实现？

泰勒的课程设计模式体现了课程的本质和核心内容，它包括四个方面：课程的教学目标、课程的教学内容、课程的教学组织和课程的教学评价。

泰勒提出的四个基本问题，构成了考察课程与教学问题的基本原理，既为课程设计提供了理论基础，又为课程研究提供了范式。第一个问题涉及总体目标和教学目标。总体目标是国家、地区或学校制定的英语教育的宏观目标，是学校教育的指南。教学目标是教师根据自己对教育理论的理解以及自身的教学经验，将总体目标具体化，形成教学目标。第二个问题是关于教学内容的选择，也就是人们现在所说的教学大纲设计。第三个问题是教师有效地组织课堂教学内容和实施课堂教学。第四个问题是通过评价和检验教学目标以及总体目标的实现情况，了解教学效果。这样，课程设计就覆盖了英语语言课程和语言教学的整个过程，是一个完整的体系。

泰勒的课程设计过程被认为是经典的、系统性的课程设计模式。它带来了 20 世纪

50 年代的课程研究复兴，使得一系列课程设计模式被推出，产生了重大的影响。

二、动态模式

怀特提出了一个圆形的课程设计模式。他认为教学评价不是课程设计的终点，而应该起到为修改和完善教学目标提供依据的作用。因此，课程设计的起点和终点需要汇合，形成一个周而复始、不断更新的动态循环。

格雷夫斯也提出了一个课程设计的动态模式，它由几个阶段组成：设计课程、实施教学、修改或再设计课程、再实施教学，形成一个反复周转、不断评价和不断决策的循环过程。它也是一个概念化—实践—再概念化—再实践的过程。

从上述模式可以看出，课程设计是一个循环的过程。在课程设计过程中，教学目标、教学内容、教学方法和教学评价四个组成部分是不可分割的。如果其中的一个有所变化，势必影响或导致其他部分的改变。而且，课程设计不是一次性完成的，需要反复进行，因为每次的课程设计都需要在实践中检验、接受评价，然后再做出决策，不断改进和完善。

三、专门用途英语课程设计模式

罗宾逊论述了专门用途英语课程设计的特点，他认为专门用途英语课程设计是一系列因素互相作用产生的结果，如需求分析的结果，课程设计者对教学大纲、教学方法以及现有教材所持的态度等。所有这些因素都因具体条件的限制而需要做出修改和调整。课程设计不仅意味着从一个阶段过渡到另一个阶段，各个阶段之间还存在密切的关联；同时，它还反映出课程设计者对教学内容、方法和教材所持的观点。此外，课程设计的各个环节也会受到各地资源和条件的制约。所以课程设计者还需要将这些因素考虑进来，并采取相应的措施。沃特斯也对课程设计的全过程做出概括，他将专门用途英语课程设计的步骤归纳为：需求分析—课程计划—教材选择—教学过程—教学评估。他认为课程设计是一个过程，人们研究搜集有关学习需求的一些原始资料，是为了设计综合性的教学方案，其最终目的是引导学生获得某些特定的语言知识。首先，人们运用理论与实践知识，制定教学大纲；其次，根据教学大纲选择、改编和编写教材；再次，根据教材决定教学方法；最后，建立一套评估手段用以检测先前所制定的目标的进展情况。

在此基础上，沃特斯还总结了专门用途英语课程设计常采用的三种方案：以英语语言为中心的课程设计、以技能为中心的课程设计和以学习为中心的课程设计。

（一）以英语语言为中心的课程设计方案

以英语语言为中心的课程设计包含以下步骤。①确定目标场景，同时，选择语言理论。②确定目标场景中的语言特征。③设计教学大纲。④设计教材，将教学大纲具体化。⑤制定评价体系，检验教学大纲中英语知识的实施情况。虽然课程设计的步骤看上去没有不同，但以英语语言为中心的课程设计方案比较突出英语知识的重要性。例如，第一步就是以语言理论为指导，第二步是掌握学生将来需要使用英语的特点，然后在此基础上设计教学大纲和教材。可以确定，教学大纲和教材是围绕英语知识而设计的。

（1）目标场景分析决定了英语课程的内容，目标场景所需要的语言就是课程的重点。

（2）课程的内容是提供英语知识。

（3）学生被认为是语言的接受者。

（4）以达到目标场景语言能力为主要目的，未能考虑各种学习因素，如学习规律、学生的情感因素等。

（二）以技能为中心的课程设计方案

以技能为中心的课程设计包含以下步骤。①确定目标场景。②分析目标场景中需要的语言技能；同时，选择语言理论和学习理论。③设计教学大纲。④选择课文和练习，聚焦教学大纲中的语言技能。⑤制定评价体系，检验教学大纲中语言技能的实施情况。

以技能为中心的课程设计方案突出语言技能的重要性。在课程设计初期，根据学生的目标场景分析出所需要的语言技能，并以语言理论和学习理论为指导，设计出教学大纲。毫无疑问，教学大纲是围绕语言技能的学习而设计的。之后的教材和教学内容也反映了以语言技能为中心的教学大纲要求。当然，课程评价也是检验以语言技能为中心的教学大纲的完成情况。因此，语言技能培养贯穿于课程设计的各个阶段，它是以语言技能为中心的课程设计。本方案的特点如下。

（1）帮助学生掌握语言技能，培养英语运用能力。

（2）语言能力与未来的学习和工作直接相关。

（3）学生是语言使用者，而非语言学习者。

（4）虽然注重技能的培养，但未能重视学习过程，如教学方法、学生的学习经历和感受等。

（三）以学习为中心的课程设计方案

以学习为中心的课程设计包含以下步骤。①确定学生。②选择学习理论和分析学生的学习情景；同时，选择语言理论和分析目标场景。③确定学生的学习愿望和学习态度，以及教学的需要和教学环境的局限；同时，确定目标场景中需要的语言技能和语言知识。④设计教学大纲和编写教材，目的是最大限度地挖掘学生的学习潜力，以获得语言技能和语言知识。⑤评价以学习为中心的教学大纲的完成情况，评价结果又反馈到第二步。

可以发现，以学习为中心的课程设计方案与前面两个方案有所不同。它弥补了以英语语言为中心的课程设计和以技能为中心的课程设计方案的不足，既没有重视学习过程、学生的学习经历和感受，也没有考虑各种学习因素，如学习需求、学习规律、学习态度、情感因素等。而本方案突出了学生学习的重要性，同时，又将学生学习与语言知识及技能相结合。方案中需求分析部分由两个平行的板块组成：左边关注的是学习情景、学生的学习态度和学习需求；右边是目标情景和相对应的语言知识和技能需求。而且，课程设计的各个阶段都体现了对学生学习的重视，即课程设计第一步就是以学生为目标；第二步是结合理论，分别分析学习情景和目标场景；第三步是考虑学习愿望和所需要学习的语言知识及技能；第四步的教学大纲和教材是为了达到满足学习的目的而设计的；第五步的课程评价不仅检验教学大纲的完成情况，还将评价结果反馈到前面的几个阶段，形成了动态的和互动的过程。以学习为中心的课程设计方案具有以下特点。

（1）学习情景和目标场景的需求都对教学大纲、教材、教学方法以及教学评价产生影响。

（2）课程设计的每个阶段都考虑了学生的学习需要。

（3）学生是语言学习者，课程设计关注学生获得语言知识和技能的过程。

（4）课程设计是一个动态的、互动的过程，并具有反馈机制。

四、格雷夫斯的课程设计模式

课程设计模式除了从线性模式转变为动态模式，在实际运用中也得以不断发展。

格雷夫斯提供了一个英语课程设计的框架，它由以下七个部分组成。

（1）评估需求。(学生的需求是什么？教师如何了解这些需求以便有针对性地教学？)

（2）确定目标。(课程的目的和预期效果是什么？学生需要如何达到这些目标？)

（3）构思内容。(教学的主要内容是哪些？如何将它们安排到教学大纲中？)

（4）选择教材和设计活动。(教师使用什么教材？如何使用？教师和学生的角色分别是什么？)

（5）组织教学内容和活动。(教师如何组织教学内容和教学活动？如何形成一个体系？)

（6）评估教学。(如何评价学生的学习结果？如何评价课程的效果？)

（7）考察现有资源及不足。(教学环境和条件如何？)

本框架反映了英语课程设计的整个体系，它包括：①教学前期的评估需求和确定目标等准备工作；②教学过程的设计，如构思内容、选择教材和设计活动；③教学完成后的教学评估和资源考察工作。

第三节　高校英语教师课堂策略

英语教师课堂策略研究不是指教学法研究，也不是针对诸如语音、语法、词汇或听说、阅读、写作等方面教学的分门别类的研究，其着眼点是课堂教学的实际过程——课堂互动，旨在了解教师的哪些课堂行为有利于学生学习和掌握语言，从而成为值得提倡的教师课堂策略，并成为英语教学评估的依据。

一、英语课堂讲授策略

讲授作为最古老、最传统的教学行为，时至今日仍然是普遍使用的一种教学行为。课堂讲授是教师运用言语和非言语向学生传播知识技能技巧的一种方法，也是教师经常表现出的一种教学行为。因此，对教师来说，探讨教师讲授的策略十分重要。

（1）组织条理性讲授。典型的讲授是教师运用口头语言向学生传授知识信息，因此，讲授的组织条理性对保证学生获得系统的、有组织的知识技能至关重要。组织条理性讲授指在教学过程中教师以系统、有组织、有条理的方式讲授教学内容。

（2）清晰明了地讲授。清晰明了地讲授要求教师做到以下几点。①教师要清晰地提出教学目的、教学要求、教学任务以及对学生的具体要求。②教师对学生的教学指导和组织要清晰明了，使他们十分清楚且明确地了解教师对其学习活动的要求，按清晰的指令做好学习准备，开展学习活动。③教师要保证语言的准确、清晰。准确、清晰的语言可以使学生正确无误地理解、掌握教学内容，对教学内容有清晰、准确的印象，加深记忆，更长久地保存。④讲授内容要准确、科学、无误，避免使用过多的口语、停顿和模糊的语言，多用肯定性语言，少用模棱两可的语言。教师要运用有助于清晰明了地讲授的多种方法。

（3）科学讲授。科学讲授是指讲授方法的科学性。其表现为遵守教学规律和教学原则、讲授方法正确、教学目的清晰、重点突出、难点突破。讲授的科学性能保证学生科学、合理、牢固地掌握教学内容。科学讲授的策略有以下几种。①开始授课的方法正确。②授课开始时，教师要简述或概述教学目的、教学任务，对学生提出明确的要求和期望，告诉他们在课堂上怎样做，指导十分明确。同时，教师要通过简述教学内容的价值，使学生意识到教学内容的重要性，投入学习中。③在讲授中教师要突出重点、难点，让学生理解和掌握。④恰到好处地结束一堂课。

（4）为理解而讲授。为理解而教、为理解而讲授是指教师的教学或讲授要促进学生理解，而不是让学生仅仅熟记事实、规则、原理、概念等。学生学习的不仅仅是相关的知识网络中独立的知识点，而且要理解这些知识点之间的联系，这样才能用自己的语言解释教学内容，才能获得知识并在课内外适当运用。为理解而教学意味着教师要把新知识和原有知识结合起来，帮助学生建构相关的知识网络。

教师的职责现在已经是在传递知识的基础上，越来越多地激励学习者思考。为理解而讲授类似于促进学习者思维发展的启发式教学，为理解而教是随着认知科学的发展而发展的。为理解而教的教学绝不只是呈现教学内容的教学，而是一种复杂的教学，是注重引起学生思考等认知活动，使他们在理解的基础上掌握教学内容的教学。课堂教学不仅是传授知识，而且要一起分享理解，即教师和学生分享彼此的思考、经验和知识，交流彼此的情感、体验与观念，丰富教学内容，并求得新的发现，从而实现共识、共享、共进，实现教学相长和共同发展。因此，教师有必要学习和掌握为理解而讲授的策略。

（5）生动、热情讲授。生动讲授是指教师在讲授时能运用生动形象的语言、丰富多样的非言语表达以及饱满的热情使讲授生动有趣、充满吸引力。热情讲授是指教师在讲授时能通过语言、情感、动作等显示出自己对学科、对教学、对学生的热爱和热情，使讲授充满感染力。从严格意义上说，热情是使讲授生动和有吸引力的一种方法，因此，它从属于讲授的生动性。

二、组织英语课堂讨论策略

课堂讨论是指在课堂上学生与学生或学生与教师就教学内容通过说、听，互相交流，以期达到教学目的的过程。讨论教学的策略如下。

（1）提出目的，明确主题。提出讨论目的就是界定并告知学生课堂讨论的目的。在课堂讨论开始前，教师要仔细计划好讨论，说明讨论理由，提出讨论目的，使讨论有明确的方向。

（2）创建适宜的环境。课堂讨论环境是指开展课堂讨论的物理环境和心理环境，是开展课堂讨论的背景。适宜的课堂讨论环境对促进讨论的成效有至关重要的作用。为创设适宜的课堂讨论环境，教师可从以下几个方面着手：①培养学生参与讨论的愿望和动机；②除可进行全班讨论外，也可对学生进行分组，实施分组讨论教学；③采取适于讨论的座位模式；④创设支持性环境，要以民主式而非权威式的办法组织或指导讨论，要学会倾听，有良好的倾听技能；⑤学会对学生在讨论中的贡献做出反应，表达欣赏、支持的态度。

（3）适时引导。教师适时引导课堂讨论，可以确保讨论的方向性，使讨论紧紧围绕教学内容进行。在课堂讨论中，特别是在全班讨论中，讨论可能偏离主题，进而影响讨论的方向和讨论的效果，因而教师要适时引导讨论，有效监控、管理学生在课堂讨论中的行为和反应。当学生的讨论有迹象偏离讨论主题或开始偏离讨论主题时，要及时加以指导或引导，使讨论回归到讨论主题上。当感到学生的参与率下降时，要及时查明原因。如果讨论主题不合适，要马上换一个。因为简短快捷的讨论比一个拖拉冗长的讨论要好。

（4）鼓励参与。无论是全班讨论，还是小组讨论，重要的是教师应让学生都参与讨论，将自己融入其中。可以说，讨论对学生学习的影响和促进作用取决于教师在多大程度上鼓励学生参与讨论。因此，教师应该鼓励学生多参与讨论。

（5）科学结束讨论。结束讨论应主要从以下几个方面开展工作。第一，归纳或小结课堂讨论。归纳或小结课堂讨论主要包括说明讨论已解决的问题、得出的主要结论、形成的基本认识等。第二，总结课堂讨论的得失或经验教训。第三，通过归纳或小结帮助学生对讨论内容进行梳理，复习主要内容，并产生整体印象，使知识系统化。在教师归纳或小结的同时，要逐步培养学生进行自我归纳或小结的能力。第四，建立此次讨论与随后课堂学习或讨论的联系或过渡，为以后的学习提供基础。第五，将讨论内容或主要结论与讨论目标、学习目标结合起来，与学生的实际应用结合起来，显示讨论对达成目标、对学生学习已经发生的作用，使学生产生成就感，强化学生继续参与课堂讨论的动机。第六，让学生总结。教师可以叫学生总结，让学生觉得讨论有意义，并学会如何进行独立学习。

三、课堂提问策略

问题是开启学生心智、促进学生思维发展和情感升华的钥匙。课堂提问又称课堂问题，是教师通过和学生相互交谈来进行教学，它作为一种重要的教学行为在教学中被广泛使用。但并非所有的提问都促成了学生的主动学习。对教师来说，在教学中掌握和运用有效的提问策略至关重要。

（1）明确目的。提问是一种教学手段。提问的目的主要是了解学生对教学内容的掌握情况进而改进教学，促使学生对教学内容进行注意、理解和掌握，提高学生的学习成绩。因此，教师在提问前必须明确提问的目的。

（2）选择问题。有效提问还需要教师选择适当问题。选择适当问题包括：选择问题的类型；选择问题的难度；选择学生感兴趣的问题；选择促进教学的问题；根据教学进程选择问题；选择教师能够回答或知道怎样去回答的问题。

（3）正确叫答。叫答是一种艺术，教师必须掌握其方法。第一，留下等候时间。教师要在提问后至叫答之间留下时间。教师提问后至叫答的等候时间，低水平问题为3~4 s，高水平问题为15 s。第二，教师在提问后再叫学生回答。这是有效提问的最起码要求，也是教师应该熟知的一种教学策略。第三，给学生同等机会回答问题。第四，保持悬念，使学生感到自己任何时候都有被要求回答问题的可能性。

（4）有效反馈。对学生的回答做出反馈，又叫理答。其策略有：第一，留下第二等候时间。第二等候时间指在学生回答问题后到教师或学生肯定或否定其答案，或教师问第二个学生问题，或开始下一步教学的时间间隔。教师在学生回答后不要立即给予评论，也不要立即叫第二个学生问答，或者提新的问题，或者继续教授新课，而应留一定时间（一般2 s）让回答问题的学生补充完善问答。第二，教师必须对学生的回答做出反馈，以表明教师了解了学生做出的努力和他们对回答问题、寻求正确答案做出的贡献。第三，对学生的不同回答做出不同反馈。对正确回答，教师应给予肯定，必要时给予表扬，或者追问另一个问题看学生是真正理解还是在背答案。

（5）采取支持性措施。在学生回答问题的过程中，为了保证课堂提问的有效性，教师应采取支持性措施。

四、采取适应性教学策略

适应性教学是指教师在教学中使教学内容、方法、活动等适应教学情境（特别是学生、课程等）的措施。适应性教学即因材施教的教学。教学是人与人之间的相互作用，具有高度的灵活性，需要教师表现出适应性教学行为，采用适应性教学策略。

（1）运用多种策略。教学最显著的特点是，教师每次与学生接触都面临着选择。所谓选择就是要选择与教学情境协调或相适应的教学策略，而要进行选择，必须是从可供选择的方法、策略库中选择。教学研究和教学实践都证明，教师必须掌握多种教学策略或措施。没有一种教学策略适合于所有学生、所有课程、所有教学情境。教师运用教学策略应该表现出灵活性、变化性、适应性，选择和采取与特定教学情境相匹配的教学策略。

（2）适应学生实际。教师应进行适应性教学，认真研究自己的教学对象。不了解学生的教学，不是成功的教学。因此，教师在教学中应研究、顾及学生的兴趣、需要、能力及特点，并努力使教学切合学生的实际。

（3）做出灵活反应。适应性教学应贯穿于课堂教学的全过程，这就要求教师在确定教学目标、引起并保持学生注意、讲授新内容、提问、布置课堂作业和家庭作业等教学的各个环节都要做到灵活。教学的复杂性就在于教学的不确定性。

随着教学的进行可能会出现一些新的情况，再周全的教学计划和安排也难以适应不断变化的教学情境。因此，教师要意识到教学情境变化的敏锐性，并有对教学情境变化迅速适应的反应能力。

（4）调整教学速度。在教学中，教师一方面要研究学生的学习基础和学习潜力，使教学速度或进度与学生的实际相适应，并且一旦发现教学进度或速度与学生实际不相适应，就要及时调整；另一方面，要挖掘学生的学习潜力，注意培养学生的学习能力，为学生快速学习创造条件，提高学生的学习效益。

（5）选择合适内容。进行适应性教学要求教学内容与学生的实际相适应。在教学过程中，教师要使教学内容与学生实际生活紧密结合起来，使学生看到教学内容与他们的相关性及对他们的重要性，并因此重视学习和掌握教学内容。同时，教学内容的安排要适合学生，要选择难度与学生实际匹配的教学内容，使学生既不感到太困难，也不感到太容易，从而更好、更快地理解和掌握教学内容。

五、课堂环境策略

课堂是一种教学环境，是教师将知识信息传递给学生，学生获得知识、技能，以及发展认知能力的场所。课堂环境直接表现为课堂气氛，因而教学是在一定的课堂气氛中进行的。

（1）创建愉悦的课堂环境。教师需帮助学生在课堂上显示自己的能力。若能通过教学活动的组织和教学环境的创设使学生完成学习任务并取得成功，那么，学生不仅会产生胜任感、自我实现感和成就感，还能体验到成功的自豪和喜悦。这样的课堂就会被学生认为是令他们愉悦的课堂，他们就能专注于学习任务从而取得成功，也就不可能出现分心现象和问题行为。

（2）创建合作的课堂环境。合作是指两个或两个以上的独立个体共同从事一项工作或解决一个问题以达到共同目的。合作的课堂是师生相互配合、共同努力去完成教学任务和实现教学目标的课堂。

（3）创建对学习负责的课堂环境。学生对学习负责的课堂是指在课堂教学中，学生担负起学习责任并努力学习、主动参与课堂教学，从而取得理想学习效果的课堂。要创建该课堂环境，必须采取如下措施。第一，增强学生的学习责任意识。让学生懂得教师的教学只起主导作用，学生自己的学习意愿、学习动机、学习努力程度和学习方法才能决定其学习的效果。第二，对学生的学习寄予较高且现实的期望，教师要充分相信学生能负起学习责任，并通过赞赏、表扬、鼓励，强化他们负责任的学习行为。第三，赋予学生管理自己学习的责任，教学生做出决策。让学生意识到在课堂教学中是他们自己在不断做出课堂学习和课堂行为的决策。

（4）创建教和学的课堂环境。教和学的课堂环境是指课堂的一切活动都围绕教与学。课堂是教学的场所，主要功能是进行教学、完成教学任务、实现教学目标，教和学无疑是课堂的中心工作。

第八章　高校英语课程资源建设

第一节　课程资源的内涵及其分类

一、课程资源的内涵

课程资源是相对课程的一个概念。课程是按照一定的教育目的，在教育者有计划、有组织的指导下，受教育者与教育情境相互作用而获得有益于身心发展的全部内容。提到课程资源，人们会联想到学习资源、教学资源和教育资源。学习资源是指在教学系统和学习系统中，学习者在学习过程中可以利用的一切显现的或隐性的条件。例如，教科书、语言实验室等学习资源是显现条件，而戏剧院、博物馆等非专门设计的学习资源或可利用的学习资源就是隐性条件。教学资源指那些为了有效开展教学而提供的各种可资利用的条件，既包括教材、案例、影视、图片、课件，也包括教师资源、教具、基础设施等。教育资源是人类社会资源之一，它包括自有教育活动和教育历史以来，在长期的文明进化和教育实践中所创造和积累的教育经验、教育知识、教育技能、教育资产、教育费用、教育品牌、教育制度、教育理念、教育人格、教育设施以及教育领域内外人际关系的总和。

对于课程资源的定义大致分为以下几种。吴刚平认为课程资源的概念有广义和狭义之分。广义的课程资源指有利于实现课程目标的各种因素，狭义的课程资源仅指形成课程的直接因素来源。徐继存等人认为课程资源是课程设计、实施和评价等整个课程编制过程中可资利用的一切人力、物力以及自然资源的总和，包括教材以及学校、家庭和社会中所有有助于提高学生素质的各种资源。吴刚平的定义便于了解狭义和广义的课程资源，徐继存等人的定义更为具体化。据此，可以把高校英语课程资源定义为：高校英语这门课程设计、实施、检查、评价等整个课程编制过程中可资利用的、富有教育价值的人力、物力和自然资源的总和，包括教材以及学校、家庭和社会中所有有助于提高学生素质的各种资源。其中，人力资源包括教师、学生、学生家长、社会人士等，也包括以英语为母语的国际留学生、外籍教师、外籍游客和在华外籍工作人员；物力资源包括在教学过程中使用的教材、投影仪、教室、图书馆的藏书、学生开展自主学习的自主学习中心等；自然资源包括主要为特殊用途英语实践用的名胜古迹、自然风光等。

宋振韶认为，从包孕与被包孕关系来看，教育资源和学习资源明显比课程资源和教学资源所涵盖的范围要大；而学习资源被包孕在教育资源中，属于教育资源的一部分，课程资源又比教学资源所涵盖的范围广一些，教学资源的范围最小。这种包孕与被包孕关系也能解释许多高校英语教师为什么把课程资源简单地理解为“教科书”，认为教材和教学辅助用书就是唯一的课程资源，忽视了其他形式的课程资源的存在，更谈不上对其开发和利用。这些教师一直奉行把“教科书”教好，严格遵循“教学大纲”和执行“教学计划”，周而复始地实施着教学。

二、课程资源的分类

课程资源丰富繁杂，随处可见。高效的课程资源建设和利用必须立足于有效的分类和管理。按照空间标准分类的校内课程资源指学校内部的课程资源。例如，图书馆与自主学习中心这样的场所和设施资源，教师、学生、校园文明建设这样的人文资源，第二课堂活动、座谈讨论这些与教学活动密切相关的活动资源。校外课程资源主要指学生家庭、社区乃至整个社会中能够用于教育教学活动的设施和条件，以及丰富的自然资源。校内课程资源是课程资源开发和利用的基础，是校外课程资源开发和利用的先决条件。但是，校内和校外课程资源这种课程资源二分法随着互联网的出现遇到了问题。那些海量的网络信息既不能归划为校内课程资源，也无法划归为校外课程资源，其跨两大类，只好将其单列于此。

按照存在形式划分的显性课程资源指那些看得见、摸得着的课程资源，如高校英语教学光盘、图书馆、语音实验室；隐性课程资源是指以潜在的方式服务于教育教学活动的课程教学资源，如奋发向上的、和谐互助的学习氛围以及校风校纪等。显性课程资源容易开发和利用，对教育教学活动的影响很直接，而隐性课程资源的开发和利用需要一定的周期和付出较多的时间、精力，对教育教学活动的影响也较为间接。

按照物理特性和呈现方式划分的文字课程资源主要指教材这样的显性课程资源；实物课程资源有多种表现形式，与高校英语课程建设关系非常密切的有教学光盘、图书馆阅览室、语音实验室、同声传译室等；高校英语活动课程资源主要指为强化学生英语语言应用能力而开展的第二课堂活动，如朗诵大赛、演讲大赛以及辩论赛等；数字化课程资源具有信息容量大、多媒体、网络化等特点。这些课程资源的利用能超越时间、空间、地点，而且快速、便捷，是学生开展学习的主要渠道，并发挥着越来越重要的教育功能。

按照性质划分的自然课程资源主要以自然界为中心，具有“天然性”的特点；而“人工性”是社会课程资源的最大特点。按照属性划分，课程资源首先分为物质的课程资源和非物质的课程资源两大类。物质的课程资源包括人力课程资源和物力课程资源，非物质的课程资源分为思想课程资源和知识课程资源。思想课程资源指一切可能参与教育教学活动中，影响课程活动的各类人员所具有的全部思想；知识课程资源指在设计课程时，可供选择的知识总和。

按照功能划分的素材性资源包括知识、技能、经验、活动方式与方法、情感态度和价值观以及培养目标等方面的因素，而条件性资源则包括直接决定课程实施范围和水平的人力、物力、财力、时间、场地、媒介、设施、环境以及对于课程的认识状况等因素。

从上面的论述可以看出，课程资源类型的划分反映了一种多维思考，丰富了人们对课程资源的认识，有利于强化课程资源意识，多渠道、多模式、多维度地创设大学英语学习机会。

第二节　高校英语课程资源建设的意义

一、有利于促进教师教育观念的更新

广义的课程资源概念带来了全新的课程理念，教材不再是整个教学活动的中心，教师对学生的评价也不再以学生是否掌握了书本内容为准，而是基于整个教学活动的课程目标完成情况。全新的教学模式和评价标准不管对教师还是学生来说都是一种挑战。对教师而言，整个教学设计过程和实施都围绕教学活动是否有助于课程目标的完成，除了关注是否完成了教材上的教学内容，教师更要思考如何高效开发高校英语课程资源，培养学生的自主学习能力，引导学生完成课程目标。对学生而言，他们需要考虑在整个学习过程中学会了什么，而不单单是考虑是否已掌握书本上的知识等。

二、有利于教师专业成长

接受新课程资源观熏陶的高校英语教师，不会再日复一日地重复使用相同的教材、教案和教学课件，他们会紧跟时代发展的要求，更新自己的知识结构，不断加强对教学内容、教学活动设计、课堂组织模式、课堂评价方式等的反思，以改进自己的教学方式。同时，高校英语课程教学资源的不断丰富，使得学生的自主学习成为可能，兴趣和爱好驱动着他们对教材进行深度加工，同时不断拓展着他们的知识面，利用各种场合将课堂上所学到的知识应用于实践中，使自己的英语语言应用能力得到迅速提高。同时，学生英语学习的成功迫使教师加大投入，去深挖教材，研究语言学习规律，强化语言教学策略，以提升自己的综合素质，更好地服务于教学。

三、有利于提高学生的综合素质

传统的高校英语教材旨在帮助学生加强英语基本功建设，不管是文章的体裁、选材的主题、选材的长度，还是课文的难度都是面向学生大众，不会关注学校与学校间学生的英语水平差异、同一所学校间学生的专业差异、学生个体的学习需求等因素。丰富的、个性化的课程资源的开发和利用不但是对原有教材内容的补充，也促使了第二课堂与第一课堂的联动，形成了较好的学习氛围，拓宽了学生视野，激发了学生的学习兴趣，最终促进学生思想、品德、行为、知识、能力和人格等的全面发展。

四、有利于高校英语课程开发

高校英语课程资源种类繁多，形式多样，在开发和利用过程中必须对其进行有序化管理。同时，系统的高校英语课程资源建设工作量大，不是短时间内能完成的，一般需要几个星期到一两年不等。因此，需要分工协作。由于该项工作能推进高校英语教师的专业化发展，教师的付出不但能提高教学质量，随着时间的推移，还会使其产生浓厚的兴趣，从而不断地去深化这项工作，最终积累的资料越来越多，到一定程度，这些课程资源经过整理、加工、补充和完善，就形成了一门新的公共选修课程的雏形。于是，高校英语选修课程群又增加了一位新成员。

五、有利于培养学生自主学习能力

高校英语课程资源的开发与利用，主要以课程目标的达成为根本出发点，以学生的身心完整、和谐发展为终极目的。传统的教学将学生局限在课堂这一特定的场所中，课程资源以教材为主，没有充分唤起学生的学习积极性、主动性和创造性。在新课程资源观下的大学英语学习模式中，学生学习的时空范围得以扩展，可随意选择丰富多彩、形声具备、图文并茂的课程资源。学生成了学习的主体，他们自己决定英语学习的内容、时间、场所、进度、节奏以及学习质量的监控，从根本上改变了以往师生单向的知识传递方式，把“要我学好英语”转变成了“我要学好英语”，形成了全方位的、多元化的自主学习渠道。

六、有利于形成性评价的实施

检查课程建设是否达到预期目标需要依靠评估。因此，对课程进行全面、客观、科学和准确的评估对实现课程目标至关重要。它既是教师获取教学反馈信息、改进教学管理、保证教学质量的重要依据，又是学生调整学习策略、改进学习方法、提高学习效率的有效手段。长期以来，高校英语课程教学评估主要依靠终结性评价，注重结果，较少关注形成性评价，忽视了学习过程。《大学英语课程教学要求》明确提出，要加大形成性评价在高校英语课程评价中的分量。新的高校英语课程资源观不但改变了学生的学习模式，还更新了大学英语教师和相关管理部门的教育观念，通过课堂活动和课外活动记录、网上自学记录、学习档案记录以及访谈和座谈等形式对学生学习过程进行观察、评估和监督，为实施形成性评价打下了坚实的基础。

第三节 高校英语课程资源建设的策略

课程资源的多维度分类说明了课程资源的不同种类与存在方式、范围，进一步证明课程资源建设的丰富性与灵活性，表明课程资源建设可采用多元化的策略。下面主要讨论三种课程资源建设策略。

一、以教材取向为主的课程资源建设策略

目前，出版高校英语通用教材的一般都是国内知名出版社，像高等教育出版社、外语教学与研究出版社、上海外语教育出版社、清华大学出版社、复旦大学出版社。这些出版社具有多年大学英语通用教材的出版经验，拥有强大的教材编写队伍，除了推出纸质版学生教材，还推出了配套的教师用书、学生练习册及答案、教师教学光盘，

可以说对教师教学帮助极大。由于这些通用教材面向全国学生发行，不可能适合于所有学校、所有学生，何况编写人员对《大学英语课程教学要求》有着不同的理解，选材也有着不同的偏好，并且各所学校有着不同的人才培养方案。因此，尽管这些知名出版社推出的教材本身已是经过筛选的课程资源，但是教师在实施教学前还要充分调研本校学生的英语水平、学习动机、学习策略、学习方式、学习目标、学习计划，在此基础上对教材进行二次加工，透彻把握教材的重点、难点，将教材内容变为有利于学生发展的教学内容，将书本知识结合现实生活和学生实际进行教学，使教材的价值在教师的创造性使用过程中得到体现。

同时，教材的内容因人的知识结构和社会阅历不同，而存在不同的解释方式。换句话说，同样一篇课文，非英语专业一年级、二年级、三年级、四年级的学生会对其有完全不同的理解。如果要他们在教师帮助下对这篇课文进行深度挖掘，他们对教师提出的要求肯定会不同。因此，为了便于学生进行自主学习，教师就要全方位地对教材进行加工、补充和拓展，从而衍生出大量的高校英语课程资源，辅助学生实现个性化学习。

教师在处理教材时，可以以“三化”为目标。①内容结构化：力争建立要素明确、联结性强、概括性高、派生性强、亲和力大的知识结构，以利于学生自主处理信息，形成概念图式。②内容问题化：根据学生心理发展特点确立学习层次，以有限知识点构建问题序列，采用“问题加解决方法”的模式，培养学生分析问题、解决问题的能力。③内容经验化：尽量发掘和利用贴近学生、社会与现实生活的素材，使材料回归生活，实现教材由“素材文本”向“生成文本”的转化，注重体验学习。

二、以学生取向为主的课程资源建设策略

高校的功能之一是教学，是为了培养国家建设的接班人和栋梁之材，所以一切教育教学活动的中心都应该是学生。在高校英语课程资源建设中，以学生为取向的建设策略显得异常重要。以学生为取向的高校英语课程资源建设策略主要涉及以下五个方面。

（一）关注学生的“知识类资源”

教学实践证明，教师要基于学生实际水平开展教学，克拉申的“i+1 输入理论”也强调学生现有水平在知识摄取中的作用。教师设计的教学目标、选择的教学内容、

安排的教学活动、实施的教学方法、采取的教学评估手段都要以学生的真实水平为基础，采用适当拔高的原则，确保学生只要努力就能实现学习目标。为了辅助这样的教学，教师就得开发出相应的课程教学资源，帮助学生构建和完善自己的知识体系。

（二）关注学生的“情绪类资源”

学生的情绪类资源是学生学习的动力系统，主要包括学生学习的兴趣、爱好、动机、态度、信心、情感、焦虑、个性、习惯等。这些非智力因素虽然不直接参与知识的认知和建构，但它们对学习活动有着启动、导向、维持和强化作用，极大地影响着学习活动的效果。课程资源建设的目标之一应该让学生在学习过程中体验到成功，增强学生学好英语的信心，激发他们继续学习的积极性。

（三）关注学生的“问题类资源”

教学以学生获取知识和技能为目的。在实现这个目的的过程中，师生不断重复着“引发问题—提出问题—解决问题—引发新问题—提出新问题—解决新问题”这一循环。那些好奇、求知欲强的学生不但加快了自己积累知识、强化技能的步伐，还通过提问扩大了教师的教学内容，让教师去思考新的教学点，去重新组织教学活动。这些问题是课程资源开发的源泉，解决对策是教学经验的积累和创新思维的结晶。问题与解决对策强化了师生互动，加深了师生对文本的深刻理解。

（四）关注学生的“错误类资源”

英语是工具、是技能、是媒介、是行为，需要学生在干中学、在干中用，需要教师创设大量的语言使用场景，才能培养出学生的英语能力。这种能力包括寻找信息、处理和交换信息、处理关系、处理矛盾等语言交际能力以及主动学习、自我发展、可持续发展等语言学习能力。这种实践论观点对英语学习具有极大的指导。不可否认，“在干中学”和“在干中用”不可避免地会出现一些语言失误或错误，有的甚至是严重的语言错误，但是出现错误和修改错误也是一个语言学习过程。由于错误有其潜在的价值，所以学生不必担心出错。错误的潜在价值表现在以下三个方面：①错误是有价值的反面材料；②错误给人们提出了新的认识课题，让人们去思考，去探究；③错误是认识过程中的一部分，是不符合客观事实的认识，但在某些方面却可能有合理因素，错误中孕育着真理。错误和真理是一对矛盾，二者相互联系、相互依存。错误在一定条件下可转化为真理。值得注意的是，学生在出错时，教师要认真分析错误的原因，讲究纠错策略，在确保不影响学生的情绪和学习积极性的情况下，让学生明白错在哪儿，从而把学生引导到正确使用的道路上来。

（五）关注学生的“差异类资源”

不管是提倡人们要和谐相处，还是主张学习英语的氛围要融洽，突出的都是一个字：同。但是也不排斥“异”，因为“同”是发展的基础，“异”是发展的动力。学校学生众多，他们的生源地、家庭背景、社会阅历以及英语学习的时长等都有较大的差异。为了消除这些差异，学生相互争论和辩论。在这样的思想交锋过程中，学生丰富和发展了自我，使自己越来越成熟，考虑问题的角度越来越多，也学会了换位思考，增进了融洽相处的技能。课程资源是围绕学生开展的，不可能避开这样的“差异类资源”。

三、以教学过程取向为主的课程资源建设策略

教学活动是教师根据一定的社会要求和学生身心发展的特点，借助一定的教学条件，指导学生主要通过认识教学内容从而认识客观世界，并在此基础上发展自身的过程。教学过程是一个特殊的认识过程，也是一个促进学生身心发展的过程。在教学过程中，教师有目的、有计划地引导学生能动地进行认识活动，学生调节自己的志趣和情感，循序渐进地掌握文化科学知识和基本技能，以促进自己智力、体力、品德、审美情趣等方面的综合发展。具体的教学过程包括课前、课中和课后。

课前教师备课时，要充分研究教材，根据教材确定每个课时的教学目标和准备采用的教学模式、评价方式等。在准备过程中，教师不能仅凭教学经验，必须查阅大量的材料，寻找大量的辅助材料，对教材进行扩展，以帮助学生深度理解课文内容。同时，要充分挖掘学生潜力，发挥学生自主学习能力，教师还必须增加主题相关、难度适中、阅读性强的扩展材料，供学生在课后学习，扩宽他们的视野。教师精心准备的教学内容是否会被学生接受，接受了多少；在教师营造的教学环境中，师生互动、生生互动、学生与教学材料互动的情况如何，这些都是课堂教学生成的动态性课程资源。在课后，学生要进行大量的语言实践练习，巩固课堂教学内容。教师从学生的课后实践捕捉到的信息是改进教学的基础。例如，学生近期在英语学习中的进步如何？怎样利用教材帮助学生增强语言交际能力？妨碍他们交际能力提高的关键因素是什么？如

何增强课堂互动效果？哪些课程资源是近期要开发和使用的？学生也可以不断总结自身英语学习情况。例如，自己在哪些方面的能力还要加强，是口译还是翻译？自己的学习策略是否得当？自己的学习目标是否偏高？师生的教学反思是下一步成功教学的先决条件，也是课后课程资源建设的基础。

第四节　高校英语课程资源建设的原则

高校英语课程资源建设是辅助高校英语教学的重要举措，是学生开展个性化学习的前提。在高校英语课程资源建设过程中应坚持以下原则。

一、“以学生为中心”原则

所有高校英语课程资源的建设都是围绕学生的英语学习动机和兴趣而开展，为学生创造良好的学习氛围，为学生努力学好英语铺路搭桥。因此，不管是资源建设的决策和规划阶段，还是实施、检查和改进阶段，都要以学生的实际需求为出发点。不但要关注他们的知识类资源，还要关注他们的情绪类资源、问题类资源、错误类资源、差异类资源和兴趣类资源，尽可能让他们成为学习的绝对中心，成为知识意义的主动建构者；确保教材提供的知识不再是教师传授的内容，而是学生主动建构意义的对象；媒体也不再是帮助教师传授知识的手段与方法，而是用来创设情境、进行协作学习和会话交流，即作为学生主动学习、协作式探索的认知工具。

二、开放性原则

高校英语课程资源建设是一项长期的、系统的积累工作，随着教学改革的不断深入、社会的不断进步和教师的专业化发展，已有的课程资源得到更新，新的课程资源得到添加，确保了课程的正常运转。在资源建设过程中，建设者要以开放的心态对待人类创造的所有文明成果，以开放的眼光审视周围的事物。开放性原则包括类型的开放性和空间的开放性。类型的开放性指不管课程资源以什么类型存在，只要有利于教育教学，都可以加以开发利用；空间的开放性指课程资源的地域性差异，不管它们是校内或校外、国内或国外，只要有益于学生知识积累、能力发展、技能提高，都可以加以开发和利用。知识经济是世界一体化的经济，资源的开放性原则是从地区到全球、从微观到宏观、从局部到整体，在不同层次上都要确立的一种基本原则。

三、前瞻性原则

高校英语课程资源的开发与利用是与学生需求紧密相连的，受现有的课程和现实社会的实际需求推动。但从发展的角度来看，课程资源建设还要与未来社会的发展联系起来。只有这样，学生才能够更好地把握未来社会的一些发展趋势。因此，建设者要具有前瞻性思维，密切关注社会的发展动态，注意吸收当前重要的、有影响力的、处于科技前沿的一些素材，在此基础上开发出对学生真正有用的课程资源，对学生加以引导，让学生逐步接受这些新东西，为学生以后的终身学习与可持续发展打下坚实的基础。

四、经济性原则

在高校英语课程资源开发中，建设者要力主用尽量少的投入开发最大量的课程资源，即实现低投入、高产出。经济性原则涉及经费、时间、空间和学习四个方面。经费的经济性原则是指花较少的钱，甚至不花钱，开发出可以服务于学生的高校英语课程资源，如从互联网上提取本校可以使用的英语资源；时间的经济性原则是指立足于当下，开发那些适于当前高校英语教学的课程资源，不能等待更好的时机，否则就错过了最佳学习期；空间的经济性原则是指能就地开发的，就不要舍近求远，同时，也指课程网站的容量；学习的经济性原则是指以兴趣为导向，开发那些能激发学生学习积极性的课程资源。

五、适应性原则

内容丰富、形式多样的网络资源为开发高校英语课程建设提供了便利的同时，也给开发和利用带来了一定的难度。迫使人们思考开发什么、以什么形式开发、开发到什么程度等问题。建设高校英语课程资源的目的是更好地服务于高校英语教学，无论在内容上还是功能上都要充分考虑教育的需求，要遵循适应性原则，使教师、学生和其他教育工作者能方便及时地获取所需信息，实现资源的利用价值。因此，在筛选资源时，建设者必须了解用户需求，进行需求分析，即结合实际情况，从更加专业的角度对用户提供的需求信息进行科学的分析和表述，确定用户的需求热点和需求方向，做到量身定做或按需供货。

适应性原则在高校英语教学中体现为主要依据学生语言水平确定语言内容，依据学生年龄特征确定资源形式，依据学生认知基础选择资源范围，依据教学与学习需要确定开发主题。除此之外，高校英语课程资源建设不但要考虑学生的共性情况，更要考虑特定学生的具体特殊情况。

六、优先性原则

社会的快速发展、科技的突飞猛进、国际合作和交流的日益频繁，使得学生需要学习的内容日益增多。同时，知识更新速度加快，更新的周期缩短，使学生的学习远非学校教育所能包揽。很多知识，尤其是书本以外的知识，学生只有依靠社会这所无与伦比的“学校”，把自己融入社会之中，在与他人的交流过程中，抓住一切机会充实自己。因此，在高校英语课程资源开发和利用时，建设者必须在可能的课程资源范围内和充分考虑成本的前提下突出重点，优先开发那些学生迫切需要的、能直接服务于学生的课程资源。

七、规范性原则

随着高校英语教学改革的不断深入，学生在课程学习和资源利用方面的主体地位日益突出。学生是知识的建构者，用什么资源，以及怎么用的问题主要由他们自己决定，教师只起着“搭支架”的作用。在传统模式下，教师、学生和课程资源这三者中，教师起着主导作用。而现在不管是师生间的互动、学生间的互动，还是学生和资源间的互动，教师不再是权威，只是引导者和参与者，学生则起着主导性作用。涉及与资源互动时，学生自身水平有限，社会阅历不多，对资源中的某些瑕疵，甚至是错误可能鉴别不出来，可能摄入错误的内容，阻碍其进行英语学习。因此，在建设课程教学资源时，建设的内容一定要经教师严格审核和把关，确保资源的规范性、客观性以及科学性，确保资源没有观点和语言层面上的错误，不会误导学生或让学生产生歧义。

第五节　影响高校英语课程资源建设的因素

课程资源的开发与利用不仅涉及教学观念、教学方法等主观因素的转变，而且受到很多客观因素的制约，例如，地区经济发展水平、学校教学条件、学生家庭经济承受能力等。下面主要讨论制约高校英语课程资源建设的一些关键因素。

一、学校的决策

20 世纪 90 年代至 21 世纪初，读写能力一直是高校英语的教学重点，在应试教学思想的指导下，各校在大学英语四、六级过关率方面进行攀比，甚至把它作为教师考核的目标。在这种背景下，各校加大了某些方面的高校英语资源建设，如教师学历要求、图书建设等。同时，在教育部组织本科教学评估期间，为了获得评估“合格”或“优秀”，各校积极引进高素质的高校英语教师，建设了功能较为齐全的高校英语自主学习中心和语音实验室等，从侧面加强了高校英语课程资源建设。近年来，由于高校新生英语水平逐渐升高，有的高校已经开始削减高校英语学时，压缩高校英语学分，分流高校英语教师，调整高校英语教师考核标准，这些都极大地妨碍了高校英语课程资源建设。

二、课程目标

课程目标指某门具体课程实施后期待的学生学习结果，它具有导向功能、控制功能、激励功能与评价功能，是课程设计和课程实施的重要依据。课程目标对课程资源的开发具有导向性，加上课程资源开发的深度和广度是一个人为因素，如果课程目标较高，开发的课程资源就会很丰富；反之，就会很贫乏。课程资源的开发和利用是课程设计和课程实施的重要环节，其开发水平与课程实施效果密切相关。课程资源的丰富性和适切性程度决定着课程目标的实现范围和实现水平，而课程资源的开发和利用又受到课程目标的制约和影响。

三、课程类型

2004 年，教育部推出《大学英语课程教学要求》后，各个高校根据本校的实际情况，重新确定本校的高校英语教学目标，并以此为基础设计了高校英语课程体系。该课程体系不仅包括传统的面授课程，还注重基于计算机/网络的高校英语课程开发，形成了集综合英语类、语言技能类、语言应用类、语言文化类和专业英语类等必修课程与选修课程为一体的高校英语课程体系，确保了不同层次学生在英语应用能力方面得到充分的训练和提高。该立体化课程体系中的课程对课程资源的需求差异较大。例如，传统的面授课程主要以纸质版教材为主，辅之以出版社提供的配套光盘和网络课程，二次课程资源开发的需求力度就不大。而像《英美影视赏析》这样的选修课需要的资源模态就完全不一样，不但要有电影的脚本，还需要影片，如果电影改编自名著，还需使用原著。

四、课程资源对经费投入的需求

高校英语课程资源异常丰富，有不同的属性和呈现方式。最原始的、数量最大的是高校英语教材和参考图书，最容易开发的也是文字材料。但是，由于英语是一门实践性很强的课程，高校英语教学质量受到猛烈抨击的原因之一就是长期以来注重读写能力的培养，忽视了学生交际能力的提高，尤其是口头交际能力的提高。仔细分析就会发现，读写能力的培养和口头交际能力的提高对教学资源的需求差异很大。口头交际能力的培养需要小班化教学以增加学生的锻炼机会，这是对人力资源的需求，尤其是外教；同时，也需要熟悉大量的语言应用场景，如机场、超市、游乐中心等，一般院校无法确保学生亲临现场，只有借助于教学磁带或光盘，这是对物力资源的要求。这些资源的经费投入远大于培养学生英语读写能力这一教学目标所需要的资金。

五、教师的课程资源开发能力

教师是课程资源开发的主体和基本力量，教师的能力、风格和课程哲学观等都会影响课程资源的开发。教学经验不是很丰富的教师，对教材的依赖就会大一些，他们开发的课程资源主要以知识为中心；而教学经验丰富、课堂教育能力强、善于沟通的教师，能随时从与学生的互动中捕捉学生在学习需求、学习动机、学习方式、学习能力、学习风格等方面的信息，并加以利用，就可开发出相应的课程资源。在教学风格方面，注重知识传递的教师多半以文字类课程资源开发为突破口；而注重通过开展课堂活动，调动学生学习英语积极性的教师在开发课程资源时，会把重点放在图文并茂、形象生动，且能活跃气氛的资源上。课程资源的开发和利用也会受到教师课程哲学观的制约，具有不同课程哲学观的教师选用课程资源的多样性会出现差异。把课程作为学科的教师，会侧重于开发文本型课程资源；把课程作为学生学习经验的教师，会开发以学生为价值取向的课程资源，关注学生的知识需求、情感需求和问题需求等；把课程作为师生间对话的教师，会大量开发和使用动态的课程资源。总之，在课程资源的开发过程中，教师会根据自己的能力、风格等考虑开发何种课程资源，而课程哲学观则潜移默化地影响着教师对课程资源的选用。

六、学生的特质

学生的英语水平和学习条件具有很大的差异。新生进校时，英语高分有140分以上的，也有刚及格的（90分）。在学习英语的动机方面，有为应付课程考试、为学分而学的，学生中有为出国或求职而学的。在学习目标方面，学生中有的定位在提高英语口语能力，有的却是为了提高读写能力，还有的是强化英语的综合运用能力。在学习主动性方面，那些为学分而学的学生多半是被动的学习者。在学习风格上，喜欢与人交往的学生希望几个人能在一块学习，有学习氛围；而喜欢安静的学生则属于独立型学习者，更倾向于独立学习，不想有人打扰。因为学生是教育的主体，课程资源开发的最终目的是促进学生的发展，而上述这些特质决定了资源开发和利用不能只是一个模式，所以高校英语教师要有针对性地去开发适应学生知识、技能和背景的高校英语课程资源，必须在学生的“最近发展区”内选用相应的课程资源。由于高校英语学习群体过于庞大（一般院校的在校生都在15 000~20 000人），高校要完全照顾到每个学习者的需求有一定的难度。因此，学生特质也是制约课程资源开发的一个因素。

第六节　高校英语课程资源建设应注意的问题

尽管学校上下都意识到高校英语课程资源建设的重要性，但这项工作涉及的面广，在建设的周期长，建设过程中需要处理好以下几个问题。

一、树立正确的资源观

课程资源观是人们对课程资源的态度和看法。课程资源观直接影响着教学人员和管理队伍认识、开发课程资源的积极性和创造性，影响着课程资源开发的进度、广度、深度和效果。正确的课程资源观对教师开发课程资源起着导向、维持和监督作用，是影响课程资源有效开发与利用、课程目标的达成、教学计划得以实现的关键因素。高校英语教学和管理队伍庞大，需要上下齐心，统一认识，加强课程资源建设，为学生学好高校英语创造条件。

二、处理好课程资源建设与课程改革的关系

任何课程改革都必须得到课程资源的支持。如果没有足够的课程资源，学校、教

师和学生都会处于需求得不到满足的局面，教学过程就难以坚持下去，更谈不上实现教学目标了。因此，为了确保高校英语课程改革的顺利进行，学校和英语学院必须进行统筹，对全校英语课程资源建设进行统一规划，把英语课程资源建设纳入高校英语教改计划中。除设立建设队伍外，还应该分期划拨专款。校院两级教学督导定期检查课程资源的建设成绩，达到预期建设目标后再划拨第二批、第三批建设专款。

三、注重合理开发课程资源的主体

由于对课程资源认识不足，课程学者和专家一直是课程资源建设的主体，高校英语教师参与的力度不够，学生、学生家长和其他社会力量作为课程资源开发主体的作用还没有得到充分的认识和发挥。尤其是学生，他们作为课程资源建设的受益者，应该认识到自己要具有课程资源开发的强烈动机与愿望，在完成课程目标的过程中，脚踏实地地去开发课程资源，重视自己的学习体验与获得。高校英语第二课堂这个模块是学生施展才能的天地，是他们积极参与课程资源建设的主战场。

四、加快高校英语教师科研成果的课程资源化步伐

高校的科研成果作为科研的产出和结果，既是高素质教师的标志、衡量学校水平的杠杆，也是社会评价机构对学校进行排名的重要指标。科研成果对学生的影响主要是通过转化为课程资源实现的。研究表明，10 篇有较高学术水平的论文，以其为基础大约可向学生提供一门新的课程。在 *Nature* 和 *Science* 上发表的一篇论文，以其为基础便可新开发一门课程。高校英语教师基于认知语言学、语料库语言学、应用语言学、二语习得等方面的研究成果虽然没有这么强大的功效，但是它们完全可以直接服务于学生，帮助学生掌握英语单词快速记忆方法，形成有效的英语学习和认知策略。

五、加强网站建设

高校英语课程资源建设的总体目标是帮助学生学好英语，提升他们的总体素质。这个目标和高校英语课程的自身属性决定了课程资源建设主要侧重于文本、教学视频、课件等素材型资源。为了充分利用这些素材型资源，高校英语课程网站建设就至关重要，这是因为高校英语课程资源建设是为学生服务，建设效果体现在学生的利用率上。不管投入了多少人力和物力，花费了多大的精力，如果建设后的课程资源处于静止状态，没有学生去使用，也是一种资源浪费。

六、加大人力资源建设力度

影响高校英语教学质量的因素有很多，但教师是一个关键因素。以教师为核心的教育队伍建设和优化配置，始终是课程资源建设中具有决定性意义的环节。因为教师是内生性资源，可以能动性地产出比自身价值更大的教育价值，在课程资源建设中有着特殊的作用，所以各校一定要想方设法地体现教师的主体价值，应当加大高校英语教师队伍的建设力度，为他们提供专业发展的机会，营造有利于他们开发和利用课程资源的时间、空间以及心理自由的环境。同时，人力资源建设也包括以英语为母语的外教、留学生、在当地工作的外籍人士、外籍游客，以及具有深厚英语功底的社会人士，这些人力资源都可以加以开发和利用，为学生的英语语言实践创设机会。

实现高校英语课程改革的远大理想需要相应的配套措施和支持系统，否则就只能停留在观念层面而不能转化为现实的教育效果。高校英语课程资源是达成高校英语课程目标的重要保证，合理、有效地开发和利用高校英语课程资源直接关系到高校英语教改工作的实施成效。加强高校英语课程资源建设不仅能培养学生自主学习能力，强化学生的语言技能，更能加强英语与其他学科间的联系，让学生以英语为工具获取专业知识。同时，高校英语课程资源的开发与利用涉及高校英语教学的各个方面，在课程资源的开发与利用过程中，一切活动要以有利于提高教师教学水平和学生学习效果为目的，全面提升学生的素养，帮助学生为跨入社会、融入经济建设做准备。

第九章　高校英语教学与课程建设的融合

实现高校英语教学与课程建设融合需要采取多层次、多方面的策略，包括教学方法的创新、课程内容的更新、技术支持的应用以及对学生需求的深入了解。以下是一些具体的实现方法。

第一节　教学方法创新

一、引入情景教学法和任务型教学模式

引入情景教学法和任务型教学模式是丰富高校英语教学的有效途径，以下是具体的操作步骤。

（一）情景教学法的引入

选取真实、生活化的情境，与学生的实际生活和兴趣相关，如商务场景、旅行场景等。将课程内容巧妙地融入选择的情境中，确保学生能够在真实场景中运用所学语言知识。设计角色扮演活动，让学生在情景中扮演特定角色，增强实际语言运用的能力。进行情景模拟，让学生在真实场景中应用语言进行交流，培养实际语境中的沟通能力。进行小组或全班讨论，分享在情景中的交流体验，学生反思语言运用中的优势和不足。

（二）任务型教学模式的引入

设计贴近实际生活或专业领域的任务，确保任务具有一定的挑战性和实践性。任务可以是解决问题、完成项目、撰写报告等，要求学生运用语言进行合作和表达观点。将学生分成小组，让他们在团队中共同完成任务，培养团队合作和沟通技能。引导学

生分工合作，发挥各自优势，实现任务的协同完成。为学生提供所需的实际支持，包括相关资料、指导建议等，确保他们能够有效地完成任务。在执行任务过程中，及时解答学生的疑问，引导他们在实践中学习语言。提供任务完成后的及时反馈，包括语言使用的准确性、表达的清晰度等方面。结合任务成果进行评估，以了解学生在实际执行任务中语言运用的水平和成长。

（三）教学效果的评估与调整

教师对学生在情景教学和任务型教学中的表现进行综合评估，关注语言运用的准确性和流利度。教师进行教学过程的反思，了解学生的反馈和感受，考虑是否需要调整情景和任务的设置。根据评估和反思结果，教师不断优化情景教学和任务型教学的设计，提高教学的实效性和吸引力。通过引入情景教学法和任务型教学模式，英语教学将更贴近学生的实际生活和学科实践，提高学生语言运用能力，培养其在真实场景中的交际和解决问题的能力。

二、探索混合式教学

混合式教学，即融合传统课堂教学和在线教育资源的教学模式，为学生提供更灵活、多样化的学习体验。这种教学方式具有多种优势。首先，混合式教学借助在线平台，允许学生在课前通过预习视频、在线文档等方式获取相关知识。这不仅激发了学生的主动学习意愿，还为他们在课堂上更深入地讨论和交流提供了基础。通过提前自主学习，学生可以更好地把握课程的主要内容，使课堂教学更具效率。其次，混合式教学注重课内与课外的互动和实践。传统课堂教学常常面临时间有限、学科内容较多的问题，而在线教育资源则为学生提供了随时随地的学习机会。在课后，学生可以通过在线平台进行课程复习，观看教学视频、参与在线讨论，从而更好地巩固所学知识。此外，混合式教学也强调学习资源的分享和合作。通过在线平台，学生可以分享有关课程的学习资料、心得体会，促进同学之间的学术交流；教师也能够将更丰富的学科资源整合到在线平台，拓宽学生的学科视野，提升其综合素养。混合式教学模式不仅能够更好地适应学生的学习习惯，提高教学效果，同时，也为教师提供了更灵活的教学方式。通过结合传统的面对面教学和在线教育资源，混合式教学有望为教育领域带来更多创新和发展。

第二节　课程内容的更新与拓展

一、整合通用英语与专业英语

通用英语与专业英语的有机融合，使课程更符合学科特点和学生职业需求。教师在教学中引入跨学科的内容，拓宽学生的知识面。

（一）整合通用英语与专业英语的必要性

在现代职业环境中，英语已成为一项基本技能。将通用英语与专业英语整合，有助于培养学生更全面的语言能力。通用英语注重基本语言技能的培养，而专业英语则关注特定领域的术语和表达方式。整合两者，既能提高学生的综合英语水平，也能更好地满足其未来职业领域的要求。

（二）融合通用英语与专业英语的教学设计

在课程设计上，教师可以采用交叉编排的方式，将通用英语和专业英语的课程内容有机融合。例如，在阅读和写作课程中，选择专业领域相关的文献和案例进行讲解，以培养学生在专业领域的语言表达能力。同时，引入通用英语的语法、词汇等基础知识，提高学生在跨学科领域的适应能力。

（三）引入跨学科的内容拓宽知识面

为了进一步拓宽学生的知识面，教师可以引入跨学科的内容，涵盖与专业英语相关的领域知识。例如，工程类专业可以融入相关的科技英语，商科类专业可以结合国际商务实务。这样的设计既提升了学生对于专业英语的兴趣，也让他们在学习中了解到更广泛领域的知识。

（四）关注学生职业需求

整合通用英语与专业英语的最终目的是满足学生未来职业的需求。在教学中，教师要关注不同专业的英语应用场景，注重培养学生在工作中实际运用英语的能力。通过模拟实际工作环境的交际情境，使学生更好地适应未来职场挑战。

通过这样的层层论述，教师可以更全面地展现整合通用英语与专业英语的教学设计思路，使课程更加贴近学科特点，更好地服务于学生的职业发展。

二、多元化教材的开发与应用

开发多样性的教材，包括文本、音频、视频等，满足学生多样化的学习风格。教师要利用开放教育资源，引入实际案例和行业动态，增强课程的实用性。

（一）多元化教材的类型

多元化的教材类型包括文本、音频、视频等形式，以满足学生各种学习风格的需求。文本教材可以提供详细的理论知识；音频教材有助于学生培养听力和口语能力；而视频教材则能够直观展示实际操作和场景，提高学生学习的趣味性和实用性。

（二）开放教育资源的整合

整合开放教育资源，如在线课程、数字图书馆等，以丰富课程内容。教师通过引入来自不同领域和学科的优质资源，为学生提供更广泛的学习机会。这样的开放资源可以是国际性的，也可以是行业内最新的研究成果，从而使学生接触到更前沿的知识。

（三）实际案例和行业动态的引入

引入实际案例和行业动态，使教材更具实践性。通过真实案例的分析，学生能够将理论知识应用到实际问题中，培养解决问题的能力。教师要关注行业动态，使教材始终保持与时俱进，让学生了解最新的发展趋势和市场需求。

（四）增强课程的实用性

教师要确保教材的实用性，让学生将学到的知识和技能在实际工作中能够得到应用。实用性的教材设计需要考虑到学科的实际需求，注重培养学生的实际操作能力。这可以通过案例分析、项目实践等方式实现，使学生更好地适应职业发展的挑战。

这样的分层论述可以清晰地展示多元化教材开发与应用的思路，强调了各种教材形式的重要性，并突出了实际案例和行业动态在提高课程实用性方面的作用。

第三节 技术支持的应用

一、在线教育平台的建设

（一）基础设施建设

确保平台的基础设施稳固可靠。这包括选择可靠的云服务器、建立强大的网络基础设施以及实施高水平的数据安全措施。只有在有了坚实的基础设施支持下，其他层次的功能才能得以展开。

（二）用户体验设计

设计一个用户友好的界面，使学生和教师能够轻松地使用平台。考虑到不同用户群体的需求，界面可能需要个性化设置，以确保用户体验流畅且心情愉悦。

（三）视频讲座功能

建设高质量的视频讲座功能，包括视频录制、编辑和播放。建设者要确保视频内容清晰、生动，并提供适当的互动元素，如问题解答、实时投票等，以促进学生的积极参与。

（四）在线测验系统

创建一个灵活、全面的在线测验系统，包括题库管理、随机抽题、实时评分等功能。系统要保证测验的公平性和准确性，同时，为教师提供详尽的学生表现报告。

（五）讨论论坛功能

搭建一个结构良好、易于管理的讨论论坛，包括主题分类、帖子管理和实时通知。鼓励高校学生在这里分享观点、提出问题，形成学术交流和社交的平台。

（六）实时互动与反馈

建设实时互动和反馈机制，包括在线聊天、虚拟办公室服务、学生作业的及时批改等。系统要确保学生和教师之间能够迅速、有效地进行沟通，促进学习过程中的互动与反馈。

（七）数据分析与优化

建设者引入数据分析工具，收集学生在平台上的学习数据，为教师提供详细的学生表现的数据分析。通过数据驱动的方式，建设者不断优化平台功能和教学内容，提高学习效果。通过逐步建设这些方面，可以确保在线教育平台在技术、用户体验和教学质量等方面都达到高水平，为学生和教师提供一个全面、互动且高效的学习环境。

二、多媒体教学资源的整合

利用多媒体资源，提高教学效果。例如，使用图表、演示视频等。定期更新和维护多媒体资源，确保其时效性和质量。

（一）多媒体资源选取

选择与课程内容相符的多媒体资源，如图表、演示视频、动画等。确保这些资源能够生动地呈现概念，激发学生的兴趣和理解。

（二）制作与更新

制作高质量的多媒体资源，包括清晰的图表、生动的演示视频等。定期更新这些资源，特别是在相关领域有新进展或者课程内容发生变化时。保持资源的时效性对于提高教学效果至关重要。

（三）整合到课程设计中

将多媒体资源有机地融入课程设计中。确保资源与教学目标一致，并在教学过程中适时使用。不仅要提供有趣的内容，还要确保内容与课程的整体结构相一致。

（四）互动性与参与感

确保多媒体资源具有一定的互动性，可以通过提问、小测验等方式促使学生参与。增加学生的参与感有助于其加深对知识的理解和记忆。

（五）多媒体资源库的建设

建立一个完善的多媒体资源库，方便教师查找和选择适当的资源。资源库可以按主题、学科等分类，以便教师更有针对性地选择资源。

（六）质量控制与评估

设立质量控制机制，确保每个多媒体资源的质量符合标准。引入教学评估，从学生和教师的反馈中收集信息，以不断改进和优化多媒体资源的使用效果。

（七）提供培训支持

为教师提供培训，使其能够熟练地使用多媒体资源。培训内容可以包括资源的选取、制作技能、嵌入课程中的最佳实践等。

通过这些步骤，我们可以建立起一个有机的多媒体教学资源体系，提高教学效果，增强学生对课程内容的理解和兴趣。教师的培训和质量控制机制定期地更新和维护，不仅保证了资源的时效性，还保证了资源的高质量。

第四节 教师培训与支持

一、引入新教学理念的培训

为教师提供培训课程，介绍新的教学理念、方法和技术。鼓励教师参与学科前沿的研究，提高其教学水平和创新能力。

（一）制订培训计划

制订一份系统的培训计划，包括介绍新教学理念的基本概念、具体方法和技术。确保培训内容能够贴近教师的实际教学场景，并分阶段逐步推进。

（二）专业培训师资

邀请具有相关经验和资质的专业培训师来进行培训。这些培训师可以是教育专业人士、学科专家或者在新教学理念方面有深入研究的专业人员。

（三）制作教学案例

通过制作实际的教学案例，展示新教学理念在不同学科和场景中的应用。这有助于教师更好地理解理论并将其应用到实践中。

（四）互动性培训形式

采用互动性的培训形式，如小组讨论、角色扮演、案例分析等。这有助于教师更深入地理解和吸收新的教学理念，并促使他们积极参与讨论。

（五）提供实践机会

为教师提供实践机会，如在培训过程中进行模拟教学或实际课堂观摩。实践是巩固理论知识的重要途径，可以帮助教师更好地应用新的教学理念。

（六）鼓励学科前沿研究

激发教师的学科研究兴趣，鼓励他们参与学科前沿的研究。提供资源和支持，使教师能够更好地了解最新的学科发展，从而将最新的知识融入教学中。

（七）提供持续支持

培训不应该是一次性的活动，而是一个持续的过程。建立一个支持体系，包括定期的跟进培训、答疑解惑的平台，以及分享教学经验的机会。

通过以上措施，可以帮助教师更好地理解和应用新的教学理念，激发其创新能力，提高教学质量。同时，建立的支持体系也能够持续地促使教师在实践中不断成长。

二、建立教师交流平台

建立教师交流平台，分享成功的教学经验、教材、课程设计等。创建教学团队，促进跨学科合作，提高整体教学水平。

（一）创建在线平台

建立一个在线教师交流平台，可以是专门的网站、社交媒体群组或内部论坛。确保平台易于使用，便于教师分享和讨论。

（二）分享成功经验

鼓励教师分享他们在教学中取得的成功经验。这可以包括创新的教学方法、有效的教学资源、学生激励策略等。通过分享成功经验，可以激发其他教师的灵感和动力。

（三）教材与课程设计分享

教师可以分享他们编写的优秀教材、精心设计的课程以及有效的教学计划。这有助于提高整体教学质量，让教师共同成长。

（四）跨学科合作团队

促进跨学科的合作，建立教学团队。这可以在平台上组建专门的合作小组，让不同学科领域的教师共同研究、讨论，从而更加全面地提升高校英语教学水平。

（五）主题研讨和研讨会

定期组织主题研讨和线上或线下研讨会。这有助于聚焦特定主题，深入讨论，以推动教学方法的不断创新。

（六）提供专业发展机会

为教师提供专业发展机会，如参加教育研讨会、培训课程等。这有助于拓宽教师的视野，引入新的教学理念和方法。

（七）建立反馈机制

建立有效的反馈机制，让教师能够及时获得对他们分享内容的反馈。这有助于不断改进和提高分享质量，促使更多的教师参与到交流平台中来。通过建立这样一个教师交流平台，教师可以充分利用集体智慧，互相启发，共同提高教学水平，创造更富有创意和活力的学习环境。

通过以上策略的综合运用，高校英语教学与课程建设可以实现融合，从而使教育更贴近学生需求、适应社会发展，提高英语教学的质量和实效。

参考文献

［1］蔡基刚．外语能力培养与我国外语政策［J］．外语与外语教学，2003（5）：29-32.

［2］岑建君．我国高校外语教学现状［J］．外语教学与研究（外国语文双月刊），1999（1）：4-7+79.

［3］陈宏新．从四、六级口试谈大学英语口语教学改革［J］．山东外语教学，2002（2）：56-58.

［4］段莉，薛志红．学习策略与大学外语教学［J］．华北工学院学报（社会科学版），2002（1）：79-81.

［5］桂诗春．中国学生英语学习心理［M］．长沙：湖南教育出版社，1992.

［6］黄晓红．影响大学生英语口语能力的因素及对策［J］．怀化师专学报，1998（3）：95-97.

［7］蒋天平，贾德江．大学英语教学现状调查与分析［J］．泰安师专学报，2002（2）：86-88.

［8］王初明．影响外语学习的两大因素与外语教学［J］．外语界，2001（6）：8-12.

［9］王守元．英语的教与学探索［M］．济南：山东大学出版社，2001.

［10］吴一安．走出英语教学的误区［J］．外语教学与研究，2002（6）：407-408.

［11］杨惠中，金艳．大学英语四、六级考试分数解释［J］．外语界，2001（1）：62-68.

［12］朱丹，胡妍．外语社会化考试之我见［J］．科教导刊（上旬刊），2014（19）：77-78.

［13］葛大汇．“退出高考”以市场治理市场——论在考试行政中政府应该做什么并且怎么做（二）［J］．考试研究，2005（3）：11-21.

［14］顾明远．中国教育路在何方——教育漫谈［J］．课程·教材·教法，2015，35（3）：3-16.

[15] 刘海峰. 高考科目改革：为什么首先是英语？[J]. 湖北大学学报（哲学社会科学版），2014，41（1）：96-99+149.

[16] 郝成淼. 给“外语热”降温？——从外语教育政策角度理性思考当前争议[J]. 语言教育，2014，2（2）：8-13+25.

[17] 王文智. “高考社会化”与高校参与：美国高校入学考试理事会的启示[J]. 高等教育研究，2014，35（7）：78-85.

[18] 张绪忠，齐红英. 论中国英语教育规划中的问题与对策[J]. 东北师大学报（哲学社会科学版），2009（4）：106-109.

[19] 鲁子问. 高考英语题型能力分析与教学建议[J]. 课程·教材·教法，2009，29（5）：51-55.

[20] 宋卫民. 我国高考英语题型结构改革的现状与未来发展趋势研究[J]. 教育与考试，2014（1）：5-10.

[21] 徐锦芬. 高校英语课程教学素材的思政内容建设研究[J]. 外语界，2021（2）：18-24.

[22] 王亚南，王京华，韩红梅，等. 中国高校英语教师信息化教学能力现状调查研究[J]. 外语界，2023（2）：54-61.

[23] 张建军. 情景教学法在高校英语教学中的应用探究[J]. 海外英语，2023（1）：120-122.

[24] 王惠静. 新课程标准下的高校英语学科教学课程改革路径[J]. 教师教育学报，2023，10（2）：59-68.

[25] 李丛. 高校大学生跨文化接触路径与跨文化能力培养研究[J]. 陕西教育（高教），2023（1）：42-44.

[26] 胡俊茹. 基于高校英语专业教学中课程思政体系构建研究[J]. 湖北开放职业学院学报，2023，36（8）：120-122.

[27] 任志芬，邓新侦. 地方高校英语师范专业教师教学能力发展研究[J]. 外国语文，2023，39（2）：169-177.

[28] 赵青. 基于二语习得理论的高校英语视听说教学对策[J]. 英语广场，2023（2）：93-96.

[29] 张夏. 信息技术推动高校英语情境教学发展——评《高校英语信息化教学研究》[J]. 中国教育学刊，2023（2）：116.

[30] 薛超前. ChatGPT 在高校英语写作教学中的应用研究[J]. 现代英语，2023（7）：35-38.